I0408708

¿CÓMO LO ARREGLAMOS? (ensayo)

La Policía: podemos cambiarla.

Rodolfo Pascolo

Primera edición:

Copyright © 1997 Catálogos Editora, Buenos Aires, Argentina

Segunda edición:

Copyright © 2017 Rodolfo Pascolo

Todos los derechos reservados

Diseño de portada: Catálogos Editora y el autor, mediante creador de portadas de Kindle y Create Space.

Agradecimientos de la primera edición:

A Raquel, Eleonora, y todos los demás postulantes para ciudadanos del vigesimoprimer siglo.
A la memoria de los que, injustamente, no estarán cuando ese siglo comience.

Según el grado de responsabilidad en su perpetración, la relación con este escrito puede imputarse de la forma que sigue:
Fueron partícipes primarios (necesarios impelentes), Alberto López, Gabriel Stekolschik, Carlos Rodari, Horacio García, el CELS (Centro de Estudios Legales y Sociales), y la estoica paciencia de Sofía Tiscornia.
Fueron cómplices (apoyo anterior y/o promesa de lectura posterior), Rosa Macedo, Sergio Sánchez, Jorge Lanata, Rodolfo González, Antonio García, Walter Goobar y Cristina.
Fueron instigadores (prepararon y de algún modo determinaron al autor), la Comunidad, la Policía de la Provincia de Buenos Aires, muchos de sus integrantes, y dos de ellos en especial: Marcelo Javier Ferreyra y Juan Carlos Bianchi.
Serán encubridores (como audaces reducidores), todos aquellos que logren leerlo y no lo lamenten luego, motivo sobrado para quedarles agradecido y felicitarlos por su voluntad de cambio.

Aunque con algunas humoradas distensoras y prudenciales elipsis y metáforas, se ha procurado un trabajo particularmente serio para un tema cardinalmente serio.

ÍNDICE

PRÓLOGO DE LA SEGUNDA EDICIÓN

Este libro no es ni nunca fue un tratado de temas policiales; es un ensayo de teoría policial, de teoría organizacional y de teoría de la democracia. Y a pesar de sus dos décadas de antigüedad sigue vigente como el primer día, debido a que pese a toda la furia reformista, a todos los santos reformadores, y a todas las reformas policiales que tuvieron lugar en ese período en esta región tercermundista azotada por aparatos políticos y medios de masivos de comunicación tercermundistas, ninguna de esas cosas que aquí se elaboran se ha incluido en las mismas cabalmente, en su real espíritu.

Sí se han tomado de manera parcial o tangencial, junto con muchos de los elementos secundarios y detalles que aquí se plantean, y por supuesto, sin mención de la fuente; que quizás no haya sido la única, pero ha sido la única oriunda y cualquier decencia obliga a mencionarla. Sobre todo en la Provincia de Buenos Aires, donde en una de las reformas, la más "profunda" si así pudiera llamársela, un 70% de lo realizado fue dicho aquí unos meses antes.

Impera por estas tierras un antiguo clasismo letrado –uno de los tantos oscurantismos en esta sociedad con tantos resabios coloniales- que lleva a los abogados a ocupar casi excluyentemente las vacantes de la política y a ponerse muy pero muy por encima de los uniformados policiales, a quienes no van a reconocerles méritos, conocimientos válidos o a preguntarles nada, al menos públicamente. Sin embargo, esta maña de poner a políticos y judiciales a rediseñar fuerzas de seguridad, los conduce sin remedio a terminar preguntando a policías de carrera, puesto que ellos y sus equipos no saben lo que es llevar puesta una gorra, ni acudir en un patrullero, ni en qué consiste realmente el oficio, pues esta institución y este trabajo sólo pueden conocerse desde adentro, y desde mucho tiempo adentro. Entonces, se nutren de confidentes o apelan a conocidos que los asesoran, y mantienen en secreto esos 'indecentes y vergonzantes' vínculos.

En un mejor sitio del mundo que éste, y en una sociedad más abierta y progresista que ésta, donde todo lo que se hace es con el claro fin de mejorar las cosas, el alcalde de Nueva York Rudy Giuliani no envió a sus amigotes políticos y judiciales a arreglar la policía: convocó a un grupo seleccionado de jefes policiales y les dio públicamente la comisión. Así fue que en breve lapso los resultados estuvieron a la vista, fueron sentidos por cada vecino de la ciudad y cundieron a cada fuerza policial del país.

Empero acá, cada reforma hubo de ser reformada después, y así sucesivamente hasta que pasó el furor y quedó de todo ello algo similar a lo que había antes, como si casi nada se hubiese reformado. Y no se han incluido, como decíamos, estas elaboraciones en su real espíritu, simplemente porque apuntan hacia la puerta de salida del subdesarrollo, cosa ésta que partidos y medios no quieren, ni van a permitir, ni van a arriesgarse a que suceda.

Debido a ello, es que esta es una edición apenas corregida para desprenderla de su época originaria, y actualizada únicamente en algunas cuestiones técnicas y tecnológicas que los tiempos impusieron. Pero no está tocada la esencia de la obra, que como reza su descripción de contratapa, es un tratado de autoayuda para ciudadanos y policías que plantea una versión democrática, humanista, antimilitarista y legalista de una institución siempre pensada bajo cánones autoritarios; y que además vela por la dignidad del individuo frente al Poder. Esto sería, la descentralización política y la policía arrebatada de las garras y las fauces de los políticos centralistas y de las hediondas madrigueras de los partidos antifederalistas, y puesta al exclusivo servicio y gerencia-miento de las comunidades locales.

La seguridad es el único tema que ha hecho a la gente reunirse en asambleas e ir a peticionar a las autoridades, la mayor parte de las veces directamente al comisario local, a su comisario, tal como se describe en el capítulo 15. Esto constituye la simiente que habría que aprovechar si se pensare en reformas reales, que no pueden encararse únicamente en lo policial: jamás habrá reforma policial si no hay también reforma política. Y jamás habrá reforma política si no la hace el pueblo, y acá tenemos el punto donde el pueblo ya está y desde hace mucho tiempo, movilizado motu propio.

De modo que es esta una propuesta para un futuro atemporal que sin duda vamos a demorar mucho más que otras dos décadas en conseguir, pero que es bueno que entretanto vayamos concibiéndolo.

INTRODUCCIÓN

Febrero de 1997, a menos de tres años del 2000.

Un punto de la costa marítima bonaerense, llamado Pinamar, bulle de agitación y de periodistas y policías obsesionados por desentrañar un enigma peregrino. O quizás dos.

El primario, casi convencional: quiénes y por qué mataron y cremaron al reportero gráfico José Luis Cabezas el sábado 25 de enero, investigación que no atina a despegarse de su foja cero. El otro, el derivado, encierra un misterio aún mayor y en nada ordinario: cómo puede ser tan dantesco el deterioro al alcanzado, o padecido, o recibido por la policía de la provincia que prestó una parcela de su tierra para que el horrendo crimen sucediera, viéndose ahora en la obligación de esclarecerlo.

El Gobernador ya ha dicho todo lo que fue pudiendo decir, y se va quedando sin argumentos, se le agotan los expedientes para razonar lo que sucede, lo que sucedió y lo que debería suceder y no sucede. Cada día puede explicárselo menos a nadie porque tampoco lo puede a sí mismo. Puso recompensa a testigos, conmutación de penas a partícipes, retrocedió con un indulto que había lanzado al ruedo y telegrafió al FBI por ayuda, porque aunque se obceque en negarlo, a leguas se nota que no solamente desconfía de la policía que conduce: además es consciente de que no puede controlarla.

Tiene desde el primer día una certeza: ese asesinato le ha

sido destinado en reprimenda por su osadía de patear el hormiguero, ordenando una depuración que cobró las plazas de altos jefes non-sanctos. Tiene además otra: sea el que haya sido el autor, ese crimen reporta un significado inequívoco de amedrentamiento a toda la sociedad. —Es un quiebre del sistema democrático— pronuncia como un eslogan.

Entretanto, la principal sospechada, la Policía Bonaerense, no hace más que abonar día tras día esa sospecha. Parece hecho realidad el aserto que con tanta frecuencia la recorre intestinamente: que hay una campaña en su contra. No queda margen para recelar de ello, pero sí un detalle: la autora de la campaña es la propia policía.

Antes del crimen, vecinos inquietos llaman a la comisaría luego de avistar dos sospechosos en un auto estacionado: nadie acudió.

Tras el macabro hallazgo del cadáver calcinado en su coche, se inicia una chabacana instrucción sumarial dedicada más a destruir que a recoger pruebas del escenario del hecho, inutilizando las inapreciables diligencias iniciales.

Las más firmes corrientes de opinión no pesquisante, se orientan decididas a sindicar elementos policiales como autores o cómplices y según pasan los días, no hacen más que afianzarse.

Las pistas e hipótesis más firmes en la indagación oficial, no lograr apuntar a un lado distinto de las filas policiales locales, y los pocos testimonios verosímiles aparecidos, sólo van en ese sentido.

En los responsables de la policía lugareña, se descubre enriquecimiento y se presumen conexiones lucrativas con el hampa, en tanto se les achaca control sobre bandas zonales y toman cuerpo versiones de su asociación connivencial con cuestionables figuras políticas.

—Si al menos lográsemos avanzar un poco... —suspira quejumbroso un comisario encargado de la investigación. Hay noventa policías de lo más granado y todo el equipo que el antojo pueda desear, pero se carece de lo esencial—. Es difícil esto de investigar sin colaboración de la policía del lugar, o pensando que lo poco que dan viene distorsionado para despistar —comenta cansino a un colega—. Además, desde el punto de vista institucional, ya no tiene caso; el daño hecho es enorme, no tiene arreglo. Aunque mañana develemos que fue suicidio, aquí quedó de manifiesto lo que la comunidad cree de nosotros, a qué lugar nos relegó; y eso, ¿cómo lo arreglamos?

El título es polisémico. De su múltiple sentido, el primero en asomar es el irónico, en su alusión a una vileza que se atribuye al oficio policial: la coima, "cohecho" en un lenguaje técnico cuya solemnidad palidece frente a la popularidad de ese deporte nacional.

Sí, creemos que la policía coimea. Y que también lo hacen los... Bueno, despacio; no alcanzarían las páginas para la lista; abreviemos: la policía coimea, ¿y quién no?

No. No es cívico evaluar a una institución desde las miserias de sus hombres; quizá deba decirse que "los policías" lo hacen... tampoco es justo generalizar tanto. Digamos que "ciertos " policías. Tal vez los mismos que un rato después arriesgan su vida en defensa de la integridad física o patrimonial de un vecino... o arriesguen la vida de algún vecino al emplear una praxis inadecuada. Y más tarde, desbaratarán una gavilla de tenebrosos pistoleros, recuperando bienes sustraídos a ciudadanos; o serán acusados de torturas a detenidos, sin que llegue a la certeza pública si las cometieron o nada más fue una argucia procesal de los denunciantes. Y acaso antes, tras haber matado personas con o sin antecedentes penales, hayan recibido el beneplácito de mucha gente que se tranquiliza cuando mueren delincuentes, o el acoso de otra, que sostiene que fusilan inocentes.

Lo cierto acerca de los policías, es que un puñado morirá y varios más se incapacitarán u hospitalizarán a causa de su empleo; y los que no, se retirarán jóvenes y con igual sueldo que antes; que la inmensa mayoría apenas ordenará lo económico de su vida y que una minoría se enriquecerá y quedará la duda de si lícitamente o no, si valiéndose de su investidura o no; que unos pocos serán echados a la calle por faltas administrativas y que otros seguirán incorporados a pesar de procesos y hasta sentencias judiciales. Que muchos carecen de condiciones mínimas para la función; y que otros muchos las tienen de sobra, pero a nadie le importa.

Por su parte, la policía no está en buenos términos con la gente, lo cual no hubiese contado antaño, cuando en esta área la población no tenía voz ni voto, sólo asentía y acataba. Pero en estos días quiere tener voto, no desea acatar lo que no entiende y tiene voz: si se siente mal protesta y afortunadamente, no falta el reportero que la registre. Menudean los cuestionamientos y sospechas, escasea la credibilidad y no satisface el aporte de seguridad, amén del repetitivo descubrimiento de agentes involucrados en graves affaires criminosos.

Así que la policía, ahora sujeta a la opinión pública, se vio compelida a actualizarse y refinarse para entrar en sociedad, asignatura que no logró aprobar: sus décadas de hosquedad la han relegado a un punto en que solamente consiguió maquillarse y exhibir imposturas que a pocos convencen.

Todo a pesar de la notoria intención de cambio desplegada por una conducción que ha hecho cosas en los últimos años, pero más ha dicho: ha admitido con inédito sinceramiento que "el sistema de seguridad está agotado".

Las remanidas propuestas no se hicieron esperar: más patrulleros, más armas, más hombres, más comisarías, más de lo mismo que se viene declamando hace lustros desde adentro y desde afuera y que en modo alguno gravita en un problema que definitivamente no es de cantidad sino exclusiva, ineluctablemente cualitativo.

Esto quedó de relieve en la verba de la cúpula (léase Gobernador, Secretario de Seguridad, Jefe de Policía y comisarios generales), que durante 1992 reconoció falencias tales como treinta años de atraso en la instrucción, tibieza disciplinaria en hechos graves, serio deterioro en la eficiencia ("el sistema no da más"), en la selección (personal "poco confiable", existencia de "loquitos", la policía como "receptáculo de gente desocupada") y en la organización ("los hombres están mal empleados"). Faltó quizás contabilizar la desconfianza judicial, la insuficiencia investigativa, la tosquedad metodológica, la desmesura burocrática, la vetustez administrativa, la crisis axiológica, la inflación jerárquica, la distorsión del mando, como para ir completando un cóctel que poco tiene que ver con cantidad de agentes y equipo.

Sí, el sistema estaba agotado. Y fue una triste pérdida que la iniciativa de reconocerlo se diluyera en un mero cambio de "rostro" (sic) que incluyó miles de bajas por sumario administrativo, cuando la mayoría de los inconfiables no están sumariados; renovación de armamento, en una función donde no constituye herramienta cotidiana: miles de nuevos agentes que aunque hayan recibido alguna capacitación se integraron a un contexto inficionante; patrulleros y helicópteros "espectaculares" (sic), que sin tripulación idónea son justo eso, hueco espectáculo, y un corto publicitario destinado a reclutar adolescentes violentos.

Dos años después, el preconizado "nuevo sistema de seguridad" resultó ser la Patrulla Bonaerense, una reedición ampliada de la Patrulla Urbana de 1985; ésta a su vez, plagio del reequipamiento de los Comandos Patrulleros de 1977, y así. El viejo truco de mudar atuendos aprovechando la renovación del parque automotor; la vestimos de seda, pero...

En febrero de 1994 se dio el recambio de secretario de seguridad y el saliente (el atildado ex juez marplatense Eduardo Pettigiani), admitió el fracaso en revertir "vicios adquiridos hace mucho tiempo" —según catalogó los abusos cometidos por personal policial y que el Departamento de Estado norteamericano blandía frente al ventilador— y recetó inflexibilidad en la represión judicial y administrativa a modo de terapéutica adecuada (como si eso pudiese ser flexible). El entrante (el famoso ex juez federal y ex diputado nacional Alberto Daniel Piotti), endilgó esos abusos a la "mala policía" y mocionó un acercamiento con los 13 millones de ciudadanos por intermedio de "dos o tres" líneas telefónicas...

El paso del tiempo no trajo modificaciones significativas, sino la confirmación de aquel diagnóstico inicial del agotamiento, por vía de una seguidilla de lóbregos episodios de corrupción, inoperancia y violaciones a los derechos humanos durante 1995 y 1996, que culminó con la detención de una banda de policías que distribuía droga y otra de oficiales relacionados a un megaatentado explosivo.

Un nuevo cambio de secretario en Octubre '96, reactualizó los dictámenes y la glosa de pócimas curativas: el ex procurador de la Suprema Corte de Justicia bonaerense, Eduardo de Lazzari, anunció más cesantías y retiros, más controles cupulares y políticos, más represión administrativa

—esta vez con toda la arbitrariedad inconstitucional que comporta una ley de prescindibilidad—, más divisiones burocráticas... más discurso viciado de insuficiencia que desembocó en esta lectura pública: "No pueden arreglarlo". Con su correlativa pregunta: "¿Cómo lo arreglamos?"

No obstante, nobleza obliga a una concesión: no es fácil. El asunto es ríspido, por momentos escabroso: induce a reflexión a la hora de rozar susceptibilidades. Se está ante un viejo saurio mañoso y mal conocido, que escamotea sus puntos vitales y amaga pelear por su integridad con garras misteriosas y pretendidamente letales.

Bien, no todo es tan adverso como parece. Hay posibilidades de abordar este tema que no por complejo —enmarañadamente complejo— va a sustraerse a propuestas, heterodoxas por cierto, dado el pertinaz fracaso cosechado por todas las ortodoxias. Enfocado esta vez desde los antípodas de la ironía, "¿Cómo lo arreglamos?" no promueve pues el irrespeto sino la más seria convocatoria a quienes participan del sistema de seguridad de la Provincia de Buenos Aires, que a nuestro entender está compuesto por la sociedad civil, los policías y el Estado, en ese orden de prelación; la policía está contenida en el Estado, siendo ambos consecuencia de la sociedad en su totalidad, a la que también pertenecen los policías. De suerte que vemos impropia la clásica focalización en lo policial de una cuestión que se inscribe en lo sociológico, marco en el que bucearemos las relaciones entre policía-ciudadanos, policía-policías y policías-ciudadanos, relaciones que postulamos como interactivas.

A su vez, el Estado no cesó de consentir dirigentes que remiten demasiados males a la herencia y el resto ad-referendum de sumarios para excusarse de responsabilidades, negando así su propio significado. Porque si el rol del funcionario representativo es algo así como pilotear la realidad a nuestro favor, entonces tiene que asumir —no eludir— y aceptar los desafíos —no agazaparse en la reticencia—. La reticencia recalcitrante de decenios ha suscitado desinformación y ésta ha provocado la fatal ignorancia que nos aqueja en muchos ítems, incluido el de seguridad: ignorancia que ocasiona más reticencia, en un ciclo vicioso que únicamente conjurará un aluvión de ilustración en dos vertientes: hacia la institución y su personal, materializada en conocimiento profesional; hacia la comunidad y su gente, convertido aquél conocimiento en información educativa.

Ese saber es específico y de factura interna, se destila de la experiencia y es constituyente del oficio: lo deseable sería introducir el componente teórico en la gestión policial, depositándola en agentes de formación universitaria. De paso se llenaría el vacío de idoneidad legitimada que ha dejado un delicado aspecto de la vida ciudadana en manos de intelectos unos lúcidos, otros rústicos, todos empiristas; lo que dio lugar a un bolsón de anacronismo que mantiene un oscuro desfasaje con la realidad.

Tendríamos entonces a la policía como objeto de estudio desde una óptica académica, lo que propiciaría superiores políticas institucionales y nos daría una versión realista —y por lo tanto objetivable— de aquella proclamada "policía científica".

La información a la comunidad mostraría a la gente su condición de sustancia fundante del sistema y en tal carácter la orientaría a involucrarse. No pensemos en esa participación espuria pregonada en el sempiterno poema populista o la expresión de deseos progresista. Aquí hace falta una visceral reformulación sistémica que instaure lazos orgánicos entre comunidad y policía, la que no se puede esperar como gracia decretal: es una evolución que resultará de la apertura al debate entre ciudadanos, policías y un Estado que puede legislar para el montaje de la dinámica necesaria. Afloraría así un ordenamiento más acorde que el actual con los lineamientos republicanos de nuestra Constitución.

La viabilidad de esa interacción se da a nivel seccional, en el que también ocurre el grado óptimo de ejecución funcional, imponiéndose por lo tanto la idea de descentralizar en privilegio de las comisarías, sedes naturales del servicio.

El resto del organigrama es reductible, es lastre burocrático que arruina la conducción y sobre todo, aplasta y desdibuja la figura del comisario, eje de la policía, a la que es preciso rescatar, confiriéndole estatura y autonomía y revistiéndola con extracción y compromiso comunitarios y estima judicial. Así podría ser referente válido de la sociedad y del personal que conduce, que necesitan respetarlo.

Necesita además el personal, horarios salubres, condiciones dignas de trabajo, vinculación con su zona de servicio, que se le diga qué se espera de ellos y se le enseñe a realizarlo en un contexto de reglas claras. Cuarenta y ocho mil hombres (o menos) que de malogrados devengan motivados y se organicen, harán más que un cambio de rostro: harán un auténtico ejercicio policial, que hoy exige sofisticación. Tal vez sea la hora de liberar los cerebros reprimidos por una ajena concepción militar copiada hace más de setenta años y que ya solo sirve para sostener la perversidad del sistema, aparte de haber originado una estructura centrípeta que succiona demasiada actividad hacia adentro y pergeñado una severa antinomia con la sociedad. La policía no puede seguir siendo una fuerza en el sentido estricto; es una institución civil más social que armada y como tal tiene que reciclarse, flexibilizando su vertebración para hacerse democrática por fuera y meritocrática por dentro. Así seria conducida por los mejores, que no siempre son los más antiguos.

En sus cuadros hay suficiente potencial, además de títulos secundarios y universitarios, y subyacen reservas éticas y embriones de excelencia. Estos hombres soportaron ya bastante carrera-march a órdenes de militares y vaivenes depreciadores a manos de políticos. Varios han aprendido la lección y ahora anhelan una institución socializada donde desarrollarse profesionalmente.

Para aprovecharlos, hay que animarse a encarar el ajuste escalafonario que desactive el amparo regimentado a la mediocridad, muchos de cuyos exponentes solo atinan a suscribir este híbrido seudomilitar-seudopolicial que agoniza a la espera del príncipe —azul o verde— que lo reanime, o a asirse de aquella fatídica entelequia que autoriza a infringir la ley para defender la ley, es decir, el estado delincuente en lugar del estado de derecho.

A propósito, se torna impostergable atender la enquistada antítesis "seguridad vs. derechos humanos", para resolverla en una síntesis que defina culturalmente a la policía como custodia tanto de la seguridad como de todos los bienes jurídicos de todas las personas, incluidos los inherentes a su condición humana.

Descontado que ponencias como las previas serán sumarizadas bajo un rótulo: Utopía. O su acepción vernácula: Argentina año Verde. Es cierto, estamos resignados a considerar utópico lo valedero y habituados a ver inapelable la frustración. Sin embargo, hay excepciones: no los que piensan que a esto no lo arregla nadie, ni los que aguardan a que otros lo hagan, sino los que dicen "A ver qué puedo hacer yo para arreglarlo", convencidos de que mal o bien, todo es mutable. Mal, revolución maximalista o lobby sectorista mediante; bien, a través de la empresa consensuada y del tributo individual a ese consenso. Factores estos que emergerán del debate, cuando la información disponible sea veraz.

Por lo pronto, penetraremos la intimidatoria fachada de este desdentado statu-quo y veremos que aquello que en un tiempo fuera coraza cimentada en axiomas, hoy es hojarasca prendida en usos y mitos que pueden desmentirse. Por ejemplo, que todo cambio insume fondos que no hay, a lo que argüimos que siendo esta una propuesta de orden cualitativo, organizacional, difícilmente requiera más dinero del que ya circula por el dispositivo.

En rigor, no está aquí la utopía; sí una hipótesis de máxima amasada con idealismo y leudada con abundante creatividad, como para hacer algo más original que el ánimo de copia impregnado en pasados viajes de burócratas locales al primer mundo. Asumamos de una vez que hay cosas que no se pueden importar, ni tampoco reproducir: hay que generarlas.

Condensando: qué seguridad tenemos y por qué es así; qué seguridad podríamos tener y de qué forma la edificaríamos.

Para que algún día podamos dejar de andar preguntando: ¿Cómo lo arreglamos?

Parte I: UN RACONTO

1.- DOCUMENTO DE IDENTIDAD

Cuando Bill Haley y Little Richard hacían sonar el despertador para aquello tan formidable que serían los sesenta, cuando "Semilla de maldad" y "Rebelde sin causa" empezaban a dar cuenta de que el American Dream no era tan dulce como pregonaba la propaganda imperial y cuando en estos lares el péndulo de la política señalaba al peronismo que su turno fenecía, veía la luz la convulsionada generación que me abarca.

Alumbrado en el Hospital Rivadavia y tras dos años de porteñato ejercido en Núñez, fui al suburbio a crecer junto con Boulogne, porque mi padre quería una casa con jardín y patio y la clase media baja tenía créditos del Hipotecario.

De él, de mi padre, me atraían los relatos en primera persona sobre la aeronáutica militar italiana, Etiopía, El Alamein y el campo de concentración inglés en La India, y las jinetas de sargente maggiore que conservaba de recuerdo. Y mientras estudiaba para conseguir notas escolares que él aceptase, soñaba aventuras que me proponían las novelas filibusteriles de Salgari, la historia militar argentina y la televisión policial norteamericana, en tanto me preguntaba por qué en las fiestas patrias, donde campeaba tanto la enseña patria y se conmemoraba tanto la epopeya de la Patria, todo el mundo cantaba el himno nacional en sordina y a media boca, con una suerte de esfuerzo resginado, falseando el firmes, incómodo como si temiese algún ridículo o como pronunciando palabras impropias, cual en la época hubiesen sido "Perón" o "comunismo". (A veces he divagado con que ambas cosas sean caras de una sola moneda, que es un mismo ingrediente el que hace que un país tenga proscriptos y vergüenza de cantar su himno, que cualquiera de esas dos cosas no existiría sin la otra).

De mi madre recibí una itálica sobreprotección y la manía del orden y la limpieza. De ambos heredé el temor a varias cosas, que la adicción religiosa apenas conjuraba, y la voluntad de ascenso social por medios honestos, típica postura de europeos pobres que aquí es como decir "esfuérzate para quedarte donde estás".

También, un respeto a la verdad que aleado con mi natural curiosidad me fue llevando a develar que el temor no era exclusividad de migrados que bajaban hambrientos de los barcos y que el desenfado y la petulancia de tantos criollos no tenía otra razón que tapar, en el mejor de los casos elaborar un intenso miedo. Y que acá el que no siente miedo está loco y seguramente termine mal.

Los comunicados número uno, dos, tres, marcaban el paso desde los medios y la policía hacía seguir el compás en la calle. El Tío Sam nos mostraba el rumbo y el Santo Padre nos bendecía. Todos contentos, de casa al trabajo a casa, las cosas tenían que estar forzosamente bien, con orden y disciplina. Nos sentíamos seguros al amparo de los uniformes, nos protegían de todos esos delincuentes que cada tanto caían abatidos en tiroteos. Delincuentes que salvo excepciones, coincidían en su piel oscura y facciones aindiadas, el malón reciclado en patota, que ya no asolaba pero sí atemorizaba al poblador civilizado.

Si los yanquis tienen el W. A. S. P. (blanco anglosajón protestante), nuestro grupo social central sería el B. E. C. (blanco europeo católico), primer destinatario de las agresiones aborígenes, así como de la protección de los uniformes azules, ya no comandados por el general Roca pero sí por puntillosos émulos que poco han tenido que envidiarle.

Bien diferenciado, aparecía el ya legendario vigilante de la esquina. Era el que estaba solo, ya fuese apostado en una parada, trepado a la garita de tránsito que precedió al semáforo o viajando en el tren, y no solamente simbolizaba sino que era la personificación de la función social de la autoridad. Pero cuando se juntaban dos o más, entraba en escena la policía brava, con sable y botas, que rapaba a los melenudos y soltaba el ruedo de las minifaldas.

Allá por mis diez u once años, tuve oportunidad de verla en acción. Frente a casa pasaba un colectivo; esta vez, detrás venia un patrullero raudo y con sirena. Preocupados por lo infausto que hubiese ocurrido en el barrio, nos asomarnos y vimos cómo el micro era rebasado y detenido. Dos uniformados esmerados, un colectivero exhibiendo registro de conductor y un hombre en ropas de calle muy airado y gritón apeado de un auto que llegó por detrás: —

¡Vas a ver quién soy yo, vos te crees que porque andás en un colectivo vas a encerrar a cualquiera, pero ves que te hice detener. Vas a ver quién soy! Conservo fotogramas de ese corto, que junto al icono de Juan de Garay fundando Buenos Aires, atesoro como una lección clave de sociología autóctona: Don Juan de yelmo y coraza empuñando la espada, detrás un jesuita alzando el crucifijo, a un lado un poste fundamental de morfología fálica que sostiene pergamino de un decreto y enfrente, como destinatario, el indio; arrodillado, sumiso, acepta sin entender el mensaje y algunos vidrios de colores, pero no puede leer el decreto ni conocer a su mandante corona española.

Quinientos años pasaron y tantas cosas cambiaron para que todo siga igual. El Poder ya no porta corona pero sigue monárquico y distante; el símbolo fálico se mudó a Nueve de Julio y Corrientes, la túnica franciscana se volvió sotana y la coraza, uniformes de colores variados; el decreto se llama ley pero sigue siendo del Poder y un tipo gritando ¡Vas a ver quién soy yo! está dejando en claro que es usufructuario de un pedacito de poder. Un uniformado es un indio que se amparó en el poder y un colectivero que encierra es un indio desesperado por un instante de poder. ¡... quién soy yo! es también ¿Quién soy yo? Que al igual que ¿quién sos vos?, ¿quién es éste?, ¿quién es aquél? y ¡¿quién carajo te creés que sos?! son las preguntas que nos atormentan desde siempre en nuestra perenne obsesión por esclarecer si se está en el Poder o fuera de él, si se está con el Poder o lejos de él, si se está con poder o sin él, si se es o no se es.

Ser o no ser poder es la cuestión vital en sitios donde la condición de ciudadano no es más que una mera formalidad administrativa; es la finalidad crucial que reduce a tierra de oportunistas el país de oportunidades que propugnó la Constitución, y que deja como principal motivación la huida, el zafar del no-poder. Fuga tan desesperada, que continuamente nos dispara al otro polo, al abuso de poder.

Me quité por última vez el guardapolvo del colegio primario y fui a cursar el industrial a una terminal automotriz, donde además de estudiar mucho inglés, maquinarias y ciencias duras, recibimos una acabada formación humanística y un calificado título técnico. Pero nos crearon un enorme problema: redondearon la formación resultante de la penetración cultural imbuyéndonos su mentalidad perfeccionista y su estilo de eficiencia empresarial, todo bajo la beatífica sonrisa con que el viejo Henry Ford presidía desde el retrato colgado en el patio. En síntesis, nos mostraron lo más progresista que había en el mundo y después nos dijeron buenas noches y nos soltaron a vivir acá. Faltó que el reloj diera las doce y dejar olvidada una zapatilla de cristal.

Decidí no seguir ingeniería porque había caído en la cuenta de que mi vida tomaría otros rumbos: mi vocación andaba lejos de las máquinas. No me movilizaba la política en sí misma, pero el fenómeno subversivo ya instalado, conmovía mis fibras. No era por discrepancias ideológicas: yo estaba en la derecha porque allí había nacido, pero no "era" de derecha; tampoco en mi familia o mis relaciones había militancias, ni siquiera simpatías hacia los militares gobernantes o los supermercados Mini-Max de Rockefeller. Teníamos un lugar social donde no hacía mucha diferencia que el poder lo tuviese uno u otro y nadie creía que la guerrilla pudiese instaurar el comunismo, que por otra parte, no sabíamos bien qué era. Sí sabíamos qué era el terrorismo, y ese era el punto.

Me enfebrecía la intimidación pública que lograba el terrorismo, esa desmesura de descerrajar violencia sin premeditar consecuencias. Me turbaba la inoperancia estatal y sobre todo, los reiterados asesinatos por la espalda de vigilantes desprevenidos en su parada callejera. Un rasgo mío quedó claro acullá: me seducía la policía. El tiempo transcurrido sólo consiguió confirmarlo.

Y mostrarme además que haber tomado partido a favor del Estado, no fue ponerme contra el terrorismo sino dentro de él. Para adelantar la conscripción, entré de voluntario a la Prefectura Naval, donde mi destino quedó consolidado: me sentí a gusto, me dieron una impecable instrucción y un aceptable lugar, a pesar de mi rango de conscripto. Supe que ya no dejaría el uniforme, aunque todavía me faltaba decidir entre las opciones. Las Fuerzas Armadas las había descartado antes, cuando alguien me las sugiriera para ejercer el profesorado nacional de educación física que había iniciado: sabía que no eran para mí. En Prefectura me sentía bien, pero no era una policía en el sentido estricto. La Federal me atraía, pero era demasiado formal y tenía que encerrarme dos años de internado. La provincial tenía un costado romántico que me cautivaba y la posibilidad de cursar solamente un año, teniendo secundario completo. El 19 de marzo de 1975 puse un pie en la Escuela de oficiales de la Policía de la Provincia de Buenos Aires "Juan Vucetich", Parque Pereyra Iraola, camino a La Plata.

2.- CREDENCIAL

Tras la maravilla de colocarme segundo en un examen para sexto grado, fui a ocupar mi cama y armario de la compañía de curso acelerado; éramos más de cien, con el secundario completo o incompleto. Había además otra compañía sin secundario ninguno, que soportaría dos años de claustro. Para todos, avenía un trance llamado "período de adaptación".

Pronto supimos que la adaptación era al menoscabo y a la amputación de la subjetividad hasta extremos que bien graficaba la frecuente conminación: "Acá los huevos los dejan colgados en la puerta".

Esto se legitimaba como la manera de hacernos "hombres", siguiendo los cánones del rito iniciático de la madurez social, el servicio militar obligatorio. En poco le difería la formación que asignaba a sus futuros oficiales esa policía, que siguiendo los pasos de su hermana mayor, la Federal, estrenaba jefe parido por sí misma. Dos comisarios generales en la Jefatura y un gobernador civil, debían inteligir que ese modelo de oficialidad estaría acorde con las pretensiones del "Primer Estado Argentino", aunque más bien parecía destinado a reforzar la realidad de primer y segundo cordones industriales bonaerenses.

Paralelamente a un bien calificado cuerpo de profesores que procuraban meter en nuestro intelecto la teoría programada, corría un heterogéneo grupo de oficiales instructores —varios de ellos enviados allí como castigo o archivo— que se ocupaban de nuestro entrenamiento físico, práctico y doctrinal. Entre bailes y milongas, cuántas veces me pregunté para qué tanto castigo preventivo, si lo único que tenían que hacer era decirme qué querían de mí; actuaban como si uno fuese apenas un hijo del rigor, incapaz de entender órdenes y mucho menos de cumplirlas. Tal presupuesto, unido a una cerril soberbia que flotaba y se absorbía, iban moldeando una identidad signada por la mediocridad como imperativo, lo que asociado a cierta ligereza que exhibía la plana mayor, componía un fresco clásico, pero exacerbado en esa época cuyo color dominante era la irresponsabilidad.

Era en efecto, una época irresponsable, descaminada. El Estado había permitido su mutilación al punto de discapacitarse para el ejercicio de su jurisdicción, dejando el campo yermo a una guerra de pandillas. Entre guerrilla y terrorismo hay una importante diferencia, y si fuese cierto que en algún momento grupos de patriotas tomaran las armas para defender la Constitución tal como ella misma manda, ese momento hubo de ser muy liminar, porque toda su trayectoria visible fue de vandalismo antojadizo. Bandas de hooligans colgados del paradigma de Guevara, entramaban una situación inviable pero además irreversible (despertar al león dormido), sin meditar si en la vorágine daban injerencia a intereses foráneos o arrastraban al infierno a una multitud de idealistas —cándidos o no.

Del lado contrario pero en la misma vereda, elementos de matonaje gubernamental condimentados con los infaltables oportunistas fascistoides (luego llamados "agentes de inteligencia") esamblados en la Triple A (Alianza Anticomunista Argentina) del brujo López Rega, en un alarde de creatividad vanguardista, salieron a disputar la interna del poder asesinando a quienes ellos consideraban subversivos, es decir a cualquiera.

La policía había logrado avances que la llevaron a éxitos operativos dentro del esquema celular de los extremistas, consiguiendo detener a una buena cantidad que en su mayoría fueron liberados desde cuevas del Poder o fugaron por la estolidez ingénita de las organizaciones oficiales. En otra esquina, las Fuerzas Armadas asimilaban los arteros mandobles subversivos con resignada pasividad exterior, mientras que por dentro alimentaban un odio que al no hallar canal aliviador —como quizás hubiese sido la justicia— se acumulaba como insana sed de venganza.

Se iba armando el brebaje de nitroglicerina que a la menor agitación haría volar la sociedad que contemplaba constreñida a su habitual rol de espectador impotente; así las cosas hasta que el sacudón llegó, de la mano de un inidóneo Poder Ejecutivo que entró en escena con el verbo "aniquilar".

Combatir o aniquilar son términos bélicos; neutralizar o desactivar son acepciones policiales; detener o encarcelar corresponden a la esfera judicial: toda esa semántica estaba vigente, poro los únicos vocablos que se mencionaban por todas partes eran los dos primeros, o sea que de las alternativas posibles y para ser fiel a sí misma, esta sociedad elegía la más simple, la más fácil, la más ramplona.

"La policía es una institución civil" nos decían mientras nos enseñaban desfile militar y espíritu de cuerpo. Este se inculcaba a rajatabla y se exigía como si fuese un pilar del cual dependiera la supervivencia de la repartición.

La Guerra Fría y su correlato, la Seguridad Nacional, imponían el acento en el ítem Inteligencia, de lo cual se nos dictó bastante. Además de ser el tema de la cotidianeidad, había frecuentes charlas con especialistas y una asignatura llamada "Formación Nacional" en la que un abogado católico explicaba el marxismo y su accionar enemigo de nuestro estilo de vida occidental. Pero nada más.

No hubo fanatismo, nunca se demonizó al comunismo, sólo se expuso la situación con una comprensible pero controlada parcialidad, quedando en claro lo mortal del antagonista, pero no su eventual mortalidad. Se nos aconsejó cerrar filas a la espera de la solución, que a esa altura ya no partiría de ninguna policía; se esperaba de los militares y a nadie se le ocurría que pudiese ser una solución final.

Tras la fastuosa fiesta de fin de curso, fui destinado a una comisaría, la de Beccar. Fue inefable la emoción cuando me proveyeron el uniforme de oficial ayudante, la credencial y una Browning del nueve, todo en paquete con mi nuevo lugar en la sociedad, un lugar que ya intuía fragoso. Cosa que poco amilanaba a alguien que creía iniciar la lucha por un mundo mejor.

Empecé a trabajar y a ver el otro lado de las cosas: la primera de una pródiga lista de sorpresas desapacibles, fue que la delincuencia se combatía desde la máquina de escribir: por un oficial supuestamente abocado a las investigaciones, siete u ocho escribían papeles que agregaban a sumarios y expedientes para calmar al insaciable modelo de justicia penal escrita que los devora a carradas. Los suboficiales no escapaban a los papeles, aunque la mayoría se movía en la calle, pero con la investigación prohibida.

La segunda, fue que el horario de labor lo ponía el jefe (cualquiera de los tantos) conforme a la necesidad del servicio (o a su capacidad o interés de organizarlo). Uno sabía a qué hora entrar, pero ignoraba cuándo se iría. La tercera, que muchos jefes no tenían ni capacidad ni interés.

Mientras comenzaba mi periplo en busca de quién investigaba en la policía, acompañé un día una razzia en la villa La Cava; por ahí se armó un tumulto y apareció uno de los demorados quejándose de haber sido golpeado. Claro, el sujeto se había resistido, diciendo ser cabo del Ejército en tiempos en que los militares cobraban, así que no fue la excepción. El oficial a cargo no lograba ubicar al agente que le había pegado y nadie lo logró nunca, aunque todos sabíamos quién era.

Si Thomas Hobbes nos hubiese conocido, habría visto en acción el todos contra todos de su Leviathán. Por algo quien tuvo la firme idea de hacer de esto una potencia, empezó con una admonición muy puntual: "Para un argentino nada mejor que otro argentino", como para ir frenando la proverbial discordia fratricida, que aquí cursa con una particularidad: la pelea no sigue el canon de la batalla campal, sino que se da por turnos. Cada facción llega al poder para adueñarse de todo y arrollar a las demás, perpetrando desmanes que la llevarán a la inevitable caída; deja así libre el sitio a otra que repetirá la historia y así sucesivamente, configurándose un péndulo, que es un movimiento que recorre mucha distancia sin ir a ningún lado.

Este andar y desandar refleja la falta de Norte y mientras espera que llueva una brújula que señale el rumbo hacia algún lugar entre las naciones adultas, la clase política perpetúa nuestra adolescencia manteniéndonos divididos en tres o cuatro bandos que esperan su turno.

La policía nunca está de turno, porque no llega al poder gubernativo y siempre lo está porque asiste a ese poder, lo ocupe quien lo ocupe. Es una institución políticamente inerte con algunos miembros eclécticos que desde su bajo sitial tratan de sacar partido de su cercanía con el Poder, a pesar de que sea muy poco lo que suelen lograr. Tampoco nadie se ocupó nunca de conseguir un mejor sitio para ella y tampoco se hubiese podido. En realidad, tiene una configuración prevista para que nada pueda hacer a favor de sí misma.

Por ese entonces y vapuleada como estaba, se empeñaba en volver a guardar a los muchachos que el presidente Cámpora había sacado a circular con su amnistía general de 1973, algunos de los cuales habían coronado violaciones callejeras con un "Ahora nos toca a nosotros" y muchos encontrado trabajo como "custodios" de políticos, que los proveían de gruesas armas y libertades. No era muy difícil capturarlos porque no se preocupaban en disimular sus fechorías, confiados en la égida de sus jefes, que al enterarse de la detención, lo único que podían hacer era ponerles abogado.

La debacle era inminente, ya todo el mundo clamaba por el orden militar y en rigor, no quedaba otra alternativa. La política era un babel sin reserva de acción alguna; la decadencia y disolución se respiraban. Al patrullar las calles, nos cruzábamos seguido autos con tres o cuatro facinerosos que andaban orondos, sabiendo que no los íbamos a molestar; y no lo haríamos porque lo más probable era que nos costara caro y la moral de los tiempos no daba para heroísmos. Fuesen piratas del asfalto, custodios, agentes de inteligencia, grupos militares, otros policías o los hermanos Macana, podían tener más predicamento que cualquier uniformado de comisaría.

En ellas no estaba mejor la cosa; disciplina resquebrajada, vapuleos politiqueros, autoridad rifada y más bohemia de la aconsejable. Tampoco ahí había chances de reacción interna; el mal estaba tan propagado que la mejoría no podía esperarse más que de afuera, de alguien que tuviese fuerzas para cambiar las cosas en general, de nuestro consabido mesías. Como el resto del país, la policía se mantenía en tensa expectativa porque en cualquier momento, el 24 de marzo del '76 por ejemplo, ocurriría el milagro y los salvadores harían su triunfal entrada. Y siguiendo las reglas del juego, el partido militar tomó su turno. La Patria tuvo como principal salvador—de otro modo no podía haber sido— a un general católico presto a nombrar recurrentemente a Dios. La Policía de la Provincia de Buenos Aires, a un callado coronel Ramón Juan Alberto Camps.

Así empezó la Guerra Santa contra el infiel marxista y los imberbes sanguinarios del peronismo y de paso, contra los otros peronistas, socialistas, sindicalistas, universitarios, abogados, artistas, obreros, curas tercermundistas, judíos, embarazadas, periodistas, monjas, soldados, bebés, amas de casa y cuanta otra yerba diese el aspecto —o la suposición— de tener alguna actitud política diferente de la completa sumisión. El concentrado capital occidental y cristiano ya había decidido la economía para el tercer mundo del tercer milenio y había que despejar preventivamente de cizaña los futuros trigales de su abundancia.

Con la bendición del Departamento de Estado —que recapacitó y hoy vela por los Derechos Humanos— los valientes cruzados salieron con la cruz a exorcizar espíritus y con la espada a exterminar cuerpos de los súcubos que el Satán comunista había lanzado para corromper nuestro modo americano de vida, sin importarle que nuestra bandera jamás hubiese sido atada al carro triunfal de ningún vencedor de La Tierra, precisamente porque él no era de esta Tierra. El y sus insurgentes eran demonios y como tales serían tratados; a los enemigos, ni justicia.

Unos pocos elementos de la policía fueron destinados a la lucha antisubversiva y el gran resto continuamos nuestra vida normal, con algunos cambios como la introducción de mandos militares superpuestos a los naturales, la implementación de las áreas libres, un acuartelamiento de seis meses pletórico de noches requisando vehículos en la calle, subtenientes y tenientes que maltrataban al comisario, un decreto que anoticiaba nuestro decoroso fusilamiento en caso de interpretar alguien que desoíamos alguna letra chica de la ley 20840 de Seguridad Nacional y la susurrada amenaza de que nuestro "camarada" director general de investigaciones nos invitara a un "tete á tete" electrodos mediante, por alguna sospecha similar o quizá por orden de su amo Camps.

Gallardo paladín de la reacción oligárquica, este proletario trocado en burgués gracias a la policía —y al trabajo de sus subalternos - pasó luego a retiro y fue acogido por los otrora secuestrados hermanos Born como su máximo gerente de seguridad, área en la que más tarde incorporaron al revolucionario-burgués Galimbertí, con el cual el gerente convivió en apariencia mejor que con sus subordinados policiales y hasta se dice que jamás le mencionó la picana.

Como quiera que sea, los tantos numerarios de la mayoría uniformada de entonces, habíamos creído la visión epocal que le nos infundiera, comprometido nuestra lealtad al sistema y puesto en juego a diario nuestro pellejo en cumplimiento de las órdenes emanadas de sujetos como el descripto y otros con rango de indultados que hoy comulgan por ahí. Otro tanto debieron de haber hecho las huestes militantes y simpatizantes del otro bando, de los cuales hay un par largo de decenas de miles no fusilados sino desaparecidos, con todo lo de injusto y horrendo que eso significa —para ellos en su momento y para sus familiares en todo momento—, mientras que el grueso de las cúpulas combatientes —quiero decir: penalmente imputables, porque militancia y simpatía no lo son— siguen entre nosotros con buena salud para atender los quiosquitos que supieron conseguir y lucirse un rato en la arena social y política buscando agrandarlos.

Recuerdo el disimulado pavor que me invadía —que a varios nos invadía— al saber de las enormidades desplegadas por las hordas terroristas del Estado; por más estatal que uno fuese, la sensación era de no quedar espacio para abroquelarse en medio de tanta vesania, como ser sorprendido por un huracán que de por sí anula toda posibilidad de ponerse a recaudo. Se hablaba del robo de automotores para uso oficial, de detenidos clandestinos, llegaban algunas versiones de "caídos" de aviones --sonaban inverosímiles— y alguna vez se conocía una operación abierta donde una cincuentena de soldados acribillaban durante horas una casa —no fuera cosa de correr riesgos— y cuando estaban seguros de que si algo había adentro ya era inocuo, entraban a robarse cuanto de valor existiese: no voy a decir que un par de policías no se hubiese llevada nada, pero al menos habrían pateado la puerta; aunque fuese producto de la bohemia de entonces, ese coraje individual era nuestro primer orgullo, era la virtud sobresaliente de un "pata negra".

Me resignaba entretanto a la desaparición de dos personas de mi entorno barrial —una de fluida relación familiar— y hasta hoy me aguijonea el haber sido casi indolente, aunque reconozco que nada hubiese podido hacer sin propiciar mi catástrofe. También iba aceptando ser un aplicado amanuense burocrático, procurando no morir en el intento, como casi me sucedió un hasta entonces rutinario día en que cumplía mi tarea corriente en una comisaria común.

Lo que nada tenía de acostumbrado, era la persona que vino a denunciar el extravío de un documento: un estadounidense de unos sesenta años, algo grueso y calvo, con dicción spanglish y un concepto de lo policial digno de una gran ciudad del Norte; lo enviaban de un banco cercano y le habían ya dado el papel sellado que requería ese trámite.

Entró a mi oficina con premura, como si la espera de cinco minutos hubiera sido excesiva, y miró con algún desconcierto mi metro noventa de fornida humanidad enfundada en prendas de combate con borceguíes altos y correaje tipo comando; escudriñó el arma semiautomática a mi costado y la insignia en mi pecho, y se sentó. Algo no le cerraba y se le notaba; su semblante era de pocas pulgas.

La tarea me llevó veinte minutos de dactilografía veloz y empecé a sentirme mal cuando fui percibiendo el motivo de su inquietud. Firmé el papel y se lo tendí con rapidez; lo tomó, controló su fastidio y como yo temía, me lo dijo; con todo respeto, pero me lo dijo: —Usted es un oficial hecho para el combate, vestido y armado para la guerra, y hace media hora que está aquí dentro escribiendo como una secretaria y haciéndome perder tanto tiempo para un trámite tan tonto; sus jefes lo ponen a hacer trabajo de señoritas; en Estados Unidos yo voy con algo así a la policía y una empleada civil me da un formulario que lleno en tres minutos, luego lo pasa por una fotocopiadora y ya puedo irme con mi certificado. De todas maneras, gracias. Buenas tardes.

No perdía las esperanzas de escurrirme un condenado día para ir a una brigada a investigar en serio; seguía buscando la investigación en la policía. Y en 1980 llegó la ocasión: la unidad regional eligió a tres sumariantes para trasladarlos a la brigada de Martínez; si bien iría a hacer papeles, habría desembarcado en investigaciones, que para un subinspector era bastante y significaba el trampolín al trabajo de calle. Pero en medio de la exultación, había olvidado un detalle: conmigo se iba de la comisaría quien escribía el grueso de lo que entraba y cubrir el hueco, habría sido gravoso. Mis superiores utilizaron su influencia y mi pase se esfumó.

Comprobar una vez más mi carácter de objeto, fue insoportable. Yo sabía que no era dueño de mi vida... pero no serlo de mis logros, fue demasiado. Presenté la renuncia y en noviembre obtuve la baja.

3.- FOJA DE SERVICIOS

Con la extrañeza de quien emerge de un sueño profundo, me hallé de vuelta en la vida común y corriente (no quiero decir "civil"). Ahí empecé a palpar el primer ajuste que el ministro de economía "Joe" Martínez de Hoz —el que nos hablaba a todos como si fuésemos imbéciles— implementó con la tranquilidad de que cualquier eventual foco de disconformidad o resistencia de las clases media y obrera, ya había sido extinguido por los cipayos nacionalistas (no es contradicción) en los centros clandestinos de "detención".

No es contradicción en estas latitudes: son nacionalistas por defender a la Nación patricia —a la que ellos mismos pertenecen o procuran incorporarse— del ataque despatrimonializante; y son cipayos por atacar al pueblo de la Nación en favor de la arbitrariedad colonialista, que esta vez se dio como brutal endeudamiento externo del cual ellos no van a liberarnos porque no pueden combatirlo con las armas.

Con aguda nostalgia de la condición policial (me dolía su falta como duelen los primeros tiempos de un amor ido), acepté un empleo mal pago antes de que me dejaran afuera las cortinas de la primera oleada de cierre de fábricas, obertura de la desindustrialización que se trajo de la mano a los primeros nuevos pobres y las primeras colas de desocupados.

El martes 30 de marzo del '82, la mayor central sindical

convocó a Plaza de Mayo y la Policía Federal fue fletada a castigar duramente; hubo también un obrero muerto desde uno de los autos policiales. Los sindicalistas dijeron que el viernes volvían y el presidente Galtieri debe haber hecho un corte de mangas, porque el programa para ese viernes 2 de abril era otro, menos cipayo y no tan nacionalista como podía aparentar.

Confieso mi escalofrío cuando días después se supo que dos tercios de la Armada Invencible enfilaba proa a Malvinas: quise explicar en mi entorno la delirada catástrofe que ello significaba, y me miraron como se mira a un relapso derrotista. Hay que entenderlos: estaban más compenetrados con el fútbol que con la guerra y pensarían que aquello iba a discurrir como un partido, con Maradona arreglando todo prodigiosamente. El ominoso espanto de la irresponsabilidad nos escarnecía de nuevo, dejando como siempre su tendal de víctimas inocentes.

No olvidaré el pesar de saber que miles de nuestros chicos marchaban al averno sin más motivación que el miedo al castigo, mientras en el altar de la Plaza de Mayo la eterna multitud facilista los ofrecía en sacrificio a un becerro de oro que por añadidura, estaba borracho. Y éstos no eran precisamente los de las huestes peronistas que solían frecuentar esa plaza.

Como quedó demostrado en el juicio, una plana mayor de una veintena de jerarcas del más alto grado militar secundó al que tomaba... las decisiones y a pesar de que la mayoría estaba en desacuerdo o al menos no convencida, ninguno se atrevió a decir esta boca es mía. Salvo que todos abrevaran en la misma fuente etílica, aquí hay que hablar de la medianía típica de los esquemas totalitarios, como para ir empezando a entender cuál es nuestra idiosincrasia sociopolítica.

Y sentirnos culpables al menos en parte, porque para que un esquema exista y perdure, todas sus partes deben tener un punto de coincidencia. Quiere decir que todos somos un poco así, todos tenemos un costado idéntico por el cual nos interconectamos.

Dieciocho días después de que las Malvinas se siguieron llamando Falkland, me reincorporé a la policía, con destino en la comisaria de Virreyes. La corporación admite el reingreso una sola vez, pero castiga duramente la osadía de haberse ido; merced a una chicana reglamentaria, por veinte meses fuera de los cuadros, perdí cuatro años de escalafón, lo que me resultó una jerarquía de atraso respecto de mi camada y una discordancia de edad con rango que en una arqueocracia escalonada, es harto incómoda.

De la misma manera que antes había desistido de encarar carreras universitarias porque la repartición no me dejaba tiempo suficiente, esta vez abandoné un curso de periodismo iniciado durante mi baja, para dedicarme sin sobresaltos a la función. De habérmelo propuesto, hubiese conseguido un destino y horario compatibles con la facultad, pero resignando el protagonismo funcional. Muchos obtenían títulos profesionales, pero a costa de pasar años y quedar luego abrochados en tareas laterales o secundarias; la resultante orgánica es que a pesar de contar con gente perfeccionada, la policía sigue animada y conducida por legos que le dedican todo su tiempo y hasta importantes espacios de su vida privada y familiar.

Tamaño fue mi estupor cuando unos meses más tarde, se dio el pase intempestivo del comisario; pero más grande aún fue al enterarme que había sido por pedido de un sargento.

Entre sargento y comisario hay diez grados de diferencia, que se hacen quince respecto del coronel que por entonces era Jefe de Policía y que públicamente había expresado que ese sargento era su amigo personal. El sargento había sido puesto por el coronel en la brigada de Martínez y su fama delincuencial, que luego se convirtió en proceso penal y llegó hasta los diarios, ya era conocida entre nosotros.

En un almuerzo con que el comisario inspector titular de la brigada convidó a mi comisario y cuatro más, uno de ellos le aconsejó acotar el individualismo del sargento y se animó a calificarlo de ladrón. Veamos ahora cómo funcionó la estructura castrense y burocráticamente aséptica, fundada en la prelación jerárquica y comandada por un jefe militar como virtual interventor, cuyo primer acto al asumir fue difundir un interminable instructivo ético que debimos leer en cada dependencia: un subcomisario correveidile que participó del almuerzo fue a contarle al sargento lo que había oído; éste se quejó al coronel, quien sin decir agua va, dispuso no el traslado sino el revoleo de los seis jefes señalados —el de la brigada inclusive, por las dudas— que de la noche a la mañana fueron arrancados de sus despachos y lanzados a muchos kilómetros sin importar su calidad funcional. Da para hacerse una acabada idea de la dignidad asignada a un jefe —aquél menoscabo no se limitaba a los cadetes— y hasta dónde puede ser violable una aparatosa organización militarizada.

Tiempo después, pasé al Comando Patrulleros para recorrer las calles de una zona de un millón de habitantes durante meses, sin toparme con procedimientos relevantes, a pesar del ahínco que ponía en encontrarlos. En tanto otros que no tenían esa avidez y vivían más calmadamente, encontraban la muerte. Nunca pude hallar una lógica para explicarme ese fenómeno; se pueden urdir especulaciones pero no hallar el hilo conductor que enhebre esos casos; mi conclusión es determinista: no tenía que tocarme.

Soporté el deceso de varios conocidos y en cada caso, no sé si por la rabia o la impotencia, pensé que podría haberse evitado, por poco margen acaso, pero podría. Una veleidad, un espejismo, o una forma de pelearle a la muerte.

No llegué a matar a nadie, pero tuve enfrentamientos y vi mucha muerte violenta, la suficiente para aproximarme a la naturaleza de ese oficio y comprender la urgente necesidad de humanizarlo para bien de todos.

Tras más de mil sumarios que firmé y un fugaz paso por el

servicio de calle de dos seccionales, por fin arribé a una brigada, directo a la cabeza de un grupo operativo. La calle era mía y la investigación también; descubrí que allí sí la había... pero al revés: en lugar de averiguarse a partir de una denuncia, se hace a partir de un ilícito. Es decir que primero se llega al delito y después a su damnificado.

No, no hay bolas de cristal, ni radiestesia, ouija o cartomancia; tampoco borra de café, espiritismo ni nada tan moderno: hay un método más clásico y más material, de carne, hueso y sobre todo, lengua: el buchón, que en la jerga se le dice "buche", en los doblajes de TV "soplón", el lunfardo lo llama "batidor", la prensa "confidente" y el léxico administrativo "informante".

Quiere decir que honrosas excepciones aparte, el extraordinario mérito investigativo de las brigadas es la explotación de delatores. Y también, que mi búsqueda de la investigación policial continuó, porque aún no hallaba al que toma las denuncias —todas las denuncias, o el cúmulo de delitos anoticiados— y de inmediato — enseguida, en caliente, urgente— sale —se aboca, se dedica, se empeña— a investigarlas. Hasta que un buen día me avispé de todo: eran los padres. Y dejé de creer en los Reyes Magos.

Es común que en las familias los hijos eviten sacar al sol los trapitos de sus padres. Como en nuestra gran familia social el Poder ocupa el lugar de los padres —no nos es posible, no entendemos otra visión que ésa— al Poder no se lo investiga; para no correr el albur de encontrar los trapitos y además, porque él no quiere y punto. Consecuentemente, hay que andar con pies de plomo al investigar, no sea cosa de meterse donde a uno no le incumbe.

O sea, que la policía tiene un vasto —pero asimismo indefinido, nebuloso— campo de posibilidades delictuales que no le incumbe, y guay con que se equivoque. Por ende lo más saludable es no tomarse las cosas muy en serio, poner el motor en ralentí y tratar de sobrevivir hasta el retiro, que bien puede uno perder si anda por ahí haciéndose el policía. Investigar es hacer discutible el discurso del Poder, cuestionar la verdad oficial, cosas que equivalen a desacralizar al padre, lo que en cualquier comunidad primitiva es tabú.

A mediados del '88 y con tareas en Robos y Hurtos asignadas, interceptamos a un coche con pedido de secuestro; sus tripulantes debieron considerar antipática mi voz de detención y en lugar de mandarme una secretaria a decirme que no podían atenderme, me contestaron con plomo. Muy disgustado —aborrezco las muestras de rechazo— respondí del mismo modo con mi pistola y ordené a mis laderos hacer lo propio con sus armas largas, porque esos groseros tiraban al cuerpo y pretendían irse con ese auto ajeno. Y se fueron, porque desde mis espaldas no partió ningún disparo y yo no soy el Llanero Solitario para perforar neumáticos de noche y con un arma de puño.

Giré sobre mí y vi a uno petrificado con la escopeta

apuntando al cielo y al otro renegando para abrir la Uzi; lo ayudé y me ensucié los dedos con la herrumbre interior que impedía el funcionamiento del arma. Volví a la brigada y desperté al subcomisario de judiciales para que empezase con el sumario. No quería, tuve que discutir, obligarlo a tomarse un café doble y sentarse a la Olivetti. Jamás hubiese imaginado algo así, pelear por un sumario que era ineludible legalmente y para peor, me era imprescindible para dejar constancia de mi actuación. Pero peor era que ese hombre tuviese su razón: estaba cansado, ese era un hombre agotado, yo lo sabía.

Él y otro tenían a cargo todo el papeleo de la brigada, que les llevaba veinte horas diarias, si no había imprevistos como el que yo traía. Sí, esto es injusto, pero así es; nadie sabe bien por qué y nadie se atreve tampoco a sugerir cambios. Cuántas veces alguien propuso mejorar algo y obtuvo la cortante advertencia: "Esto siempre se hizo así", como si eso justificara la perpetuación de un error. Nadie osa encontrar errores allí dentro, pese a que se los choca todo el tiempo o es su víctima constante; tal vez pueda cuestionarse a algún superior ante un desliz flagrante, pero nunca a La Superioridad.

Ella es la madre, esa mujer cuya intimidad nos está vedada, a la que tomamos como es o como ella quiere llegarnos y a la que no enfrentamos por temor a que nos quite su cobijo. Y esta superioridad tiene otras más arriba, ya retiradas y concatenadas en la galería del tiempo, cuyos actos se registran como verdad revelada y conforman una herencia que se va transmitiendo y ampliando en un acervo de cosas que son así porque siempre se hicieron así y nadie sabe bien por qué.

Yo tampoco me atrevía a reclamar a nadie por el óxido que me hubiera costado la vida ni por el inepto que se abatató; no hubiese servido más que para perjudicarme. No obstante, yo ya estaba plantado como contestatario, con recato y discreción pero inconformista al fin, lo que me valió un vuelo luciendo improntas de suela en el trasero, hasta aterrizar en uno de los purgatorios policiales donde como buen castigado áulico argentino, lo pasé a cuerpo de rey.

Aproveché el interdicto para recargar baterías en bucólicas travesías por las rutas del país haciendo traslado interprovincial de detenidos. Sin embargo, tras un año y medio me cansé de tanto descanso y quise volver al ruedo. Consideraron que el chas-chas en la cola había sido bastante y me mandaron a una comisaría suburbana a secundar al nuevo comisario para frenar un levantamiento vecinal en cierne; decidimos hacer presencia y relaciones públicas, ajustando el discurso a lo estrictamente local: en una semana obtuvimos credibilidad total; o sea que la gente se fue tranquila a su casa y los ladrones también. A partir de ahí, arrancó el verdadero problema: la superioridad. Quería resultados, para eso está:

—¿Qué esperás para ponerte a trabajar? —me acosó la unidad regional.

—Comisario inspector, hace una semana que trabajamos día y noche patrullando, haciéndonos ver y hablando con la gente.

—Pero no tenés ningún detenido.

—No me llevé por delante a ningún delincuente.

—Tenés que salir a buscarlos.

—Estoy en eso, gestionando información, pero parece que si los hay, son unos pocos rateros y nada más.

—Pero allá tenés a Fulano y Mengano que son ladrones.

—Bien, cuando pueda probarles algo los voy a meter presos.

—Ya tendrías que tener varios presos.

—No encontré ninguno.

—Lo que pasa es que no querés trabajar.

—Jefe, yo trabajé, la gente está tranquila y casi no hay delitos.

—Pero yo a la Jefatura le tengo que llevar una estadística de detenidos.

—Llévele la estadística de hechos cometidos, que bajó un 85% en una semana.

—Sabés que ellos quieren listas de detenidos. No puede ser que no haya ladrones aquí. La policía necesita detenidos, está para meter presos a los delincuentes, si no ¿para qué está?

—Para evitar los delitos y tranquilizar a la gente.

—Conseguí detenidos.

—Cuando tenga pruebas.

—Conseguí pruebas.

—Cuando tenga sospechosos.

—Vos no querés trabajar.

—Estoy trabajando, ya paré en malestar de la gente y ahora voy a ocuparme de reunir información sobre sospechosos y pedir órdenes de allanamiento.

—Yo no voy a decirles eso a los comisarios.generales.

—No va a negar que acá algo se hizo.

—Vos hasta ahora te la pasaste haciendo relaciones públicas y paseando en patrullero. Ahora arremangate y hacé tu trabajo. Una gestión sin detenidos no sirve.

—Lo poco que hice hasta ahora, a la gente le sirvió.

—No estoy hablando de la gente, estoy hablando de la Jefatura.

—Pero a la Jefatura ¿no le interesa la gente?

—Precisamente, necesita estadística de detenidos para tranquilizar a la gente.

—Pero la gente de acá está tranquila.

—¡A quién le importa la gente de acá! Lo que importa es la gente de toda la provincia.

—El problema de acá era de la gente de acá.

—Pero la Jefatura es de toda la provincia, se debe a 13 millones, no a los 40 mil de acá.

—40 mil son 40 mil, señor.

—Sí, pero la Jefatura no va a decirles a los 13 millones que los 40 mil de acá están tranquilos porque un comisario y un inspector les dijeron cosas lindas y reconfortantes. A los

13 millones hay que darles detenidos, muchos detenidos, muchos esclarecimientos de hechos graves, mucho diario y TV.

—Pero los 13 millones están parcelados y cada 30 ó 70 mil tienen su comisario y su inspector de calle para atenderlos.

—Sí, pero a los 13 millones los atiende la Jefatura; y todos esos comisarios son de esta policía, no se manejan solos, cumplen órdenes.

—Pero ellos son los que están en contacto con los problemas locales y con cada vecindad.

—Ellos están para cumplir lo que la Jefatura les ordena.

—En definitiva, ¿a quién se deben, a la gente o a la Jefatura?

—Vos no querés trabajar.

Para una comisaría, la superioridad es una inmensa superestructura que va desde cualquiera de los comisarios inspectores de su unidad regional hasta el Jefe de Policía, pasando por el Subjefe, directores generales y directores llanos y jefe y segundo regionales, más el séquito de cada uno de ellos que se compone de oficiales y hasta suboficiales, lo que hace que el comisario no sólo deba subordinarse a comisarios mayores y generales, sino también atender a subalternos suyos.

Su cometido es mantener aglutinada la fuerza en un esquema rígidamente centralizado de fácil manipulación desde el poder político, que en la práctica no siempre resulta. Su principal factualidad es encorsetar individualidades profesionales, única vía posible para ese cometido de dominación absoluta. Es en realidad un subsistema bien diferenciado del resto y dotado de total prevalencia. Toma los mejores hombres, esos que por tener cuarenta y tantos años de edad y veintitantos de servicio, reúnen los mayores quilates en madurez y potencia funcionales y los mutila cercenándoles sus atribuciones operativas y conduccionales, reduciéndolos a meros capataces confinados a vigilar el trabajo de los obreros de esta policía de cordón industrial.

Produce la pena de los grandes despropósitos presenciar el derroche de tantas capacidades de provecho para la sociedad, la malversación de capital humano confiado al Estado, que lo sustrae servicio pleno a la población para emplearlo en viles objetivos políticos. Otro tanto acaece en el cuerpo de la institución, subsumido y entorpecido bajo el peso de su desmesurada cabeza.

Para no variar, la gente está simplemente mirando, presenciando alarmada las tumefactas evoluciones de este gigante macrocéfalo presuntamente destinado a protegerla y preguntándose de a ratos quién la protegerá de él.

Requerí mi pase a cualquier parte y en dos meses estuve sentado a la Lexicon de una comisaria importante, envuelto en mi uniforme y tapado de papeles que consumían mis madrugadas. 1990 se encaminaba a la vejez y su fin traería el ascenso a principal que el escalafón me acordaba, y que hubiese sido a subcomisario de no mediar aquella renuncia anterior.

Tras cinco años estaba de vuelta en geografía y tareas ya transitadas, pero todo era distinto, demasiado distinto para tan poco tiempo. Concluí que si en un lustro todo se había deteriorado tanto, se trataba de un proceso degenerativo, probablemente terminal. El desenlace sería lento y no iba a quedarme a padecerlo. Con 50 mil horas de servicio sobre mis espaldas —y mis nervios— pasé nuevamente la dimisión, esta vez reglamentariamente definitiva porque no hay segundas reincorporaciones. Cinco años más adelante acaso hubiese logrado un retiro, pero había dos óbices: no quería quedarme ni una semana más y tampoco seguir vinculado a la repartición. Quería liberarme.

Cada policía de cualquier rango que me crucé o saludé, aplaudió y envidió mi decisión, decisión que él quería y no podía o no se atrevía a tomar, personas que adolecían del mismo mal que me aquejaba: no acertaban ya a tomar en serio al sistema ni a respetar a la superioridad, a la cual no solamente no podían sustraerse, sino que marchaban indefectiblemente a integrarla, porque nadie puede optar por no ascender.

No puedo precisar si la policía ya murió y lo actual son sus restos, o si conserva aún el influjo vital. En cualquier caso, yo no firmaría el acta de defunción, a sabiendas de que no está todo perdido.

Está llena de personas que se ocupó de infundir con

recursos especiales: el común de ellas y ellos tiene buen ingenio y soltura para emplearlo; es capaz de sostener fuertes lealtades y sobrevive a mucha adversidad; se amolda a casi todas las imposiciones y si tiene algo que hacer, de alguna manera, bien o mal, lo hará. Están, estamos habituados a cumplir; la esencia de nuestro oficio es hacernos cargo, receptar obligaciones, poner el cuerpo. Ahora falta reposicionarnos, girar para dar la cara a la gente.

Pero eso es muy difícil, en las actuales condiciones. Todo el material humano progresista que hay dentro de ella nada puede hacer contra sus esquemas, encaramados en una cultura caduca pero osificada, que constituye hoy por hoy su esqueleto. Cualquier cambio provendrá entonces de un ajuste cultural.

A la policía tenemos que cambiarle la cultura.

Empero, sucede que la mayor porción de la cultura policial está en bloque con la cultura de la mayor porción de la sociedad. Por cuanto si ha de haber cambios, cambiarán policía y sociedad también en bloque.

Tendremos que examinar entonces, los meandros de esta cultura común.

Parte II: LO CULTURAL

4.- CRISOL DE RAZAS

Se dice que ésta es una policía torturadora y homicida, vale decir, abusadora de violencia o hiperviolenta. Si vamos a adentrarnos en el tema de la violencia, partamos del hito histórico, busquemos el pasaje culminante del derrotero nacional. Formulemos un planteo paradigmático: ¿quién puede decir que no está relacionado de algún modo, aunque sea lejano, con un caso de desaparición forzada de persona? Vemos así que nuestra violencia excede holgadamente la esfera policial y aparece con dimensión general, como rasgo social.

Claro que para ponerse a departir sobre violencia intrasocial, hay que conocerle el costado violento a la sociedad. Y esto se consigue chapaleando por años el barro del estamento que la alberga en mayor proporción y sin cosmética: la pobreza. Ese segmento donde los únicos especialistas que tienen significado práctico son el cura, el policía, el chamán y el puntero, y más cerca de lo simbólico incursionan algunos médicos, asistentes sociales y maestros. Sólo ellos tienen compromiso físico vinculante: el resto mantiene relaciones apenas audiovisuales con ese contexto, y viceversa, ese contexto con ellos. Sólo aquellos comprueban diariamente que la nuestra no es una sociedad bien civilizada sino un perplejo conglomerado que trata de serlo y en ese empeño, siempre toma el camino equivocado.

El mentado crisol de razas y culturas está, pero nunca alcanzó el punto de fusión y hasta parece haberse apagado el homo. En metalurgia, los diferentes metales colocados en un crisol se mezclan íntimamente al alcanzarse la fusión de todos: se obtiene una aleación, que es un nuevo metal síntesis de los previos. Si lo tomamos como alegoría, concluiremos que la mezcla íntima de grupos aquí no se dio y en consecuencia no se obtuvo la sociedad-aleación esperada.

El resultado es que tenemos un puñado de sectores más o menos diferenciados compartiendo un lugar y una torta, en ambos casos con serias dificultades de distribución, porque no logran instaurar una forma estable de concretarla. Ese es el despunte de la violencia.

Además, la torta hay que producirla; esto requiere trabajo de algunos y dirección de otros y como tampoco se llegó nunca a un tipo justo de relación entre esos unos y esos otros, se nos agrega un poco más de violencia.

Por otro lado, el lugar, aunque esté mal distribuido, hay que mantenerlo ordenado y si bien han labrado constitución y leyes consecuentes, no consiguen que tengan real imperio, porque la mayoría trata de escabullirse de su observancia. Por ende, más violencia.

Y como de cualquier modo hay que hacer que la cosa funcione, algunos arguyeron que eso del orden jurídico era muy interesante, pero hasta tanto se estableciera, había que encarrilar todo por la fuerza, incorporando así una avalancha extra de violencia.

Pasado un tiempo, no se instaló el Derecho sino una canallesca profecía autocumplida: como este pueblo no está capacitado para la juridicidad, no puede dársele; y como no se le da, nunca se capacita, por lo que seguirá sin juridicidad y sin capacitarse. Esto es sinónimo de violencia.

Pero para que no haya malestar, los sectores encumbrados acordaron montar para los otros una escenificación de democracia, otra de derecho y una de progreso, instándolos a prepararse para un futuro promisorio que nunca llega. Aquí ya tenemos el colmo de la violencia, en el cual hoy habitamos.

Esta contingencia nos reduce a la apatía, a una neurastenia quizás, para nada contrarrestable desde nuestra genealogía cultural, que poco de efectivo introduce en el crisol. El aborigen, que dependiendo de qué tribu, pudo haber tenido más o menos desarrollo cultural, no tuvo andamiento alguno frente a la civilización del conquistador español. Nadie honesto puede hablar altura de limitación genética, porque además de ser desvarío racista, huelgan los casos de indígenas puros o apenas mestizados que contando con la oportunidad de formarse, lograron relevantes protagonismos, aparte de las innumerables familias que en una o dos generaciones se integraron socialmente al contexto central.

El tópico es netamente cultural y la cultura del indio era a todas luces inferior a la española, aún la del español desclasado que desembarcaba por acá. Inferior significa menos evolucionada o más simple, lo que en términos concretos, dio una doble incapacidad: de relacionarse simétricamente con el visitante, que así quedó inevitablemente posicionado como conquistador; de organizarse intestinamente frente a su avance, lo que imposibilitó resistir sus embates colonizadores.

Al no arrastrar el peso de un cuerpo comunitario que estatuyese liderazgos comprometidos, varios caciques terminaron vendiendo los intereses de sus pueblos a cualquier postor de aguardiente o mujeres blancas, inaugurando un tipo característico corrupción dirigencial que tomó arraigo y hasta hoy nos azota, y nos discapacitó para consolidarnos socialmente, dispersando cualquier impulso nacionalizante. El trabajo jesuítico de imponer la civilización abruptamente, sólo dividió aún más al aborigen, definiendo dos clases: el sumiso y el rebelde.

El primero se dejó mimetizar culturalmente, siendo incorporado en masa al fondo de la incipiente pirámide social, sitio que de entonces ocupa sin mayores probabilidades de cambio, porque no se le dan las oportunidades de crecer y porque no es capaz de reclamarlas convincentemente. Esta integración dio lugar al gran mestizaje del cual surgió el gaucho, que tras ser la sustancia del ejército idealista y libertario de la abortada era sanmartiniana, se colocó como peonada rural cuando en el crepúsculo decimonónico la Argentina ocupó su lugar de exportador agrícola-ganadero.

Entretanto el indio rebelde, que tuvo la dignidad suficiente para no dejarse domesticar, no tuvo sin embargo la viveza para negociar y no se le ocurrió más que ponerse a hacer daño, para terminar aniquilado bajo el fuego del nuevo ejército mercantilista —legión de la burguesía comercial— a cuyo ataque no pudo sobrevivir porque ya estaba sentenciado y del cual sólo podía defenderse con lanzas, boleadoras y algún que otro arcabuz.

El malón fue, si se quiere, la primera situación de terrorismo que nos aconteció, contra la que el verbo "aniquilar" inició una era de represión más salvaje que la agresión misma, siempre a cargo de un ejército de polaridad invertida, jamás empleado hacia enemigos externos, pero sí enviado recurrentemente a la caza de disidentes internos por un poder que con los extranjeros no hace guerras sino negociados y en lo interno aplasta a los que a ello se oponen.

Esta era fue signada por una escalada de violencia, secuenciada así: contra lanzas y boleadoras, se utilizaron fusiles, sables, superioridad numérica y material, y determinación de aniquilar; ante los picos y palas de la Patagonia, se emplearon Mauser, superioridad numérica y determinación de aniquilar; frente al número apabullante de peronistas —aunque desarmados— de la Plaza, se desplegaron aviones, bombas y determinación de aniquilar; en respuesta a los revólveres, fusiles y bombas de un puñado de insurgentes, se aplicaron unos 300 mil efectivos entre fuerzas armadas, de seguridad y policiales, dispuesto en una organización paralegal, cuyos elementos operativos esgrimían todo tipo de armamento liviano pesado, tormento físico y moral, mínima limitación reglar y facultades operacionales irrestrictas, y sobre todo, determinación de aniquilar. Y como constante, en cada asonada política para torcer el orden legal, se pusieron en la calle los tanques para encarar alguna eventual pedrea popular.

De cualquier modo, el malón desapareció como debía ser, y el indio adaptado, ya hibridado étnicamente y nominado gaucho, cabecita negra o simplemente negro, quedó estigmatizado como vitalicio heredero de la pobreza y consagrado como inamovible grupo sociocultural de base. Así las cosas, no sería muy aventurado decir que aquí existe algo más que una clase baja, algo muy parecido a una raza sometida, circunstancia a tomar en cuenta para enfocar el análisis del conjunto. Lo cierto que por cinco siglos esta raza fue receptor universal de violencia y como una esponja saturada, no puede otra cosa que chorrearla, salpicando al resto.

Ese resto es hoy en día una abigarrada melange de etnias que confluyeron de donde eran oriundas acometidas por plagas varias, entre las que predominaba la miseria. Gran parte de los argentinos descendemos de los barcos, de los que no provino precisamente lo más granado de las comunidades emisoras. Desde el afiebrado Colón y su cohorte de presidiarios y en carabelas o no, llegaron quienes por una u otra razón —casi siempre atendible— se iban quedando sin lugar aceptable allá donde los lugares empezaban a escasear. Parafraseando a Darwin, los menos aptos. En líneas generales, los grupos más bajos, menos instruidos y menos arraigados socialmente, es decir, los de menor manejo de reglas, manejo que de cualquier modo siempre era superior al imperante aquí.

No obstante, una característica de los trasplantados es que desconocen las reglas del nuevo sitio que habitan y conocerlas bien les lleva al menos una generación. El problema fue que aquí nunca hubo las cláusulas que se pretendieron, lo que produjo que muchos todavía estén buscándolas y otros hayan creído encontrarlas, mientras que apenas una minoría aprendió que acá la única norma es la voluntad del poder colonialista.

Esto amedrentó en aquella primera instancia al indio, que se vio coaccionado a ceder individualmente ante la irrupción de esa impiadosa civilización cuya complejidad no atinaba a inteligir y que lo situó ante la dilemática elección de "yo o los míos", planteada como "me someto o nos aniquilan" en el caso de jefes de familia, que se complicaba para caciquejos u otros capangas a la manera de "si no cedo nos desuellan a todos". La casuística mostraba que a veces hasta cediendo los desollaban igual, así que fue instalándose otra variante del planteo: "como van a desollar a todos, trataré de salvarme yo", filosofía inaugural del ladinismo indígena, generosa-mente nutrido por el terror que dispensó el ibérico y surgido como única respuesta desde la pobre elaboración que le posibilitaba su incivilidad.

Según el diccionario, ladino es el español acriollado americano, o bien el indio mestizado culturalmente con el hispano; sin embargo se aplica el mismo término a la particular astucia del indígena, lo que sugiere que esta es una astucia posterior a la presencia española y generada por esa presencia. Entre nosotros, la acepción de ladino es por taimado.

El indio fue taimado porque esa fue la manera que halló de sobrevivir, no sólo física sino también cultural y étnicamente; fue su forma de conjurar el miedo y asumir la indignidad del sometimiento. Y fue lo que constituyó y es su principal forma de resistencia, que nunca se le perdonó; pero que además cundió e impregnó la cultura de otros sectores sociales, al menos de aquellos que entendieron —como otrora el aborigen— que la única ley es la del poder. Así surgió todo un ladinismo oriundo, la viveza criolla, que nos hizo célebres en el mundo y que entre nosotros trazó una idiosincrasia: obsecuencia al poderoso más deslealtad al par.

En rigor, esto no es para cualquiera; pero los que sí pudieron ejercerlo, fueron estableciéndose en los niveles más altos y escalando la gradería del gallinero, conformaron la oligarquía dominante, que distó mucho de ser un establishment y tampoco logró verse a sí misma como una clase alta aristocrática, confundida por su visión dual de la realidad: una local y otra internacional, enraizada en su sentido colonialista. Vale decir que lo que podía haber sido la aristocracia que encabezara una nación, nunca pasó de ser una clase media transnacional que se ubica como oligarquía en el contexto local, pero reconoce amos en el establishment mundial.

Las clases medias se conforman, aparte de mercaderes, de directores, supervisores y técnicos, en suma, personal de gerenciamiento de los intereses patronales, o lo que es igual, administradores de la estancia. Visto que fue el país como el gran establecimiento rural del globo, tenemos que visualizar también a los estamentos dominantes como mayordomos y administrativos que para manejar a la indiada ineducada recurrieron al látigo, al cepo, a la estaqueada y al degüello, en síntesis, a la violencia, más o menos la misma que podía emanar de su habitualidad en el manejo de ganado. No sirve hablar al salvaje, dijeron siempre ellos, hay que arrearlo por la fuerza. La violencia engendra la violencia, advertían otros; ley y escuelas, apuntaban otros más, pero no fueron oídos.

El aluvión inmigratorio fue aportando desde una Europa ya industrializada, la nueva doctrina existencial armada a partir de la producción y el salario: la cultura del trabajo. En franco contraste con el modo de vida ruralista, comercial y chovinista que embebía estas tierras domeñadas por oportunistas y caudillos, el europeo trajo durante media centuria modos de estructuración de la sociedad y las personas en torno a la propiedad basada en el ahorro, un régimen estricto del tiempo horario y calendario, hábitos de construcción y preservación de bienes materiales y educación sobre la idea de futuro, todo lo cual cimentó la proyección hacia el porvenir que formó nuestra extensa clase media.

A partir de allí, el criollo, carente de esos elementos vitales no sólo porque no se le impartían sino porque no se le permitía otra cosa que vivir el presente como el patrón dispusiese, fue ungido con la categoría de vago.

No obstante, el migrado también lo era, pues aquí la industria apenas asomaba; tampoco contaba con mucha experiencia, porque de donde provenía se le había dado la cultura pero no el trabajo. De esa forma, importantes porciones de ese contingente se mezclaron con lo autóctono en las inmediaciones porteñas, dando lugar a nuevas formas de violencia en lo orillero del conventillo, el prostíbulo y la patota, todo generosamente plasmado en la poesía tanguera.

Los que hallaron trabajo para realizar su cultura, se entregaron a labrar su futuro de clase media europeísta. Pero cultura del trabajo sin cultura política, les granjeó también un sometimiento, esta vez a quien da el trabajo. Sublimaron el empleo como meta existencial, dejando subordinados los demás valores al mero hecho de tener un puesto, lo que les proveyó acceso a bienes, pero también gran temor a que se los roben. Para despegarse, fueron forjándose entornos bien discriminados, situación eclosionada por la desaguisada migración interna de mediados de siglo. Esta trajo a la raza sometida a disfrutar su sometimiento en los suburbios del puerto, vuelta a dirigir por los caciques —esta vez sindicales— que le surtió el peronismo en un vano intento de acondicionamiento adaptativo. Dádivas y fiesta le hicieron perder una enorme oportunidad de crecer entrando al mundo del trabajo y la solidaridad. Se inveteró así su conciencia de clase abandonada a su suerte y se instaló una lucha de clases que difiere de la marxista porque no es entre ricos y pobres sino entre más y menos pobres, y no por los beneficios de la producción sino por pequeños espacios de bienestar. Mientras en la serenidad voluptuosa de las alturas, los ricos miran desde el palco de sus palacetes y sus gerentes desde el balcón de la Rosada.

Con la delicatessen fascista que como postre doctrinal convidó el peronismo junto a los que iban llegando de la España franquista y de la Italia y la Alemania de posguerra, terminó de tomar cuerpo la extraordinaria violencia larvada que inunda esta sociedad y obsequia brotes cotidianos, erupciones esporádicas y algún reacomodamiento cataclísmico como el de los años setenta.

Ese diagrama de obsecuencia al poderoso y deslealtad al igual, suscita temor al vecino, que es el par y de quien esperamos que no nos responda o que nos traicione. Envarados así para la comunicación genuina con el otro, nos replegamos en nosotros mismos y ofrecemos al Poder la división que necesita para reinar. Presa así el sujeto de la indefensión propia de los totalitarismos, buscará urgente amparo en el único sitio donde cree poder hallarlo: el mismo poder. A buen puerto va por leña.

Va al poder que cebado con la docilidad social obtenida con el ejército, implementó réplicas atenuadas y las distribuyó por todo el territorio bajo el eufemístico nombre de policía, en una virtual maniobra de ocupación militar de la comunidad. Instaurando aquella indefensión a partir de la cual nace el círculo vicioso que envía al individuo a pedirle que controle y domine a ese vecino que le inspira desconfianza, aceptando que para ello lo domine también a él.

Es señal de salud mental aceptar la dominación cuando no queda otra opción; pero aceptarla de inmediato, sin reparos, o más aún, promoverla, es un autoatentado, un acto de violencia contra uno mismo. Forzarse al autodisciplinamiento necesario para convivir con una dominación arbitraria, es un acto masoquista y quien es capaz de autoviolentarse, consentirá que se violente a los otros. No olvidemos que masoquismo y sadismo se presentan en estado puro, sino siempre unidos en la forma sadomasoquista.

Se acantona así el autoritarismo porque si se pretende que un ente controle las relaciones de millones de individualidades inconexas y los grupos e instituciones que de ese número resultan, la única forma posible es nivelando hacia abajo. Puesto así el Poder como factor de integración, será cada vez más sobredimensionado y tiránico y nunca tendremos como individuos una pertenencia directa al conjunto, sino que nuestro nexo con los demás será indirecto, a través de él.

De esta contingencia se desprende que la fuerza policial

resultante será hipertrofiada y autoritaria, porque eso es lo que quiere el poder que la sustenta, pero también es lo que le pedimos todos nosotros. Si además esa fuerza policial tiene que oficiar de separador de clases en medio de una lucha colonialista en la que hay un sector que domina al otro, o lo que es igual, un sector que se rebela contra el otro, será obligadamente violenta; más todavía: hiperviolenta.

Todos los trazados coloniales son racistas, y vimos que el nuestro no es la excepción. Pero el racismo no es únicamente genético: es en gran medida cultural. Quiere decir que lo que se odia no es el color de la piel solamente, sino también la forma de vida del otro, a la que se combate por cualquier medio que venga a la mano, pues se siente terror al contagio. Frente a un terror como ése, caen los límites y las convenciones, incluso la ley; mantener la distancia es una emergencia ante la cual no se pueden dar rodeos, sino producir resultados contundentes.

De la tortura y el asesinato sistematizados en contextos coloniales, habla mucho la Historia. Pero también saben mucho en Sudáfrica, luego del apartheid; en Francia, con Argelia; y en Israel, por los palestinos. Lo que puede dar el racismo cultural lo vimos en Bosnia, y de policías vueltos asesinos ante sectores incapaces de adaptarse, nos da cuenta Brasil.

Francia e Israel son dos naciones altamente comprometidas con la ONU y por lógica consecuencia, con su política de derechos humanos; sin embargo, la última ha legalizado cierta forma de tortura y la primera ha debido admitir su empleo reciente en Argel. Lo que pasa es que tratándose de resultados contundentes, si la otra parte no coopera ni luego de los argumentos, las presiones y las amenazas, queda un único camino: la violencia. Y ésta es siempre una violencia liberada, sin frenos, porque no existe ley que la regule (la ley del conquistador no es válida para el conquistado, o sea que no tiene efectividad real) y porque no existe sentimiento que la atenúe (se aplica a seres inferiores en la escala zoológica, el racismo afirma que el otro es taxonómicamente subalterno).

Trayendo este cuadro a nuestro caso ¿qué sentimientos se podía tener hacia los indios de un malón? ¿O qué ley iba a usarse para con un miembro de montonera? Aún no existía el Código Penal para que se lo procesara por asociación ilícita, agresión y abuso de arma reiterados, robo y hurto reiterados, homicidio y lesiones reiterados, daño reiterado y atentado y resistencia a la autoridad. Había que ser contundente con el animal que no resignaba su forma de vida, así que un buen degüello y la cabeza en una pica.

De todos modos, el indio no se quedó genéticamente en la clase pobre, y de eso habla Sábato cuando alude a "la hermosura de los pómulos prominentes que se ven en nuestra clase alta"; sí se quedó allá en lo cultural y en ello anida el racismo local. Entre nos, un morocho educado es alguien inobjetable, pero un villero, aunque tenga pelo rubio, es un negro de quien, por las dudas, hay que cuidarse. Y sobre todo, de quien la policía tiene que cuidar a los demás, que valen más que él.

Este eje conquista-raza sometida-trazado colonialista-poder autoritario-violencia policial, no significa que nuestra policía tenga oficializados el homicidio y la tortura, pero sí que los roza con un peligroso patrón atávico; de allí que de tanto en tanto y con todo el riesgo legal que implica para sus autores, alguno de esos crímenes se .comete.

Cualquier solución será, como vemos, de índole sociológica; para debilitar el reinar, hay que atacar el dividir; habrá que buscar una genuina convivencia democrática que desdibuje el trazado colonial. A pesar del gusto que muchos de nuestros demócratas profesionales derivan de la forma de votar de nuestras clases aborígenes, la realidad muestra una avanzada homogeneización general que habla de un conjunto ya indivisible, imposible de retrotraer en grado alguno; eso no deja más lógica que la de avanzar también en la unificación social, atacando la mentalidad de fortín (nosotros adentro y los indios hostiles afuera) que sigue rigiendo extensamente.

A menos que se pretenda detener el curso de la historia, aquí hay un solo pueblo y todo intento de diferenciarse demasiado un sector de otro será ingenuo, porque los pueblos tienen una sola sustancia, lo que propone que las diferencias serán únicamente de forma y nunca de fondo, pese a quien le pese.

A muncha gente como uno, esta pertenencia común les

pesó y les pesa, y buscaron siempre distinguirse con la diatriba racista: "negro" es la voz que se lanza despectivamente, sola o con algún modificador lacerante. Pero como no pueden evitar ser lo que son y lo que son es consecuencia de su pertenencia, quizás paseando con ropaje primermundista por el Hemisferio Norte, hayan contribuido a que allí se acuñen términos como "latino" o "sudaca", que semánticamente, tienen un insidioso tufillo como a "negro".

5.- LA POLICÍA MILITAR

Desplegando velas a los vientos de cambio que soplaban desde la Capital, la Provincia de Buenos Aires quiso en 1946 una escuela de oficiales para su policía, a fin de instaurar un escalafón cerrado y cortar así el ingreso de advenedizos políticos o matones de barrio. Al efecto, el ejército comisionó al coronel Adolfo Marsillach, quien llevó a cabo su cometido con incuestionable solvencia, hasta el punto de fijar los cimientos de un sistema policial militarmente organizado, que ya registraba su antecedente en la Federal.

Se descuenta lo valioso del aporte y se reconoce —quién puede ponerlo en duda— la calidad organizativa del modelo castrense: pero pasó medio siglo y va siendo hora de enfadarse parque nadie encaró todavía el reemplazo de la concepción militar de la policía por una policial, que no es la misma aunque a muchos esto les suene delirado.

Son dos cosas básicamente diferentes y en varios aspectos opuestas, vistas desde la perspectiva de una sociedad liberal de derecho, vale decir, de una democracia sustancial. Ahora que en un enfoque totalitario, todo cambia radicalmente y entonces es lógica la militarización porque se trata del Poder invadiendo la sociedad para hacerla a su modo. Tenemos así una fuerza destinada a preservar un orden impuesto, infundiendo temor.

Ese temor es la herramienta axial de cualquier milicia de

ocupación territorial y de no haber conatos de resistencia que aconsejen acciones mayores, es abonado cotidianamente con simbología intimidatoria, actitud distante y prepotente, alardes de discrecionalidad y esporádicos exabruptos de violencia con sensación de impunidad. Toda semejanza con nuestra realidad, no es pura coincidencia.

No obstante, aquí se exclama un estado de derecho que nos lleva a presumir a los militares en funciones de defensa de fronteras o invasión de suelo foráneo y a la policía apuntalando la ley desde el cerco más externo de la seguridad jurídica. Esto hace que si bien haya que aceptar algunas similitudes como el uso de uniforme y armamento y la disciplina de subordinación y servicio, por más esfuerzo que se ponga no se logre hallar otras. En cambio las disparidades surgen en retahíla.

El militar es un militar, el policía un civil. El deber fundamental de un militar es obedecer a sus superiores, el del policía es servir a los ciudadanos. El primero persigue la gloria, el segundo procura el agradecimiento. El policía es autoridad pública siempre, el militar nunca. Una fuerza armada se debe a la Patria, una policial a la Ley. La función militar es de combate, la policial es de protección. El militar se prepara para ejercer la violencia, el policía para contenerla; por cuanto un soldado es instruido para usar sus armas y un policía debe serlo para no usarlas. El primero vive su actividad de fondo como una posibilidad, el segundo como una habitualidad. El militar va a desempeñarse lejos, el policía donde vive. El intelecto de un militar se hace importante según el grado, el del policía es importante en cualquier grado. Socialmente, lo que más vale de un militar es su rango; de un policía se valora más su condición de tal que la graduación que tenga. Si bien ambos están obligados a analizar las órdenes que reciben, el militar es parcialmente responsable de actos ordenados, el policía debe hacerse cargo totalmente de los suyos, fueran o no ordenados. Llegado el momento, el militar no puede matar con cargo de conciencia, el policía debe hacerse el cargo; el primero estará obligado a matar, el segundo estará obligado a no hacerlo. Si su contrincante no se rinde, el militar lo mata; en cambio el policía sigue forzado a aprehenderlo. En acción, el primero sólo debe reconocer los códigos corporativos, el segundo debe atenerse a normas generales. En situaciones extremas, el militar no puede decidir sobre su integridad física, el policía sí puede hacerlo. En otro orden, el primero no resuelve si deja de cumplir sus tareas, el segundo puede elegir no cumplirlas. En combate, el militar puede ganar como sea, el policía debe respetar la proporcionalidad de medios ofensivos. El contrincante del soldado es un igual opuesto, el del policía siempre es un tutelado. El primero es un neto hombre de armas, en el policía el arma es apenas una pieza del equipo. Y hay más.

Apreciamos que la disparidad es tanta que exige un particular condicionamiento psicológico para cada función, o sea, especialización. Es de suyo impracticable compatibilizarlas en un solo cerebro; se requiere para cada caso personas dedicadas existencialmente, lo que implica que cada uno de los dos oficios encarnará como forma de vida en cada sujeto que los abrace. Esto da la pauta de por qué no se pueden tener policías esencializadas militarmente.

Un militar no trabaja de militar: "es" militar y en la mayoría de los casos, lo será hasta que muera; es más, no querrá nunca ser otra cosa. Y esto es bueno, ese es el militar que necesitamos, pero dentro de los cuarteles o allende las fronteras. Nunca en nuestras ciudades, porque aunque tenga la mejor voluntad, no hará bien las cosas. Sin embargo, persistimos en mantener cuerpos castrenses en nuestras calles, plagados de individuos con demasiado contenido marcial en su psiquis. Nos debemos aún la gestación de la raza que con respecto al resto de la comunidad, deje de estar interesada en diferenciarse y se entusiasme por igualarse.

Diferenciarse es inherente al militar, él es un ser extremadamente polarizado, todo para él aparece estrictamente simplificado hasta el maniqueísmo: amigo o enemigo, bueno o malo, leal o traidor, superior o subalterno, vivo o muerto, matar o morir. Esta concepción binaria de la realidad es la esencia de su oficio pero además, su oficio es su vida, lo que no le deja muchas salidas, antes bien, ninguna. Es un ser predeterminado, que es una forma de estar deshumanizado. Esto es lo que la sociedad exige al guerrero, una entrega desmedida, tan grande que no tiene precio material; debe pagarse con algo trascendente, que corresponda a alguien que está más allá de la muerte, algo tan sublime como la inmolación de que se es capaz: lo único que la sociedad dispone en ese rango, es la gloria. La gloria es inmaterial; en este sentido, el soldado es un ser marcadamente espiritual, abstraído, místico.

Una mística que sin necesidad de ser llevada al paroxismo, implica que para él lo terrenal y lo humano revistan carácter de accidental, meras concesiones que se le obsequian en los intervalos entre campañas; para el guerrero, el amor, la familia, el lugar, la casa, el hecho social, son recreos que siguen a cada batalla de la que sale vivo; la sociedad es una entidad distante, ajena, difusa. No le es propia, como no le es propio su latido ni su ley interna; se debe a ella, pero desde un plano marginal.

Y esta mística habita la mente de cada genuino militar aunque sea viejo y no haya peleado una sola escaramuza; tiene que ser así, no es posible, no es admisible pensar en cambiarlo; cualquier sociedad tilda de sacrílego el intento demistificador; si no lo hace, es porque directamente no es una sociedad.

Ahora de éstas, hay sanas y enfermas: las primeras, además de preservar esa mística como si fuese la misma Constitución, se ocupan de que opere fronteras afuera; las segundas no arriban a esa distinción y la dejan circular también intramuros. Estas comunidades aparte de mórbidas, tienen pronóstico reservado. Del lado interno, lo sacrílego es no demistificar las agencias de seguridad de raigambre castrense.

En la misma línea, se capta por qué los militares son propensos a ponerse por encima de la ley civil, a minimizar la condición humana y a jerarquizar obsesivamente el organismo social, con ellos a la cabeza; están hechos para eso, gran parte de su tarea es invadir y someter.

Para no seguir con el sacrilegio que nos mantiene en vilo, en nuestro suelo tenemos que sustituir la mística militar por legalidad policial. Si no lo hacemos, continuaremos con elementos policiales que procuran hacer su labor de la mejor manera, pero presa de tendencias provenientes de la cultura militar que conservan, pueden por momentos buscar más diferenciarse de la gente que igualarse jurídicamente con ella; penetrar desgarradoramente la complejidad social moderna con una percepción simplista y binaria de las cosas; en vez de procurar adaptarse continuamente a la vicisitud humana, mostrarse predeterminados y deshumanizados; pensarse como netos hombres de armas que sólo deben reconocer códigos corporativos y ganar como sea sin hacerse cargo de conciencia cuando matan; ejecutar actos rimbombantes para reclamar la gloria; percibir que su realidad es el combate y que la sociedad no le es propia; ponerse por encima de la ley, minimizar la condición humana y sentir que su tarea es invadir y someter.

Yendo a la estructuralidad, encontramos que una fuerza armada guarda formas duramente burocráticas, porque la burocracia es la arquitectura del poder y una institución militar debe estar estrictamente ajustada a los dictados del poder gubernamental; estarlo como unidad y estarlo internamente en cada estamento, de guisa que hasta el último hombre que la conforma sea domeñable. Las burocracias castrenses son las más eficaces, lo que se consigue en mucho mayor medida por el sacrificio de individualidad de los hombres que la mueven que por la ingeniería puesta en juego.

Desde allí, pasando por todos los compartimentos del estado y todas las agrupaciones humanas de cualquier actividad privada, tenemos burocracias de toda la variedad imaginable. Donde no debemos hallarlas nunca, es en la sociedad civil en el ámbito público, en la calle, en los sitios de expansión y circulación de personas ociosas y en las relaciones entre personas o entidades que la ley no regule.

La burocracia es verticalidad, por ende jerarquías; es compartimentación, por ende encasillamiento, y es funcionalidad, por ende coerción, todo lo cual produce a las personas que las habitan, la pérdida de la igualdad y la libertad. Todo va bien si dicha pérdida es transitoria, porque estaríamos ante actividades que los sujetos eligen realizar dentro de sociedades que les posibilitan también espacios de libertad. Existe la elección. Si el poder es autoritario, recrudecerá las burocracias de su aparato estatal y buscará hacer trascender esas arquitecturas al diseño societal, ocupando espacios de libertad con jerarquías, casilleros y coerción, hasta hacer del todo comunitario una gran burocracia, como hemos presenciado en los totalitarismos de lesa sociedad que comenzaron a desmembrarse junto con el Muro de Berlín.

Las sociedades civiles libres no se organizan arquitectónica sino químicamente, o sea por las combinaciones posibles de sus miembros, que no son encasillados ni jerarquizados desde el poder porque el orden social no sigue al burocrático, que termina donde terminan las instituciones públicas.

Un estilo de burocracia dura que permea constantemente la sociedad civil, es la de los partidos políticos de configuración verticalista, que cuando se da en un contexto monopartidista, adquiere una eficacia similar a la de las formas fascistas o teocráticas. Pero que también es grave en casos de bipartidismo, toda vez que habiendo una alternancia ininterrumpida, siempre hay una estructura vertical en el poder; esto hace que un régimen formalmente democrático, sea en rigor buro-democrático, lo que reduce la democracia a una apariencia superficial, en el mejor de los casos procedimental, siendo su seno marcadamente totalitario.

Ahora, las burocracias eficaces por excelencia para arquitecturizar rápida y sustantivamente un cuerpo comunitario, son las castrenses. Están pensadas con una ingeniería que las hace las más sólidas y las más veloces. En realidad, los militares son sociólogos de una ciencia muy particular: ellos manejan la sociología de la emergencia, de la catástrofe, de la violencia entre sociedades complejas (en comunidades sencillas no encontramos guerreros de profesión), trances en los que no hay tiempo que perder y en los que deben adoptarse medidas firmes; en suma, donde cada paso que se dé, sea sólido y veloz.

Con pasos así, es como ellos devastan porciones de la sociedad enemiga que invaden, para de inmediato reacondicionarla para entregarla al poder que los manda; o como reconquistan porciones de la propia sociedad invadida por el enemigo, para también restañarla y devolverla al poder mandante. Esos pasos firmes y rápidos son campo de la ingeniería; practican por lo tanto una sociología ingenieril, mecanicista, que consiste en aplicar módulos burocráticos preconcebidos para una organización social de emergencia (se instalan físicamente, se constituyen en autoridad máxima y dictan un nuevo orden simplificado).

Esos módulos o guarniciones, se encastran por medio de sus cabezas o comandos, que son el punto de conexión con el aparato general, firmemente sujeto al comando nacional, el cual con absoluta facilidad puede ir creando módulos hasta el infinito para extenderse ilimitada y urgentemente sobre un terreno social que se va allanando con el uso de la fuerza; o bien que se allana a sí mismo ante la ostentación de fuerza, que es la herramienta fáctica con que se dota a los militares para que su misión esté garantizada.

Asoman por lo tanto las fuerzas armadas como los organismos encargados de cultivar y propagar burocracia en estado puro (máxima verticalidad, máxima aplicabilidad, máxima seguridad), lo que viene a explicar su preponderante presencia en regímenes despóticos donde la corporación social está sistematizada, y su repliegue en democracias donde la química social fluye liberada.

Si hablamos de ingeniería, podemos hablar de industria y de su correlato del vigésimo siglo, la revolución científico-técnica. La industrialización trajo al mundo la necesidad de superiores formas de organización, que fue llenada por el florecimiento de las burocracias modernas. Se desarrollaron paralelamente en las fábricas y el estado mediante un proceso interactivo, puesto que a medida que se expandía la industria debía reformularse el sector público, todo ello bajo el nuevo signo de la producción que envolvía al mundo occidental.

Apareció además la alienación de que primero los hombres y más tarde las mujeres, dejaran sus hogares para encerrarse en su empleo, con el consiguiente seccionamiento de lazos afectivos a expensas del deseo del capitalista. Esto fue una deshumanización, a la que ya en nuestra centuria, siguió otra aún mayor: la tecnocracia, es decir, el poder otorgado a individuos que sólo pueden ver el mundo con criterio científico y eficientista. No tardaron en dejarse ver los tecnócratas cabalgando sobre imponentes burocracias y cómo éstas nunca dejaron de ser materia de interés de instituciones armadas, tuvimos insoslayablemente, burocracias tecnocráticas militares.

SI la burocracia es en sí misma deshumanizante, si se

nutre del sacrificio de individualidad de los hombres que absorbe y subsume a otro sacrificio a los que domina, nada más le faltaba dotarse de jerarcas con visión tecnicista para presentar al orbe ejércitos concebidos industrialmente, o sea organizados tecnocráticamente teniendo como meta la producción.

El aparato bélico del Tercer Reich se constituye en el ejemplo descollante. Igual que una marca fabril pretende copar el mercado, él quiso conquistar el mundo; de la misma forma que una tecnocracia procura conformar una élite conduccional seleccionando a los más capaces, él quiso destacar una raza superior; así como una industria monta producción en serie para obtener el mayor rendimiento, él instaló la producción seriada de exterminio; a todo esto agregado que como buena burocracia castrense, deshumanizó lo más que pudo a sus propios hombres para que fuesen a sacrificar lo más que pudiesen a los del resto del planeta.

También tomó de la industria los criterios de control de calidad: cada sujeto era examinado y clasificado por su valor de acuerdo a tablas, agrupados todos según esos criterios y destinados a sitios (depósitos) distintos, como los campos de concentración, los progoms y el plan hiltleriano para el reich mundial; sin contar los intentos por mejorar la calidad pergeñados por el médico-ingeniero Josef Mengele.

No obstante, el nazismo quedó entronizado como paradigma de marcialidad, y aunque ya es un clásico frente a las milicias computarizadas del hemisferio Norte, sigue operando allí donde la marcialidad aún es importante porque aparece asociada al poder. Vale decir, en comunidades donde todavía miramos los desfiles militares porque "es lindo" pero no terminamos de saber si esa ostentación de belicismo es como advertencia a un eventual enemigo extranacional o si es otra amenaza al pueblo mismo.

Hay que reconocer que la imaginería nacionalsocialista fue tremendamente eficaz a la hora de llenar vacíos existenciales: primero lo hizo con un desahuciado pueblo alemán, luego con cúpulas y huestes itálicas y niponas, más tarde con uniformados del Cono Sur y en la actualidad, vuelve a lograrlo con jóvenes europeos descreídos. Desde el cese de las guerras civiles de la pasada centuria, los soldados argentinos quedaron reducidos a guardia pretoriana, pero se los siguió formando como guerreros de estirpe, paradoja que los condenó a un confuso vacío. El carisma del Fürher infundió a muchos de ellos —no a todos— novedosos sueños de gloria: el contacto con su discurso y más luego, con sus oficiales advenidos a estas costas, les suministró elementos ideológicos y factuales del régimen.

Convengamos que una persona sana, normal, necesita acción en su vida, actividad autorrealizadora en algún campo, preferentemente el que eligió como oficio. Para un militar no tener esa acción es nocivo; soñará para suplir esa carencia, y esto, además de ser grave, es culpa de un estado que no define el rol de gente suya, y nunca del hombre afectado, que a fin de cuentas carga una neurosis impuesta.

Sin embargo, el único trasplante posible del nazismo se circunscribía a lo iconográfico, no salía del terreno de lo ilusorio; se trataba de algo de hecho fenecido transportado a una realidad carente de conflictividad.

Hasta que la articulación de la Guerra Fría trajo una hipótesis de conflicto aceptable y sobre todo ajustable a nuestra contingencia, dado que cambiaba la clásica concepción de guerra territorial por la idea de combate ideológico sin tiempo y sin espacio físico en disputa; no se peleaba por tierras sino por el poder, no se enfrentaban nacionalidades sino ideas, lo que transmutó la guerra convencional en otra que en nuestro caso particular, tomó la forma de lucha contra un enemigo de nuestra misma nacionalidad en nuestro propio territorio, pero diferente de la conflagración civil porque era teóricamente exógena.

El comunista no era alguien distinto sino idéntico, un hermano que se convertía en enemigo por sus ideas. Entre ambos términos del par hermano-enemigo, como siempre prevaleció el último, reinstalando al enemigo interno y volcándonos una vez más en el sumidero de la lucha fratricida, especialidad de la casa esta vez adobada con resabios de crueldad sin linde provenientes de la II Guerra más las nuevas reglas de juego —debiera decirse la supresión de las reglas de juego— establecidas por la Fría, cuyo nervio no vale la pena describir porque fue suficientemente cuajado en su epítome simbólico, el mito jamesbondiano.

El agente 007 y todo su abanico cultural, nos descargaron un alud quimérico que no sólo se asoció al nazi sino que lo complementó, legitimando y viabilizando varias de sus mociones, pero ahora para aplicarse a la lucha embozada que proponía este militar-espía-corsario científico-técnico-massmediático.

El comandante Bond, James Bond, era un oficial naval súbdito de la Corona británica, devenido en espía por arte del Servicio Secreto de Su Majestad, quien graciosamente le concedió licencia para matar (pero que era válida únicamente fuera de su jurisdicción, ja). Munido de ultrasofisticado equipo bélico generado en un laboratorio de vanguardia futurista, quedaba convertido en un hombre con el poderío de un batallón y además invulnerable, porque su superdotada neurología le permitía percibir peligros con anticipación suficiente para evitarlos y su privilegiada sexualidad le granjeaba favores no solamente de todas las mujeres, sino hasta de la mismísima diosa Fortuna, la que nunca fallaba en liberarlo de situaciones damoclianas.

Con todo ese bagaje de superioridad, era comisionado a diversos puntos del globo para combatir sin más reglas que las que antaño hubiese soportado su camarada Francis Drake, insólitas y fatídicas avanzadas del satánico enemigo rojo, de todo lo cual dio generosa cuenta cualquier proyector cinematográfico del mundo.

En el sector entonces llamado desarrollado de ese mundo, la filmografía bélica —tanto como la policial— no tienen la sola misión de llenar de oro los bolsillos de sus productores, sino también la de hacer propaganda política, porque allá no son socialistas, pero los negocios los hacen todos o ninguno. El cine y la televisión embolsan paladas de dinero, pero hacen participar al país pagando impuestos tan jugosos como las porciones ideologizantes que le ceden de sus productos, las que vistas allá sirven para regodeo en la propia realidad y afianzamiento de la conciencia pública y nacional. Pero puestos esos productos en el mundo subdesarrollado, no son otra cosa que propaganda y a falta de una realidad apetecible, es fácil entregarse al gozo de dejarse transportar un rato a paraísos lejanos.

Así como los pueblos desaprensivos consumían acríticamente edenes foráneos, sus militares absorbían subliminalmente de la pantalla y sensorialmente de la doctrina pentagoniana, toda la perversa mitología de la Seguridad Nacional. Y Bond, James Bond, con su legión de imitadores del cine y la TV (esto es importante marcarlo, el trabajo no lo hizo por sí solo), dejaban en claro a los países del tercer mundo occidental que las garantías constitucionales quedaban en suspenso hasta nueva orden, en tanto la CIA instalaba dictaduras militares, es decir, desplegaba los módulos burocráticos del Tío Sam.

De ese modo ganó terreno la idea del superguerrero

derivado de combinar el halo de marcialidad impertérrita nazi con el poder individual ilimitado de 007 y las facultades emergentes del triunfo a cualquier precio de la Seguridad Nacional. Nótese que ninguno de los tres elementos nos es inherente, todos son de textura ajena y debieron ser tomados como distantes; pero no fue así. Presa de la exaltación y no existiendo el freno de un encuadre tradicional en juego con una moral y un control sociales, algunos se embarcaron en esas fantasías y fueron tejiendo el modelo militar irrestricto, que dejó de ser fantástico y comenzó a tomar cuerpo expansivo cuando el conflicto dejó de ser hipotético y se presentó en sociedad la guerrilla urbana. Esta barrió con todas las reglas de la guerra y la inermidad del aparato legal plasmó la indefensión, la que terminó de consolidar como única opción a aquel supersoldado pletórico de licencias e inhibido de la sensibilidad basal que pudiese animarlo como persona.

La Guerra Fría se peleó en el terreno de la inteligencia, donde no se litigaba físicamente por metros de suelo, sino se contendía intelectualmente por milímetros de información que nutría la escalada armamentista y estratégica de ambas superpotencias y que por lo tanto, tenía un valor inconmensurable y justificaba cualquier sacrificio. Esto sustituyó al soldado tradicional por el espía, que es un invasor solitario y encubierto pero condensa en sí mismo la carga táctica de un regimiento, lo que redujo el teatro de operaciones mundial a un ajedrez de tablero con agentes de inteligencia como figuras.

En ese tablero y por lo circunscripto que era, el primer mundo se permitió licuar las reglas, porque aunque se entablara una masacre descamada, sería entre un puñado de espías y algunos políticos y de manera alguna llegaría a sus respectivas comunidades, que ambos contendientes se ocupaban muy bien de mantener fuera del alcance de las esquirlas del tablero.

Además del esquema de escritorio que representaba la inteligencia, se había armado un tablero mundial que se disputaban con cautela y del cual dependía asimismo su imagen frente a sus propios pueblos, al del contrincante y al resto del orbe. De algún modo tenían que echar dentelladas, dar manotones sin poner en juego lo suyo. Y ahí estaba el subdesarrollo.

Cada uno de ambos enarboló su estandarte y las contradicciones estructurales de nuestra sociedad hicieron el resto. Detrás del ícono del Che encararon la revolución sectores intelectuales, universitarios y de trabajadores hartos de los abusos de poder y del escamoteo de posibilidades; tras el paradigma reaccionario de 007 se alinearon militares, conservadores y capitalistas interesados en mantener las posiciones ganadas. A la inversa de allá, en lugar de colocar sobre el escritorio nuestros propios conflictos, nos embarcamos en el ajeno y en vez de hacer cursar la lucha sobre un tablero, la descerrajamos en medio de la comunidad. El pueblo se convirtió en campo de batalla sin reglas y principalmente, sin control, lo que dejó la contienda librada a la voluntad desatada de miles de superguerreros insensibilizados, en un tétrico engendro que dio en llamarse "guerra no convencional".

Desde su conceptualidad totalitaria, esta sociedad ha fabricado militares gregarios y los mantuvo genuflexos en todos los grados. Se formaron sólo para obedecer y cuando ostentan rango, en realidad no mandan con criterio sino cumpliendo designios superiores, es decir que continúan obedeciendo. Tienen cercenada la iniciativa y vedada la crítica como consecuencia de una educación que se ocupa primordialmente de reprimir el pensamiento crítico para que nunca puedan cuestionar al poder real (el poder que decide). Las generalizaciones son odiosas y no eso lo que hacemos; existen excepciones y no son pocas, pero no provienen de la formación oficial sino de disidencias con la misma, por parte de hombres que no aceptan eso de que las agallas tienen que dejarlas en la puerta. Pero no alcanza, porque la tónica corporativa termina primando.

Las organizaciones castrenses imprimen a sus integrantes las pautas de sus roles mediante la educación más rígida que existe y luego sustancian mecanismos de seguro que pueden ser hasta crueles si lo ven necesario para la preservación de ese rol. El militar sobrelleva la inexorable obligación de mantenerse ajustado a un libreto tanto como un títere a la mano, la que en este caso emplea órdenes que por ser de incumplimiento imposible, son tan eficaces como hilos.

Las órdenes militares se dan de una sola forma, la absolutamente imperativa; su formulación no deja margen para dudas y su ejecución se apoya en dos pilares infalibles: la férrea educación y los implacables castigos previstos en los códigos disciplinarios, que hacen fácil la opción: si la orden causa temor, hay que envaltonarse hasta la enajenación; si causa repulsa, hay que desensibilizarse hasta la anestesia.

Por si eso no bastase, opera el eficaz seguro proporcionado por los códigos no escritos: la pertenencia a una corporación edificada en torno al valor honor-orgullo se ve seriamente comprometida en caso de debilidad moral. El ejemplo del joven oficial Scilingo arrojando prisioneros desde el avión, es emblemático: resulta palmario que lo hizo a su pesar, que no estaba apto para esa tarea y que el esfuerzo psicológico que debió atravesar lo dejó tremendas secuelas que no tienen suficiente explicación con esa propia caída accidental que logró sortear.

Tampoco podemos incurrir en el realismo mágico de aceptar que la mayoría de los oficiales de la Armada, que según se dice participaron de los vuelos, hayan hecho eso con ganas; la simple lógica consuetudinaria nos indica que algunos quizás, pero muchos no, que varios debieron haberse esforzado y anestesiado sin pentotal y ahora estarán pagando las consecuencias do una subordinación sin medida. Pero inexorable: existen órdenes formales y órdenes informales, que podríamos llamar designios; estos designios del Poder suelen no ser lícitos, pero por imperio de los códigos tácitos, pueden ser tanto o más legítimos que una orden formal y gozar por ende de su misma fuerza o aún de una mayor.

El primer seguro pues, son los castigos y el segundo, la especial formulación de la orden. Durante la dictadura procesista, operaron con mucha gravitación los códigos no escritos, a la manera de tercer seguro: y fueron altamente reforzados por un cuarto cerrojo: la inflación épica emanada de la convicción de gesta patriótica reinante. Y un quinto: la cohonestación por parte de elementos del Clero, que oficiaban de guardia ideológica del Poder. Y un sexto: la comunidad, que callando otorgaba su beneplácito. Y un séptimo: el marco desregulado de la Seguridad Nacional, que para los subalternos legitimaba cualquier proceder avalado por los superiores, aunque no tuviese el aval de los reglamentos. Y un octavo: la imagen de los superiores, que aparecían como si se hiciesen cargo. Y un noveno: la efigie de acción psicológica de la revolución socialista más la metodología de tormentos psíquicos empleada en la URSS, que plasmaron la contrafigura de compromiso y sacrificio psicológicos del militar en tareas de inteligencia. Y un décimo: la seria amenaza de la propia desaparición forzada en caso de insubordinación a los designios.

Puede que falte algún otro cerrojo, pero ya son suficientes los expuestos para que alguien optase por no cumplir el designio.

Algo análogo sucede en policía: a veces hay que desensibilizarse para poder llevar adelante ciertas labores, porque el oficio puede ser ríspido e ingrato. Pero como ello se da en el marco de una mentalidad castrense, la anestesia puede observar pocos límites, posibilitando hechos de los que luego hay que arrepentirse. En mayor o menor cuantía, los que hemos pasado por el metier experienciamos esto, aunque no haya sido más que por esas injustas detenciones indiscriminadas que había que hacer en las razzias (redadas) para abultar la estadística de averiguación de antecedentes.

El trascendental discurso del General Martín Balza es un jalón histórico, porque por primera vez discrimina la orden inmoral y condena su acatamiento. Pero eso, puesto así, da apenas para empezar. La inmoralidad es en sí misma un concepto vago; varía con cada persona, con cada situación y con cada momento. Empeora muchísimo cuando la ponemos como epíteto de una orden, porque depositamos en el subalterno el juzgamiento de la moralidad del superior, lo cual en nuestra cultura castrense en una total incongruencia.

Para que esta innovación curse más allá de la mera enunciación, es preciso una rectificación cultural y eso requiere trabajo sobre los códigos tácitos, que son los hilos de la mano del Poder.

En tanto no se recodifique este tema en los ámbitos formal e informal, los designios seguirán siendo cumplidos y por la actual extensión de lo militar a la policía, seguiremos teniendo agente que por ejemplo, sabiendo que delinquen, omitan denunciar un ilícito de un oficial porque se trata de un superior, o dejen de anotar un detenido en los libros sólo porque el comisario lo pide.

Todo lo desgraciado que acaeció en nuestra historia, no hubiera sido si en lugar de la fuerza militar hubiese regido la ley. Tampoco habríamos llegado a la deconstrucción y depauperación que aqueja a nuestra colectividad y que nos está encaminando al cierne del apartheid, de momento a la inversa, porque son los ricos los que se autoexcluyen encerrándose en cotos privados. Hasta que algunos iluminados los convenzan de que no tienen que vivir más encerrados y empiecen a pensar en parcelar la sociedad en guetos o compartimentos de alguna forma para que los privilegiados usufructúen a pleno el espacio público.

Y para un parcelamiento así, nada más apropiado que la sociología ingenieril. El Proceso de Reorganización Nacional nos dio un anticipo de lo que es el fraccionamiento del territorio nacional para su reconformación de acuerdo a los cánones del Poder. En pocos días se expandió la burocracia modular, quedando el mapa nacional reticulado y plagado de unidades militares puntuales denominadas "comando de operaciones tácticas" o simplemente "Área Militar N°", todas de inmediata operabilidad desde un comando central, no digamos a través de un botón, pero de varios, porque oprimiendo la botonera de un teléfono o el teclado de una máquina de escribir, se les enviaban órdenes que cumplían sin dilación y sin preguntar, y a su vez remitían información que hacía que desde ese comando cada retícula de la patria fuese visualizada y manipulada al antojo de quien estaba salvando a la patria.

Así como se disponía qué movimientos podía y no podía hacer la ciudadanía, qué controles y qué represiones iba a sufrir y quiénes iban a ser eliminados, se irrumpía en una fábrica a pedido de dueño y se obligaba a trabajar a los obreros a punta de fusil. Una burocracia de este tipo da para cualquier finalidad, según el criterio de reorganización imperante; y a su vez, puede modificar las cosas a medida que se modifica el criterio o puede delegar criterio en estamentos inferiores o locales, vale decir, repartir el poder como en otro momento de la historia se repartieron tierras.

La actual ciencia informática convertiría en inexpugnable una configuración así y dejaría los recursos humanos relegados a funciones de mera ejecución de contacto. Es decir, de contacto con otros humanos: se harían cargo de la inrobotizable tarea de ponerles las manos encima.

Esta es la medularidad de la función policial de seguridad. Controlar con las manos, libres o armadas, es el eslabón final de la cadena burocrática de ocupación social; el dispositivo se capilariza a través de las miríadas de brazos de sus agentes, para penetrar densamente el tejido comunitario y mantenerlo tomado micrón a micrón.

Volviendo del futuro, apreciamos en nuestro presente la preservación símil-dogmática de la disposición castrense en todas las policías y fuerzas de seguridad, aunque ya no sean encabezadas por jerarcas militares o policiales como casi siempre lo estuvieron. Pero las actuales conducciones políticas que representan los ministerios de seguridad, sólo han introducido el gerenciamiento por parte de un funcionario civil y además designado, no electivo.

Lo que en definitiva cuenta, es que seguimos bajo la ocupación territorial permanente que pergeña el poder central y se va afirmando a través del aparato burocrático de seguridad; continuamos en nuestra tradicional buro-democracia. No tenemos militares en el poder político pero sí seudomilitares en las calles: la policía, pretextada en el orden público, corporiza la intromisión del poder ordenador, que la mantiene estructurada de manera que una sola persona en la Jefatura tenga inmediato control todo su cuerpo operativo. Es un módulo burocrático más, en estos tiempos ya no acumulado a las fuerzas armadas sino a otras fuerzas de seguridad en un esquema de control central total como el que fue utilizado y perfeccionado en el Proceso.

Y que fue dejado intacto en los gobiernos civiles porque la tónica procesista no fue invento del Proceso ni murió junto con él: es nuestra realidad sociopolítica, de la cual los Años de Plomo fueron apenas un emergente concentrado.

Enmarcada en la revolución comunicacional, la actual organización policial no procura la eficacia operativa sino que aporta la simbología de ocupación hacia la población y una parte esencial del material massmediático que utilizan los gobernantes en su permanente propaganda política. Lejos de estar orientada a resolver el problema delictual, es una gran compañía teatral que representa las 24 horas en vivo.

Desmilitarizar a la policía surge entonces como la primera medida democratizante o al menos, destotalitarizante. Porque si continúa vertebrada con la arquitectura castrense, seguirá ajustándose a los designios del poder gubernamental y hasta su último hombre será domeñable, con el riesgo de que desde allí se ocupen espacios de libertad o se manipule por fuera de la ley qué debe reprimir y qué no y qué debe investigar y qué no. O de que con pasos sólidos y veloces devaste porciones de la sociedad que invade para beneficio del poder mandante. O de que conducida por individuos que sólo pueden tener criterio técnico y eficientista, deshumanice a sus propios hombres para que por acción o por omisión vayan a sacrificar a otros. O de que pretenda clasificar a las personas de acuerdo a tablas de valores. O de que campee la idea de un superpolicía con licencias especiales y la sensibilidad basal inhibida. O de que cobije la noción de subordinación sin medida y haya oficiales de rango que no conduzcan con criterio sino cumpliendo designios superiores. O de que en alguna futura edición científico-técnica de cualquier reorganización nacional, la policía sea enviada a la ejecución de contacto, o sea, poner las manos encima del pueblo.

Desmilitarizar o democratizar la policía ha sido una

expresión de deseo reiterada en la verbosidad de la sociedad política; empero, nadie hasta el momento dio un solo tranco o ensambló una mínima conjetura en ese rumbo. Quizás estén reservándole el privilegio a la sociedad civil, que por exótico que pueda parecer, algo puede hacer a tenor: puede querer. Querer crecer. Querer la Ley. Querer a la policía civil y social. Querer que la seguridad sea un asunto comunitario y que la policía reporte a la vecindad. Querer vínculos vecinales y políticos con el personal policial. Querer en suma, una dinámica descentralizada hasta el nivel de comisaria, para que ésta se integre a la localidad y contribuya a delinearla como la gente necesita.

Sería empezar a demoler la arquitectura e ir liberando la química. Sería el parcelamiento, pero en sentido inverso: comenzar la fragmentación de la totalitariedad social en porciones cívicamente viables que vayan proveyendo individuos (particulares y policías) con musculatura ciudadana.

No habrá de ese modo policías con vacíos vitales que recurran a mitología forastera —de ésa que llega en video— y terminen cargando neurosis impuestas. A diferencia de los soldados, el policía puede tener su acción diaria garantizada y de ningún modo necesitar soñar ficciones; le sobra realidad para llenar su vida. Lo que falta es diluirle a la policía su actual contorno de fuerza armada de tercera y dibujarle el que las circunstancias sociopolíticas están reclamando: institución ciudadana de primera línea.

6.- EL CIUDADANO MILICIANO

Como es de norma en los conjuntos humanos, cada individuo constata su rol y el de los demás; ausculta la vigencia del orden establecido. Pero en estas tierras existe un detalle: los roles son fijos, no están signados por la acción sino por una quietud estatuaria.

Conceptualmente, el rol importa una ubicación y una tarea. Una obsesiva atención a esa ubicación, expresa una esencia jerárquica. Todas las sociedades se jerarquizan para poder distribuir funcionalmente las labores de su construcción y asegurar los controles pertinentes; pero si las jerarquías dejan de ser un medio para trocarse en el principal fin, estamos ante la arquitectura social.

Para que el orden burocrático cunda sin mayores resistencias, es preciso que la sociedad lo tome como natural y para ello, es necesario que la gran mayoría de los ciudadanos estén condicionados a él hasta el hábito, quiere decir, educados en él. Dos siglos (XIX y XX) de soldadesca que incluyeron 170 años con batallas sin enemigo externo, los últimos 100 en situación de leva permanente y 60 en virtual estado de sitio imperecedero, han impregnado de milicianismo nuestro cuerpo societal. El disciplinamiento iniciático provisto por el servicio militar obligatorio, confirmó y reforzó la mentalidad miliciana en el seno de nuestras familias y grupos.

Como trance de iniciación que fue, tomó al individuo antes y muy cerca de su adultez, en un estado de consolidación lo suficientemente duro para soportar el rigor y lo bastante blando para ser indeleblemente impreso con las pautas de los adultos. Como implacable adiestrador social, lo hizo de continuo con casi la totalidad de machos protagónicamente aptos. Es curioso: hemos dispuesto siempre de una excelente plaza universitaria, de intelectuales y científicos de talla mundial e impactante fuste cultural, pero depositamos la elaboración y difusión de códigos tácitos muy influyentes en nuestra vida comunitaria y muy gravitantes en nuestra cultura, en simples militares de cuartel. Lo que saca a la luz una cláusula axial de aquellos códigos: "Serás muy doctor o ingeniero, muy artista o inventor, muy de cuna o de arrabal, pero cuando veas una jineta te olvidas de todo eso y te cuadras a la espera de órdenes."

Esto condice con los contenidos formativos que ha tenido la conscripción, los que procuraron individuos eminentemente sumisos, vale decir, responsables no ante sí mismos y sus pares, sino ante la jerarquía corporativa. Los métodos coercitivos hasta el vejamen, anulan la identidad y por lo tanto suprimen la autoevaluación, es decir, la ética. Al no sentirse dueño de sí, el sujeto pierde la obligación moral y sólo adquiere la de ajustarse a las órdenes; despliega la disciplina mínima para esa obediencia y sólo mientras dure la exigencia, pasada la cual se entregará al descanso hasta que vuelva a sonar el silbato, y así hasta que fenezca la leva.

Como no puede incorporar esta experiencia al contexto de su existencia —debido a que carece del suficiente sentido— la cataloga como digresión y aprende a soportarla sin entenderla, a asentir sin estar convencido, a callar por temor y a no pensar para no sufrir. Estas cuatro figuras pueden traducirse a términos del catolicismo: misterio, dogma, castigo y resignación, aunque las coincidencias no sean únicamente ésas.

En otras latitudes, el servicio militar tiene el simple objetivo de instruir militarmente a los ciudadanos para nutrir una reserva; en ésta, agregó instrucción sociológica concomitante con la de la religión oficial. El ejército tiene varias facetas derivadas de la iglesia, ha sido su continuador o bien su auxiliar en otras tantas aristas formativas de la comunidad; juntos han enseñado a la gente a vivir, o le han dicho cómo tiene que vivir. Fundamentalmente, cómo ha de relacionarse con el poder.

La iglesia fue la primera burocracia que el poder conquistador ramificó en estos dominios. Su cometido era trabajar psicoculturalmente al indígena para quebrar sus resistencias y domesticarlo para servicio del colono. Pero ella confinó su acción al discurso, al menos desde la Asamblea del Año XIII, dejando vacante la coacción física usual en la Inquisición, que más tarde se hizo necesaria al imponerse la producción agropecuaria como destino del país.

El remozado ejército de la Conquista del Desierto vino a satisfacer esa vacante, en principio con el aborigen puro y mestizado, pero al ir incorporándose luego el inmigrante de paupérrimo nivel sociocultural, se generó un confuso mosaico que de algún modo debía uniformarse.

Y bien, para uniformar, nada mejor que los uniformes, pero ya en tarea preventiva, o sea, actuando sobre las mentes, aunque fuese por intermedio de la presión corporal y psíquica. La iglesia dejaba así en manos castrenses la función domesticadora de los grandes contingentes sociales inferiores (por edad y por recursos).

Por tanto, la jerarquía militar y la jerarquía eclesial aparecen firmemente asociadas, con notorias exteriorizaciones y con semejanzas formales por adaptación de la primera a la segunda, que dio fuerzas armadas imbuidas de inusual religiosidad, con más sentido de pecado que de delito, más proclives a la ritualidad que a la practicidad, que veneran a sus próceres romo si fuesen beatos —hasta el punto de llamar a un racional y fáctico guerrero de flagrante terrenalidad "Santo" de la espada— y que por añadidura, cada tanto aportan un mesías.

Cuando la mística del soldado se trueca en religiosidad, estamos en presencia de cruzados, cuyo cometido es imponer la fe por la fuerza. La Edad Media, que finiquitaba cuando este Nuevo Mundo nacía, nos heredó parte de su integrismo.

El integrismo fija un orden corporativo verticalista para la sociedad humana, como manera de sujetarla a los dictados de un poder omnímodo presidido por la Divinidad. El mundo tiene una conformación fija dispuesta por Dios y los miembros del poder terrenal tienen la misión de conservarla. El catolicismo medieval, que era integrista, compelía—y donde sigue vigente compele-- a los individuos a obedecer ciegamente, pero a través de otros hombres designados en puestos de conducción, es decir que los gregariza instalándoles un poder humano que debe ser visualizado como inspirado por la deidad. Lo religioso y lo político se tornan así muy difíciles de diferenciar, por cuanto permanecen juntos en una entidad distante e insondable.

En Oklahoma, alguien quiso agredir al poder que lo agobiaba y puso una bomba en un edificio del gobierno. No le costó identificar a su opresor, tampoco a su sede y ninguna duda tuvo de que así dañaba al autor de sus males. Si aquí uno resolviese seguir el ejemplo, gastaría lo que le quede de vida tratando de localizar al poder que tanto mal le hace y si atacase algún sitio, seguro erraría. O para mitigar su ansiedad, concluiría que la culpa la tienen los homosexuales, los periodistas o los drogadictos, que son lo que de momento tiene a la vista, dado que al poder real no lo ve porque aquí el poder se percibe como abstracto.

Y él se desvive por proyectarse difuminado y lejano. Para conseguirlo, además de camuflarse y mentir, necesita que la población esté enseñada a soportar, asentir, callar y no pensar, en resumen, a no cuestionar al Poder como no se cuestiona a Dios, dado que Él y aquél quedan planteados como conceptos análogos.

El primer poder que aquí se conoció fue el conquistador, que estaba tan lejos y tan alto como la deidad y podía disponer de las personas tanto o más que ella. Los delegados virreinales fueron simples personeros que al igual que sus camaradas sacerdotes, sólo representaban en este mundo los intereses que existían en el otro. Y aunque hoy sepamos que religión y política son cosas separadas, nuestros reflejos atávicos nos hacen actuar como si fuesen la misma, siguiendo otra de las cláusulas ocultas: "Cualquier poder es inmenso y dueño de las personas y cualquier insumisión se castiga con algún infierno."

Y ello vale tanto para el poder político, cuanto para cualquier poder económico, incluso para un vulgar empleador, desde el punto visual de su empleado.

Como reflectando las pautas recibidas, esta sociedad coloca la jerarquía entre sus valores esenciales, a cuyas instancias sacrifica categorías como la calidad de vida. Cada individuo se asemeja a un miliciano preocupado por exhibir sus galones, que en el caso de la sociedad civil, toman la forma de los distintos status-symbols (dinero, bienes, relaciones, educación, etc.) al punto que, por ser, los títulos universitarios se utilizan a la manera de los nobiliarios (allá en 1813 no imaginarían que el hueso sería tan duro de roer).

Esto apareja la valoración de las personas más por lo que son que por lo que hacen: hacer es trabajar y aportar a un conjunto en acción y crecimiento; ser es lo que se posee y el lugar que se ocupa en la pirámide, lo que equivale a fijeza y arrumbamiento integristas.

Si bien impera el estancamiento, no significa que se trate de una disposición inmovilista: la movilidad está, pero afectada a la voluntad de los poderosos en mucho mayor gradiente que a la merituación u obra subjetivas. El Poder asigna lugares y posesiones a su antojo, por lo que no se trabaja para construirse uno un mejor sitio sino para impresionar a quien asigna los sitios: retrocede la competencia y avanza la obsecuencia.

Esta tiene la propiedad de hacer impredecibles los resultados, dado que serán arbitrarios. Así, los hombres son sumergidos en la incertidumbre y sus esfuerzos malogrados y derrochados igual que en la conscripción, pero en vez de ser durante un año, lo es toda la vida. Además, en un contexto de pretendida juridicidad como el que nos proclaman, bienes y rangos distribuidos discrecionalmente desde el Poder, son insalvable sinónimo de corrupción sistémica.

Distinto es cuando existe un asumido régimen autoritario, cuando el totalitarismo está oficializado: allí todos saben a qué atenerse y si el poder parte y reparte, es legítimo. En cambio si existe la fachada democrática pero la estructuralidad es autoritaria, entonces las cosas no son como se dice que son y estamos ante la corrupción, que por otra parte, es la única instancia que posibilita el funcionamiento.

Un sistema de esa naturaleza no puede andar con el

derecho porque su funcionalidad es totalitaria y no puede el Poder declarar su discrecionalidad, porque le aplicarían el derecho; no queda más remedio que coexistan ambos, derecho y discrecionalidad, contradicción viabilizable sólo mediante la corrupción, es decir, la trampa por todos conocida y también por todos callada.

Para que esto proceda, es imprescindible la vigencia de otro ítem de los códigos no escritos: "Está la ley pero no es de aplicación automática; el Poder resolverá a quién y bajo qué circunstancias la impondrá. Nadie cuenta con sus derechos de antemano, sino que un poder decidirá ipso-facto los que correspondan a cada quien". De esto ha sido escuela la conscripción, con su doctrina de sistemático quiebre de normas oficiosas e imperativos pactos de silencio como seguro.

En realidades de desazón e incerteza normativas, se recurre a sucedáneos y los códigos tácitos conforman el más fuerte, porque aunque no nacen del consenso, lo adquieren ante la falta de ley; reciben de los ciudadanos la aquiescencia que preferirían darle a ella. No habiendo tenido un prospecto mejor de desarrollo social e individual, nos hemos quedado en la organicidad eclesial-militar sustentada en normativas informales; sin vestir uniforme, nos regimos con códigos de cuartel, lo que nos hace milicianos; sin vigencia plena, nos rigen leyes democráticas, lo que nos concreta ciudadanos. Tenemos una identidad contradictoria e inconciliable por lo ambigua.

Aquellos que logran sobreponerse, los menos, intentan hacerse de una condición ciudadana, colisionando con todas las dificultades emergentes de aquella ambigüedad, que les impide despojarse totalmente de su costado miliciano. Los más en cambio, permanecen —conformes o resignados— insertos en la tónica general y esto tiene su influencia en lo atinente a lo policial.

Un ciudadano, como sujeto contractual, es una figura que depende de su capacidad de manejo de reglas, porque nada en el mar de normas que es la sociedad liberal de derecho, donde las leyes son un servicio brindado por el poder político para permitir a los habitantes la libre celebración de acuerdos entre ellos y con el mismo estado. Hasta la ley penal moderna —como la que aquí tenemos— formaliza un contrato, porque no prohíbe la perpetración de delitos sino que anuncia un castigo preestablecido a quien fuere hallado responsable —acorde a las pautas procesales vigentes— de cometer un determinado acto.

Queda instaurado un convenio en el que las partes acuerdan las cláusulas y luego cada uno sabe a qué atenerse, y esto es así aún para los delitos más serios. El espíritu de nuestra ley penal no es castigar personas sino instalar una persecución sistematizada pero limitada contra determinados actos u omisiones.

Esto suena muy, pero muy distinto a los criterios predominantes de nuestra vida diaria, en la que el miliciano pone las cosas a su manera, una manera mucho más simple.

Dice: —A los delincuentes hay que matarlos.

Como lo manda su sustancia cultural, prevalece en él el factor muerte, como señal de la victoria bélica. El sustrato de su subcultura ronda el acto de matar y lo categoriza como panacea, la solución a todos los males.

Este acto de matar es concebido como lícito, de la misma licitud que envuelve el hacerlo en guerra, porque como quedó dicho, se aplican a lo social los principios militares. Queda como un acto de justicia, de justicia por mano propia.

Lo que el miliciano no sabe, es que su mano nunca es propia pues trabaja para otros, si es en la fábrica, operando máquinas y si es en la milicia, como obrero del gatillo. En lo complejo de la sociedad de estos tiempos, el que jala del gatillo siempre es obrero, aunque lo haga por decisión personal, puesto que nadie está autorizado a decidir personalmente en ese renglón.

La sociedad —y en esto sí se parece a la guerra— es movida por cerebros y no por dedos, los que en última instancia, están para ejecutar lo que el cerebro ordena. Los individuos que se ocupan de pensar jamás tocan un gatillo, tarea indeseable, accesoria y de ser posible, evitada en la resolución de los conflictos, que cuanto más grandes más se dirimen en el plano de la negociación. Y para toda negociación hacen falta reglas de juego. El de hoy es un mundo de reglas y una de las primeras dice que la violencia debe emplearse únicamente cuando se hubiesen agotado todas las instancias previas, vale decir al final, por último.

La violencia es lo último y en ese nivel se coloca automáticamente quien cree que con ella solucionará alguna cosa, máxime si lo encara individualmente. Por desgracia, hay demasiada gente que no lo sabe y que por el contrario, supone que el ejercicio de la fuerza lo hará fuerte, siendo lo real exactamente a la inversa: no existe actualmente mayor debilidad social que la fuerza.

La auténtica fuerza reside en la habilidad para la esgrima de reglas, lo que permite jugar el juego vital, el juego del poder. El poder moderno no es fuerza sino posición y esas posiciones solamente son escalables mediante la acrobacia reglar. Quien mejor opere las reglas, o sea quien tenga mejor cerebro y no mejores dedos, será quien escale más alto, quiere decir, quien tenga mayor control del resto.

Además, jugar con las reglas es difícil, muchísimo más difícil que oprimir el gatillo; pero esto es lo que los sistemas sociales quieren: ser regidos por quienes sepan hacer cosas difíciles y ya no por simplones violentos. A aquellos tiene reservados los mejores lugares y a los otros, apenas los que vayan sobrando.

Avisparse milicianos, o quedan para pasto de alimañas.

Parte III: EL OFICIO

7.- LA MUERTE INSTITUCIONAL

Adentrándonos en la química liberal, nos encontramos con que si bien merman los esqueletos burocráticos —no está la arquitectura interna— toda química necesita de recipientes. Por tanto, la sociología ingenieril es reemplazada por la ingeniería penal, que creando los límites —el conjunto de conductas que no conviene que sucedan— crea el recipiente. El poder estatal ya no organiza la sociedad civil, sino que pone los límites que la contendrán. Quiere decir que la rigidez no se introduce como estructurante sino como continente, quedando su interior destinado a espacio de libertad.

No de toda la libertad pero sí de la máxima libertad posible, pasada la cual entra en juego la noción de delito como determinante de aquel límite y ante su detección, se disparan automáticamente los aparatos encargados de neutralizar el error y restaurar la normalidad. Como corresponde a una auténtica ingeniería comunitaria cual es el derecho moderno, estos aparatos actúan siguiendo mecanismos patrón para casos análogos, una sucesión de fases operativas prefijadas que ya sea en términos de ingeniería o de derecho, recibe la denominación de "proceso".

En contextos así, el transgresor es entonces concebido como percance del sistema que debe ser desactivado o sacado de circulación, por cuanto frente a su aparición, se reclama proceso; es visto como un ente degenerado, escoria organísmica que debe ser limpiada con los métodos que el sistema tiene previstos... y con ningún otro. Y si a alguien se le ocurriese emplear otro, aunque fuese estado, caería a su vez en la categoría delincuencial y sería barrido con iguales mecanismos u otros también previstos, porque esas sociedades admiten cualquier cosa en su interior, menos el avasallamiento de los límites legales.

Obviamente, no tolerarán agujeros en el recipiente que las contiene.

La visión primitiva de matar al delincuente, o sea usar la violencia contra quien la ejerce, es copiarlo, identificarse con él y esto se hace cuando no existe una alternativa mejor, como sería la superior condición de ciudadano, desde la cual toda transgresión resulta escoria despreciable. Es en esos casos el delito signo de superioridad porque conlleva la estatura suficiente para enfrentar al poder y éste, como pretende ganar a cualquier costa, se reserva el derecho de emplear cualquier medio para reprimir.

El poder autoritario es autorreferente, lo que lo hace discrecional y también impune; cuenta de antemano con que no será cuestionado dado que de hecho no existe estamento capaz de hacerlo. Cuando el estado no es de derecho, es decir que no se somete a la ley como cualquier otra persona real o jurídica, emplea medios abusivos en su defensa o en defensa de la ley, que en este caso y por ser ley propia, es justicia por mano propia.

Si desplazamos la lente hacia quien está a cargo de reprimir al delincuente, el policía, tendremos que tales elementos de identificación con el transgresor y justicia por mano propia, dejan de ser accesorios para mudar en existenciales. El policía es parte del Poder y tiene incorporado el reflejo de captar al transgresor como un competidor que disputa su espacio en lugar de tomarlo como un cuerpo extraño a neutralizar.

Por supuesto que en una situación de legítima defensa más le valdrá intentar matar primero al oponente; pero hay infinidad de circunstancias que pueden parecerse a ésa y en rigor no serlo, y queda únicamente en el policía decidirlo. Por ciertas características de su oficio, él tiene una zona de discrecionalidad impenetrable; puede encontrarse en ocasiones en posición de resolver la suerte de otro y si es un miliciano que cree que matar es hacer justicia, estamos en la sustancia del "gatillo fácil".

Por su lado, la sociedad depositó demasiadas expectativas represivas en la policía y continuamente se las arregló para hacérselas saber a cada policía. Para mucha gente, la medida de la efectividad policial la da la cantidad de delincuentes que mata; si los hiere o los detiene, no tiene el mismo valor. Cualquier decadencia en la violencia policial engendra la inquietud de constatar que el poder protector no está controlando debidamente al enemigo interno y acarrea pedidos de "limpieza" como si se tratase de una desinsectación. Lo que esa gente no sabe, es la manipulación que ese mismo poder hace de la información con que alimenta su inquietud.

El tratamiento que desde siempre se dio al hecho policial en su difusión pública, ha sido la terrificación del mismo y la satanización de su autor. El delincuente aparece como una criatura maligna y demoníaca que igual que la bruja medieval, es alguien predeterminado de por vida a ese lugar, un ser malvado que vive para lacerar o dañar de alguna manera al resto. Esta fantasía pueril del imaginario colectivo, provee la ilusión de controlabilidad total de la delincuencia, porque instala la idea de que cada delincuente es perfectamente identificable y punible; incluso descartable sin cargo para la conciencia pública porque se estaría eliminando a un ente infrahumano.

Sólo que la realidad muestra otra cosa. El delincuente siempre es ocasional; aunque delinca con frecuencia o viva en y del delito, esto no constituirá más que una parte de su vida. Quizás sea la excepción el psicópata, que sí puede vivir para dañar, o del cual hay que tener en cuenta dos puntos: en primer término, que es un enfermo; de pésimo pronóstico terapéutico, pero enfermo al fin; en segundo, que se lo pasará preso o perseguido y en algún momento se las ingeniará para matarse o hacerse matar. Pero el delincuente clínicamente normal, es uno de nosotros que de pronto o por hábito existencial, comete un ilícito pero además, tiene otras facetas no condenables que pueden ser muchas y virtuosas. Una persona no es algo tan simple como para clasificar con una etiqueta y dejarla así de por vida.

Lo que en rigor se busca es propalar un mensaje atemorizante en el que aparezca que un individuo puede ser disolvente para la sociedad. Las cúpulas policiales y algunos massmedia amarillistas, exageran los perfiles delincuenciales de los detenidos y abatidos, en un método de propaganda que va afirmando la fobia social y arroja a la gente en brazos de la autoridad a pedirle "mano dura". Queda así enarbolado el linchamiento delegativo como procedimiento antidelictual, porque en cuerpos comunitarios masivos, mano dura puede ser ley de Lynch (linchamiento) con ejecución delegada en la policía.

Cada vecino que así piensa (con sólo pensar alcanza) es parcialmente responsable de lo que ocurriere y definitivamente no puede tener la conciencia tranquila, porque azuzar a policías para que ejerzan violencia punitiva es un asunto de cuidado: obesos, mujeriegos y poetas hay en todas partes por igual; pero posibilidades homicidas, hay más en la policía que en otros lados.

Al hablar de violencia punitiva, nos referimos a intencionalidad, que corresponde a la primera variante que se puede distinguir del gatillo fácil, el doloso, también llamado fusilamiento, ejecución sumaria o pena de muerte extrajudicial. Consiste específicamente en el homicidio de personas previamente reducidas o simplemente no beligerantes y el posterior fraguado de evidencia o torcimiento de indicios para "legalizar" el hecho. Los casos de esta truculenta figura que se han constatado son relativamente escasos, lo cual no minimiza un fenómeno que se supone no debe existir en absoluto y no quita que haya otros sin dilucidar. Hay que hacer la salvedad de que tiene poco que ver con lo orgánico de la institución y mucho que ver con la calidad de algunas personas que la integran.

El gatillo fácil es susceptible de un mayor análisis; en líneas generales consiste en disparar las armas más allá del límite estipulado en la ley. El rótulo no cae bien a los mandos, ya sean policiales o políticos; ellos prefieren el revisitado lugar común de "excesos" que nos atosiga desde hace veinte años. En todo caso serán excesos de discrecionalidad los que dan cuerpo a la variante dolosa; pero es dable definir dos tipos más: el culposo, asociado al exceso de impericia y el accidental, consecuente al exceso de ineptitud. Gran parte de la responsabilidad es de la conducción, que tiene que dedicarse, si no a evitarlos, a intentarlo como consigna permanente, con la obligación de mostrar cómo lo hace; y si fallase, tendría que pagar no solamente los costos político y patrimonial, sino también el administrativo y además el penal, que para eso el Código instaura la figura de culpa.

Surgiría así otro exceso, pero de celo en la prevención de disparos inoportunos.

Disparo ilegal de orden culposo, sería una situación donde el agente no quiere matar pero el tiro se produce igualmente. Técnicamente, es una cuestión de tiempo: el que el policía concede a su antagonista. Tiene que ver con tres factores: el concepto que el agente se haga de la situación; su coraje personal; la preparación específica de que fue objeto.

Si el policía estima que está en posición de controlar una situación esgrimiendo su arma y dando voces de detención, no pensará en disparar; pero si cree que la contingencia es más grave por la peligrosidad que adjudica al oponente o por no poder predecir su curso de acción, tirará para asegurar el resultado, es decir, no dará tiempo a que los acontecimientos se le vuelquen en contra.

Además, si el agente tiene coraje, podrá esperar un poco más porque es capaz de resistir más el miedo o de soportar mayor riesgo; si en cambio carece de temple, tenderá a poner fin a su angustia lo más pronto posible, disparando; otro efecto del miedo prematuro es que suspende la visión del entorno y su evaluación objetiva: se siente que no hay tiempo para detenerse a mirar bien qué pasa y sacar conclusiones, lo que hace actuar anticipadamente y sin control intelectual, por lo general, disparando.

Encontrarse de improviso envuelto en un peligro impensado que requiere urgente reacción, pero ajustada a una serie de requerimientos y cargando la responsabilidad de responder después por lo que se haga, es una hazaña a la que puede un policía someterse una vez en su carrera, o tal vez nunca; no obstante, él debe pensar que puede dársele en cualquier momento y por sobre todo, tiene que estar entrenado como si fuera a ocurrirle varias veces al día.

Entrenamiento significa hacer vivenciar a alguien sucesos supuestos, cosa de que cuando de verdad le acontezcan no tenga más que repetir acciones que ya tiene incorporadas y fundamentalmente, su psiquis responda de manera preacondicionada. Esto no inventa un coraje quizás inexistente, pero aporta un sustituto muy eficaz: seguridad. Seguridad que deriva de lograr justipreciar una situación por poder encuadrarla dentro de estereotipos previamente adquiridos y contar con inmediatas herramientas tácticas previamente aprendidas (reflejos condicionados). Y esto sin duda previene disparos innecesarios que normalmente, se traducen en muertes evitables.

No es un entrenamiento de esta naturaleza el que la institución da a su personal ni está en la preocupación de la cúspide elaborarlo. Al contrario, se suministra una instrucción general de tipo básico y algunos procedimientos de rutina y se tienen listos abogados para encargarse de la defensa en el juicio que seguramente sobrevendrá, y hasta ahí llega la mentalidad conduccional. O sea que se tiene prevista la aparición de víctimas como efecto colateral del sistema.

No es con generalidades que se arma un profesional, es con especificidad; no es con defensa después de que el policía fracase sino con preparación anterior que evite ese fracaso, que se dota al policía de seguridad en su trabajo, no solamente procedimental sino también jurídica. Los policías están jurídicamente desprotegidos porque tienen que ir a un juzgado cargando un muerto del cual no se sienten totalmente culpables, toda vez que hicieron lo que supieron o pudieron y fracasaron, cuando en realidad tendrían que haber sabido y podido otra cosa mejor que la institución les tendría que haber dado y no les dio.

Y el juez de todas formas los juzgará como si fuesen policías bien preparados y lo peor, la misma policía los evaluará administrativamente de la misma manera y podrán ser de ambas partes duramente cuestionados, en algo que ellos perciben como una gran injusticia. Es decir, serán victimizados y lo saben de antemano.

Sin embargo, es posible que un juez tenga en cuenta esta realidad y sea clemente y que con la misma tónica la Jefatura sea indulgente, pero entonces la injusticia será para con la víctima, que así sería revictimizada. Y esta alternativa la sociedad la conoce, también de antemano.

Una vez más aparece lo corriente en nuestro modo de vida: o pierde una víctima o pierde la otra víctima, pero nunca el Poder. Puesto de otro modo: o hay una injusticia o hay otra injusticia, porque no habrá auténtica justicia si no se juzga al Poder, si no se lo responsabiliza. Si el Poder es irresponsable, los de abajo pagarán los platos rotos; y en este caso, el Poder es la cúspide policial-gubernamental: los gobernantes tampoco se preocupan por este tema, sino que su única postura es desligarse del mismo o si pueden, utilizarlo en su beneficio político.

Y si bien su proliferación fue muy acotada por a la presión política y mediática que consiguieron desatar las ONGs de

DDHH, se debió a simple presión, que no es manera inteligente en que un estado tiene que hacer las cosas, ya que reprime al mal a un estadio larvario desde donde resurge en cualquier momento.

Si hubiese un programa de instrucción conteniendo en detalle el entrenamiento a suministrar y se instrumentase un documento que para cada agente certifique que aprobó esa preparación y que sus habilidades se mantienen a través de periódicas actualizaciones, todo con las firmas de los funcionarios encargados de impartir y fiscalizar ese programa, entonces el juez contaría con la factibilidad de repartir ecuánimemente la carga penal y dejar a buen recaudo a la víctima.

Tendría que existir por otra parte, un manual que contenga todas las formas de proceder rutinarias y eventuales que pudieren presentarse, para cada una de las cuales dispusiese una organización y distribución de responsabilidades de acuerdo al cargo. Una gran cantidad de disparos o actos inconvenientes suelen darse en procedimientos donde participan grupos de policías, si el superior a cargo no los organiza debidamente; no todos los que conducen cuentan con buen criterio para casos así, que pueden terminar con acciones confusas o atolondradas de derivaciones inciertas.

Tampoco es ya aceptable que la organización de procedimientos se haga según cada criterio individual, sino que debe haber una línea rectora que si no elimine, reduzca a un mínimo el espacio subjetivo, enorme en la actualidad debido a la diagramación militar que deja como única norma la orden del superior, y a la ausencia de normativa intermedia entre la ley y el hecho procedimental.

En otras palabras, una ley, un decreto o un auto procesal dicen qué hay que hacer, pero nada establece cómo hay que hacerlo y ahí es donde talla la voluntad personal de los funcionarios y algún código no escrito procedente de la experiencia institucional, donde debe regir un manual profesional, es decir, un homologado código escrito.

De esa forma un juez se evitaría el tener que sentenciar a un policía que disparó inadecuadamente, como si toda la responsabilidad fuese suya, cuando actuaba en un grupo que era obligación de la repartición conducir a través de sus delegados jerárquicos que siempre deben figurar, aunque ese grupo se hubiese formado a la sazón de una emergencia. El manual permitiría colocar cada culpa individual en su justo lugar y eso sería justicia, además de instalar un mejor orden en los despliegues policiales que en sí mismo soslayaría efectos indeseables que suelen ser productores de víctimas.

La seguridad jurídica del policía es determinante de su desempeño durante la acción, debido a que si no cuenta con garantías de ecuanimidad, trabajará en un cono de sombra que lo confundirá y llegado el caso, lo incitará a mentir y hasta adulterar pruebas para ponerse a resguardo.

La familia judicial es una corporación más de nuestro contexto, empeñada en marcar su diferencia estamental con la policía y mantenerla a costa de un frecuente autoritarismo.

Más que los antecedentes jurisprudenciales, el trato diario que confirma el bajo sitial asignado a la repartición dentro del sistema penal, hacen insoslayable en cada policía la sospecha de prejuzgamiento, aunque luego la práctica demuestre su inexistencia. Es un cuadro de situación más ilusorio que concreto pero que opera con fuerza en el imaginario policial, reforzado por el abrumador descrédito que atañe al juicio escrito que sustenta el sistema.

Por mejor voluntad que ponga el juez, el juicio escrito dentro de un esquema corporativo es altamente manipulable y deshumanizado, y es tomado como se tomaba el juicio del pretor o el inquisidor: no como una indagación legítima de la verdad sino como un arbitrio del Poder.

Como disparo ilegal accidental, es plausible agrupar formas fortuitas en las que el disparo letal además de no llevar intención de dañar, tampoco guarda nexo contextual, no queda claro su motivo. No obstante, el gatillo debe ser oprimido voluntariamente, para no entrar en la tipificación de mero accidente, pero su autor no se explica cómo impactó en alguien; o bien para el observador, no hay racionalidad en el acto.

Es una figura difusa por la variedad que puede llegar a presentar y se vincula a ineptitud del policía, ya sea por inexperiencia, carencia de formación o deficiencias intelectuales y hasta neurológicas, siendo por ende la variante que más compromete a la institución.

Corresponde a crisis en las que el hombre no conserva el necesario control de su comportamiento o la sana interpretación de su posición frente a una escena. Para ser policía son exigibles condiciones naturales y formativas de base, para cuya verificación el estado debe poner todos los medios. Por acabada que sea la instrucción, si el educando es presa de limitaciones concretas, no la asimilará y nunca será un agente aceptablemente seguro. Adquieren en este punto realce los pareceres de selección, para lo que vale un método similar al certificado de instrucción descripto antes, que plasmaría las responsabilidades de los funcionarios selectores en caso de constatarse la incorporación de personas con deficiencias incompatibles con la función.

Hay entonces dos clases de muerte institucional: la autorizada y el gatillo fácil; la legal y la ilegal; la que está bien y la que está mal. La muerte que ocurre más acá del límite legal, está bien aunque sea indeseable, es la muerte que corresponde a nuestra organización social y a la civilización actual.

La policía se ocupa de resolver cuestiones atinentes a la extrema violencia dentro de la colectividad y esta faena tiene la particularidad de que siempre está dejando cadáveres por ahí; suena crudo, pero así de cruda es la realidad que nos envuelve. Desde que nació la sociedad humana, hubo muertos a costa de la existencia misma de esa sociedad, muertos producto de la cosa social: una sociedad siempre es una imposición y hay quienes no la aceptan y se rebelan, cada uno a su modo y algunos de un modo que no ofrece alternativas; sin contar los que eligen suicidarse con balas policiales, que abundan.

Allí aparece un desempeño policial singular, que no llega a ser una pena de muerte pero es un tipo especial de ejecución. Es cuando hay que detener a alguien de quien se presume no se entregará; puede darse con orden judicial o, cuando las cosas se generan de improviso, sin ella. Casos paradigmáticos han sido las emboscadas tendidas a los grandes gangsters estadounidenses de los años veinte.

Bonnie y Clyde, Baby Face Nelson, Pretty Face Floyd, Ametralladora Kelly, Dillinger, Ma Baker y sus hijos y otros famosos psicópatas, cayeron ante fuerzas policiales judicialmente comisionadas para su detención, aunque a nadie se le ocurría imaginar que fuesen a entregarse. Más cerca en el tiempo y con mayor discreción por parte de los policías, fue ultimado en los '70 en plena calle parisina el delincuente francés Jacques Mesrine. Una veintena de agentes lo esperaban con una orden judicial de detención, orden emanada de un juez que sabía que equivalía a una sentencia de muerte, como lo sabían los policías comisionados, más la sociedad que aguardaba la crónica periodística de esa muerte tan anunciada como aquella que relatara García Márquez.

Mesrine, que además era un apologista teórico de la delincuencia como oposición al o consecuencia del sistema y había incluso publicado un libro al respecto, concurrió a la cita a suicidarse exhibiendo una pistola semiautomática a los policías que le daban la voz de alto.

Hechos así sirven para ilustrar la situación de cornisa que afecta la ideología policial y que requiere de un gran discernimiento que el estado debe inculcar a cada agente para que no termine confundiéndose —o aprovechándose— y deje caer sus interpretaciones funcionales en el cenagal de la violencia punitiva.

Como sea, la violencia punitiva es netamente humana, pero de lo humano en grado primario, elemental; castigar con violencia inopinada es una reacción espontánea que a medida que evolucionaron la psiquis y la cultura, fue atenuándose; el desarrollo de la conciencia psíquica no depende de nosotros, pero el de la cultura sí y ahí es donde la sociedad tiene que empeñarse en lograr más atenuaciones.

Esta época ha traído el fenómeno de sociedades ultracomplejas entramadas finamente con lazos contractuales, en las que por lógica, la violencia es teratogénica. Pero esta novedad evolutiva se dio en mucho menos tiempo del que la sociedad requiere para reculturizarse de modo natural y su parte gestora, el estado, tampoco puede lograrlo con los métodos tradicionales. La norma parlamentaria, el servicio de justicia y la propaganda política no tienen suficiente velocidad adaptativa; menos puede ya recurrir a la dictadura o la autocracia, que son de por sí violentas, y las grandes religiones tampoco pueden ayudar por su alta dosis de dogmatismo, que es violencia.

Empero, Natura parece haber resuelto que la sociedad humana deba continuar su camino y sabia como siempre, ha puesto a su alcance el germen cultural que faltaba: los Derechos Humanos.

Nacidos de la intención de un mundo menos infame, que en las postrimerías de la II Guerra se alzaba como contracara de una conflagración que había provocado 60 millones de óbitos junto a infinitos crímenes de lesa humanidad, están contenidos en una declaración universal que emitió la ONU en 1948, la que su vez posee un antecedente en la Declaración de los Derechos del Hombre que dejó la Revolución Francesa.

Hoy día están atesorados en una buena cantidad de organizaciones no gubernamentales que los promueven e incluidos en toda la legislación vigente del mundo occidental. Consisten en un conjunto de prescripciones vitales con la pretensión de convertirse en inalienables para cada una de las personas que exista, de la misma forma que en algún momento se dijo que el agua, un plato de comida y un favor no se le niegan a nadie bajo ninguna circunstancia y actualmente todo eso quedó incorporado a la cultura. También a la cultura tendrán que integrarse los derechos humanos para ser cumplidos en forma natural, puesto que su inclusión en el sistema legal es un buen comienzo pero no garantía de práctica suficientemente extensa.

Todo el Derecho Positivo se ocupa de regular las relaciones entre particulares y entre éstos y el estado, que concebido como estado de derecho, es un particular más. Pero el gran protagonista del Siglo XX fue el estado-nación, que antes de que transcurriese la mitad de la centuria ya había demostrado las atrocidades de que es capaz. Involucrado en la dinámica mundial con otros estados nacionales, se munió de la "razón de estado" para sortear ataduras jurídicas y conseguir una capacidad de maniobra que como efecto colateral, lo llevó a hollar al individuo, tanto ajeno como suyo. Los derechos humanos recogen cláusulas preexistentes pero las reagrupan y sitúan en el contexto internacional, donde buscan crear un ámbito restringido, no ya para regular las relaciones sino para proteger al individuo del estado.

Los derechos humanos son oponibles únicamente al estado.

Incluyen incursiones en las áreas que hacen a la calidad de vida individual: económica, política y penal. En las económica y política, sólo pueden exigir al estado que haga por el sujeto lo que hoy omite: crearle mejores condiciones de vida. Pero en la faz penal está lo más delicado, porque deben lograr que el estado omita lo que le está haciendo al sujeto como praxis. Esto obliga a la lucha, a la urgencia y a meterse con el sistema penal, delegado punidor del estado y administrador de la violencia punitiva.

Cualquiera que monopolice algo, se aprovechará si no es

bien controlado; el estado moderno tiene la exclusividad en la violencia y la autoridad para utilizarla; si no es eficazmente controlado por la sociedad, empleará esa violencia para controlar él a la sociedad.

Entre nosotros, perdura la noción de que el Poder puede hacer con la violencia lo que le plazca y que los derechos humanos son derechos de los delincuentes. Y se llegó a convocar a un acto público a favor de los derechos humanos de los policías, que es como decir, los del estado. Lo cual a su vez suena como ponerle los anteojos de sol al sol, o algo por el estilo.

Los derechos humanos no son para los delincuentes, o mejor dicho, para los ciudadanos sospechosos de haber delinquido; son para ellos, para los ciudadanos en general y para los ciudadanos que trabajan de policías en lo que haga a su condición ciudadana, es decir, que el policía será protegido del estado como cualquier otro, salvo cuando esté en funciones, en cuyo caso los demás serán protegidos de sus eventuales abusos. Pero si mantuviere sus tareas ajustadas a derecho, a los DDHH ni se les ocurre impedir que él aplique a un sospechoso todo el peso de la ley específica para el caso, pero sólo ese peso, pues si se excediese en un gramo, lo cuestionarían.

Ahora, para un policía incapaz de trabajar ajustado estricta mente a la legalidad o para una sociedad que lo mejor que se le ocurre es clamar por mano dura para con cualquiera que se parezca un delincuente, los DDHH son, obviamente, una dificultad.

Al contrario, para una organización social que asuma como imperativo reducir el circulante interno de violencia y para un policía que se vea como profesional del derecho, los DDHH serán el cierne de una nueva cultura penal que eleve la calidad de vida de todos.

Viene a cuento transcribir los artículos de la Declaración Universal que atañen a la función policial:

Art. 3: Todo individuo tiene derecho a la vida, a la libertad y a la seguridad de su persona.

Art. 5: Nadie será sometido a torturas ni a penas o tratos crueles, inhumanos o degradantes.

Art. 7: Todos son iguales ante la ley y tienen, sin distinción, derecho a igual protección de la ley. Todos tienen derecho a igual protección contra toda discriminación que infrinja esta declaración y contra toda provocación a tal discriminación.

Art. 9: Nadie podrá ser arbitrariamente detenido, preso ni desterrado.

Art. 11: Toda persona acusada de delito tiene derecho a que se presuma su inocencia mientras no se pruebe su culpabilidad, conforme a la ley y en juicio público en el que se hayan asegurado todas las garantías necesarias para su defensa.

Art. 12: Nadie será objeto de injerencias arbitrarias en su vida privada, su familia, su domicilio o su correspondencia, ni de ataques a su honra o reputación. Toda persona tiene derecho a la protección de la ley contra tales injerencias o ataques.

Art. 29.2: En el ejercicio de sus derechos y en el disfrute de sus libertades, toda persona estará solamente sujeta a las limitaciones establecidas por la ley y con el único fin de asegurar el reconocimiento y el respeto de los derechos y libertades de los demás y de satisfacer las justas exigencias de la moral, del orden público y del bienestar general en una sociedad democrática.

Art. 30: Nada en la presente declaración podrá interpretarse en el sentido de que confiere derecho alguno al estado, a un grupo o a una persona, para emprender y desarrollar actividades o realizar actos tendientes a la supresión de cualquiera de los derechos y libertades proclamados en esta declaración.

Cierto es que todos éstos son principios de la ley penal actual que están incorporados a los códigos que habitualmente maneja la policía; pero para que la institución pase a ser genuina instrumentadora de los derechos humanos, falta que se aplique obcecadamente el mandato de los presentes artículos cuando rezan "Todos" o "Nadie". Es decir, que ninguna persona quede excluida de su alcance. Recién ahí estaríamos en una práctica cabal de la normativa humanitaria.

Y que la Declaración Universal no deja afuera a los policías, es también cierto; ellos son beneficiarios en su condición profesional, de lo siguiente:

Art. 3: ....derecho a... la seguridad de su persona.

Art. 5: Nadie será sometido a... tratos... degradantes.

Art. 9: Nadie podrá ser arbitrariamente... preso...

Art. 12: Nadie será objeto de injerencias arbitrarias en su vida privada, su familia...

Art. 23.4: Toda persona tiene derecho a fundar sindicatos y a sindicarse para la defensa de sus intereses.

Art. 24: Toda persona tiene derecho al descanso, al disfrute del tiempo libre, a una limitación razonable de la duración del trabajo...

Como vemos, aún los derechos humanos de los policías son oponibles al estado. Que tiene que hacerse cargo de ellos con la misma celeridad con que sale a otorgar ascensos post-mortem que con un poco más de atención de su parte, tal vez estarían de pie.

Cada occiso policial es conmocionante, hasta para muchos que no simpatizan con la policía: cayó alguien que se jugaba por los demás y eso es ser héroe, aunque el heroísmo del policía de ordinario se reconozca póstumamente. No obstante y salvo que inauguremos una nueva era, la de la policía sin riesgos, seguirán sucediéndose los caídos policiales sin que nadie deba santigüarse por ello.

Tampoco éste es el oficio más peligroso; suele suceder que se confundan "hipótesis de conflicto" con "riesgo efectivo" en el trabajo policial, que en la práctica dan guarismos dispares. La primera es ciertamente elevada, debido a que las incursiones policiales generan expectativas de resultados adversos, aunque luego la gran mayoría finalice sin violencia; la hipótesis de conflicto es entonces alta, pero es un riesgo virtual.

La medida del peligro real la dan únicamente las estadísticas, que hablan de un promedio del 4/1000 de muertos policiales anuales. Si acudimos a los informes sobre accidentes de tránsito, tendremos una media similar, por cuanto se deduce pues que ser policía conlleva el mismo riesgo efectivo que salir a la calle.

Ahora, ser policía no es, definitivamente, lo mismo que salir a conducir o caminar. Porque como la hipótesis de conflicto es enorme, se requiere de una tipología psicológica particular, dado que sin ser suicida o autodestructivo, el policía se obliga a encarar situaciones de extremo riesgo, participar en su eventual muerte violenta, cosa que lo transforma en alguien especial.

Sí, el policía es especial, pero no por la conmiseración que despierta su riesgo profesional sino por su capacidad de asumir el sacrificio en pos de la seguridad de otros y esto sí es un auténtico valor social, más allá del peligro real que pueda o no correr.

Para un policía el tiroteo es un clímax, el punto culminante donde convergen los caminos fácticos y emocionales de una profesión armada. Resulta él un hombre de armas morigerado, socializado, lo que no obsta para que el enfrentamiento armado signifique una instancia crucial, por igual deseada y temida.

Es la sociedad que da su cariz al combate policial, en tanto que interviene en él a través de las cláusulas que previamente le ha fijado. Habrá que ver a cuánto cotiza la vida humana en el mercado axiológico que es la opinión pública; qué cúmulo de atención hay puesta en el desempeño policial y cuál es el lugar asignado al policía en la comunidad.

De todo ello surgirá que en el enfrentamiento, los policías procedan como funcionarios responsables o como mercenarios individualistas. Una sociedad que por un lado yergue la solidaridad y por el otro borra la piedad de sus registros, que criminaliza la muerte en sus códigos escritos y la descriminaliza en los tácitos, carece de una moral única; por lo tanto, podrá tener mucha ley vigente pero le faltará el marco ideológico para aplicarla y vivirá un ofuscamiento que la mantendrá replegada, privada de injerencia en cuestiones delicadas, que de esa manera quedan a merced de las tónicas corporativas.

Si la corporación policial no es fiscalizada a través de la participación colectiva, focalizará el combate como un asunto propio y desatenderá los frenos inhibitorios en sus agentes, quienes en consecuencia, desplegarán mayor grado de violencia; si en vez existe interés de la comunidad en lo que acontece en el accionar policial, la policía se verá a sí misma menos como corporación y más como institución y actuará en función de la comunicad a la que se debe, incluso durante los combates; esto se traduce en que atenderá más a sus obligaciones legales que a su componente agonístico.

Su personal, por su parte, ganará. Tenemos policías que deben conformarse con la satisfacción de la lucha y el dudoso reconocimiento de su corporación, privados de su combustible principal que es, aunque muchos de ellos no lo sepan, la ponderación de la gente.

Ellos creen no tener derecho a eso o no ser dignos del interés de la comunidad, lo que refuerza la condición de marginales en que el conjunto los encierra cada vez más.

Revertir este cuadro y desarrollar conciencia ciudadana en todos, son una misma cosa. La muerte institucional es un tema desagradable y para algunos, hasta de mal gusto; por eso es que siempre ha sido delegado por entero en el estado y así es como hoy en día el estado dispone por entero de ella.

Pero un auténtico ciudadano jamás delega las cosas por entero porque no está dispuesto a ceder todo su poder; transfiere una parte y conserva su buena cuota para estar luego en posición de controlar lo que se hace con él y sus semejantes.

Cuando todos los pobladores sean ciudadanos y los policías también, funcionarán a pleno los frenos policiales, en los tiroteos imperará la ley, desaparecerá el gatillo fácil y se harán mínimas las muertes instituciones.

Es entonces esencial ponerse en movimiento lo antes que sea posible: bien conocido es que en las demoras, puede írsele a uno la vida.

8.- LA GENTE ES MALA Y COMENTA

Se dice también se dice que la nuestra es una policía corrupta, y en honor a la verdad, lo parece. ¿O acaso quién no vio a sus agentes gestionando pizzas y sandwiches con la típica incomodidad de quien sabe que hace algo impertinente? O para usar el lugar común tan en boga cuando se quiere hablar de corrupción: ¿Quién puede decir que él o alguien allegado jamás coimeó a un policía de tránsito?

Claro que esos son hechos menores y todo el mundo los conoce y acepta como parte de la habitualidad, pero no por eso dejan de ser corrupción. Que esta sociedad albergue la corrupción como componente de su vida diaria, de su inmanencia, es otra cosa. La gente comenta, relata murmurando, cosas que a esta altura son secretos a voces, que todos saben que ocurren y saben que los demás saben. Si se intenta una conclusión, surgen matices que oscilan entre dos extremos: hay quienes aplican el vox populi-vox dei, y quienes lo toman como rumores sin fundamento.

Esto último es igual que cuando un político en entredicho afirma que se trata de una infame campaña de desprestigio y se pone a disposición de la justicia. Entonces para aclarar todo, lo llevamos a estrados judiciales de donde en uno o dos años —o lustros— emanará un dictamen—o ninguno—que nos mostrará la verdad —o no—.

En un panorama así, lo que se rumora vale como dato y ya sea de encuestas organizadas, informes periodísticos, polémicas de café o radio pasillo (de los pasillos de afuera y de adentro), lo que la gente comenta es más o menos lo siguiente:

"En la policía hay agentes que son ladrones y/o asaltantes; se cobra peaje a levantadores de apuestas clandestinos, prostitutas y vendedores de droga y como hay connivencia con delincuentes, se manda a robarles a las personas; hay apropiación y reventa de los bienes o droga que se secuestran y desmantelamiento en propio provecho de automotores incautados. Compra y venta de comisarías y derivación a bolsillos de las partidas presupuestarias. Se provocan y/o aceptan coimas de infractores varios y en una especie de justicia paralela, se negocia la libertad a delincuentes apenas aprehendidos o se arreglan sumarios ya iniciados."

Digamos que toda esa fenomenología es real, que esas cosas ocurren, porque en parte han sido fehacientemente acreditadas en los antecedentes judiciales que se fueron dando, y en parte aquellos que están o hemos estado en la institución y aquellos que tuvieron o tienen fluidas relaciones con ella, esto lo sabemos; aunque no podamos gritarlo y aunque no podamos probarlo.

Bien, todos sabemos pues que en la policía hay corrupción pero ¿cuánta? Y si se da por sentada ¿por qué no se la erradica? Al parecer, la comunidad en su conjunto —todos nosotros en función de miembros comunitarios— no se decide a criminalizar esa corrupción como sería previsible, no se posiciona al respecto, como si no le molestara demasiado. ¿Y por qué habría de molestarle?

Hay quienes la ven como una picardía criolla más, algo simpático. Hay otros que sostienen una especulación filosófica: algo de corruptela sirve para lubricar el sistema. Genial, pero ojo que el aceite, además de lubricar, hace patinar y uno puede golpearse.

Jaime Barylko enseña que el efecto de la moral es la creación de confianza. Cierto, ella es imprescindible para el funciona-miento de nuestra sociedad contractual; ningún conchabo puede celebrarse sin confianza. La corrupción la destruye porque implica traición y engaño, hace que las cosas no sean como se dice que son, que no resulten como se anuncian. Esto confunde y desanima, desalienta las relaciones intrasociales. Instala la incertidumbre, preludio de un miedo que la picardía criolla no aventará.

En el caso de la policía, la corrupción da la idea de que aquél que ha de cuidarnos de los delincuentes, es un delincuente más; que en lugar de pensar qué mejor servicio va a darnos, está pensando qué provecho puede sacarnos; que en vez de usar sus facultades para protegernos, las está vendiendo a cualquier interesado. En la práctica, las cosas no son del todo así: el policía corrupto sigue siendo policía, sigue persiguiendo delincuentes, pensando en darnos servicio y esgrimiendo sus facultades para protegernos...

pero sólo parcialmente. Hay una parte de su accionar que está vendida o en venta, es decir, desactivada o volcada en nuestro perjuicio. Está a nuestro favor, pero también en nuestra contra. El servicio policial está contaminado.

Como la pureza total no existe en ningún rubro y esto la comunidad lo entiende, es que admite cierto grado de contaminación y lo que en rigor le puede molestar, es el quantum de ese grado. Y no acaba de criminalizar el problema porque ni puede conocer ese dato ni podrá luego hacer mucho en consecuencia. Se trata de una cuestión combinada de magnitud y posibilidades. La sociedad trata de evaluar si el nivel de corrupción policial puede o no resultarle nocivo, pero esa evaluación tiene estrecha vinculación con los recursos correctivos de que disponga. Si no posee buenas probabilidades de actuar, no va a complicarse anatematizando una situación que no podrá subsanar, así que opta por seguir aguantando, que es una excelente forma de perder la noción cuántica, de ir corriendo el límite en su perjuicio.

Esta sociedad no es protagonista de su destino; y es consciente de no tener acceso al conocimiento veraz de lo que ocurre en sus entrañas, porque ellas son terreno del poder gubernamental, que hace de las mismas lo que le conviene y sin dar explicaciones. Obviando el ultraje de apoderarse de entrañas ajenas, esto instituye una lógica particular: si hay o no corrupción será un dictamen del poder estatal, que se reserva la decisión de combatirla. O sea que él monopoliza la corrupción.

Esto le permite decidir el ratio de corrupción que tenga la policía, por ejemplo. ¿Para qué querría tenerla corrompida? Porque si ella es menos corrupta que el poder rector, por un principio de equilibrio interno existente en cualquier sistema —homeostasis— atacará ese desnivel, intentará bajarle la corrupción a él, lo investigará. En cambio, si lo es en mayor gradiente —o cree serlo, esto es lo importante— se replegará por temor a ser investigada y subsecuentemente, no representará amenaza para la corrupción de ese poder. Estará supeditada, será manipulable, domesticable, porque vivirá y dejará vivir. Y dejará también de cumplir su obligación de perseguir el delito allí donde lo vea, se comportará selectivamente.

En términos más llanos, ni siquiera puede decirse que los políticos permiten la corrupción policial: además se preocupan de que exista, y esto se ve nítido en la cantidad de temas procesales, correccionales, o contravencionales que persisten en su indefinición o ambigüedad legislativa precisamente porque constituyen el abrevadero de la recaudación de fondos clandestinos. Y se ve también en la ligereza o vicio de las investigaciones ante denuncias en este sentido por parte de elementos ciudadanos.

En el tercer mundo la criminalidad política es fácil en varios sentidos, pero principalmente porque se tienen desactivados los dos primordiales resortes de control: el periodismo y la policía.

Atinente a esto, hubo una sugestiva señal cuando la onda expansiva del "caso Cabezas" amenazó la hacienda policial: Entre los anónimos que recibió el Gobierno, uno anticipaba el hurgamiento y publicación de conductas presuntas "del Gobernador y sus legisladores". Milagrosamente, el grueso de la política bonaerense dejó de resistir subas presupuestarias y el aporte contante y sonante fue suficiente para duplicar los sueldos. Fue la única vez en toda la historia en que hubo una corrección salarial en serio y que además quedó fijada como derecho adquirido. Los policías siguieron cobrando sueldos modestos, pero nunca más nadie los retrotrajo a ingresos ridículos.

¿Cómo se implementa la corrupción policial? Fomentándole la anomia, que es el divorcio entre las necesidades que la sociedad coloca en los individuos, y los medios que les da para satisfacerlas. De por sí, el poder nativo no descuella por instalar alguna moral en la comunidad; pero menos aún en sí mismo, puesto que tanto su mitad funcional (la clase política) cuanto su mitad estructural (la clase alta), continúan en su ajenidad.

Una organización policial con poca moral, termina confundiendo sus objetivos hasta hacer pensar a sus hombres que pueden aspirar a un estilo de vida incrementado; se les crean así necesidades incompatibles con su oficio y se les pagan salarios exiguos, lo suficiente para violentar la razón y crear un conflicto que da lugar a la introducción del elemento clave de la estratagema: la patente de corso.

Es un instituto imaginario, descendiente del nada imaginario botín de guerra que convirtió en terratenientes a tantos oficiales de la Campaña del Desierto. Crea la ilusión de licuar la anomia y surge por sí mismo de la simple racionalización de esa anomia. Aparece entonces una dialéctica más o menos estereotipada, que tanto para agentes como para la comunidad toda, gravita con la fuerza de los códigos tácitos: "Si pagan un sueldo tan bajo, tiene que haber otros ingresos que no oficializaron; ellos no van a poner a alguien de policía para que se conforme eso, saben que tendrá otros recursos."

Ellos es el poder administrador, o más aún, la sociedad política, y se caracteriza por no expedirse jamás al respecto. De hecho, los sectores responsables, en una magistral exhibición de artera ambigüedad, se ocupan de legitimar este tipo de razonamiento descriminalizante, mediante la omisión de gestos que lo desalienten y sin aclarar que corre por cuenta y riesgo de quien lo adopte, porque claro está, no hace falta decir algo tan obvio. Existe en consecuencia un pronunciamiento a favor y en contra.

Esto tiene su utilidad: mientras las cosas anden, dejamos que corran; apenas se complican, sacamos a relucir los reglamentos, que todo el mundo tiene la obligación de conocer. La ventaja del método es que pase lo que pase, los de arriba siempre tienen las cartas ganadoras.

Bien hasta ahí; pero hay un punto: si en el juego siempre

es uno el que tiene las mejores cartas, es señal de que el otro muy vivo no es. Es evidente que si una parte —por más poder que tenga— saca siempre tanta ventaja, es porque el resto no hace la oposición debida, no sabe contrapesarlo o ni siquiera se da cuenta del juego tramposo del otro; hasta es probable que sí lo note, pero aún acepte jugar con esa desventaja.

Son una multitud los agentes que fueron a la cárcel por intentar resolver la anomia de esa manera, por tomar como genuino el espejismo de patente de corso montado por el Poder. Y sin duda son muchos también los que siguen prestándose a ese juego donde son perdedores desde el vamos, porque los números nunca cierran, porque cada provecho que obtengan estará signado por la desproporción en los riesgos corridos, por la posibilidad de que vengan a ponerle las esposas para arrojarlo al cruel destino de los incautos.

Aunque a veces esto se piense al revés, incauto no es el que deja pasar las ocasiones de ventaja, sino el que se deja caer en la tentación de la inmediatez, sin hacer las cuentas de rigor.

Guste o no, el primer cálculo que debe hacer un policía es el ético; la ecuación puede ponerse en diferentes términos, ya sea en torno a la honestidad como fin, a ciertas convicciones personales o a la dignidad de no venderse. Y para quienes estén más acá de tales escrupulosidades, está disponible el segundo cálculo, de tono pragmático, netamente economicista —porque entendámoslo, el policía no es ni tiene que ser diferente a cualquier otro trabajador de mercado, máxime en esta desideologizada posmodernidad—: lo que uno da, lo que brinda, tiene calidad de profesional; no se es un peón asalariado sino que se vende el propio trabajo. Corresponde por lo tanto que el precio sea bueno y la forma de pago decorosa.

Pero como el estado es pícaro y no paga de frente, ni con dinero ni con dignidad suficientes, entonces habrá que adaptarse pero no como peones, sino como profesionales: no tomar la situación como definitiva sino que disponerse a modificarla; no sentirse determinados por el Poder sino prepararse para negociar con él; no perder el interés en el oficio sino dedicarse a perfeccionarlo para tener con qué negociar en su momento (la Constitución provincial garantiza en su artículo 39 inciso 4, el derecho de los trabajadores estatales a la negociación de sus condiciones laborales).

Y como además un policía no sólo debe ser decente sino también parecerlo y por añadidura, vigilar que los demás lo sean, irse ejercitando en controlar a los otros, y también a los superiores. Aunque no lo diga ningún papel, se intuye que el de abajo no debe meterse con el de arriba, se interpreta que el jefe no puede ser puesto en juicio por sus dependientes, que más de una vez han pasado por alto sus sospechas y hasta algún indicio, aproximándose así al delito ellos mismos.

Aquí se plasma por qué la policía no puede ser tan verticalista como lo mandan sus leyes orgánicas, que en varios puntos ocasionan serias disyunciones con las leyes penales, dejando al personal inferior entre la espada y la pared, personal que no tiene por qué aceptar un berenjenal de ese tono. Lo mejor que puede ir haciendo, es ubicarse de lleno en sus encuadres legales, más que en su subalternidad orgánica, habituándose a no acatar ciegamente a sus mandos sino a analizarlos, quiere decir, a acatarlos racionalmente, lo que implica también observarlos, vigilarlos.

Más que subalterno se es policía, por cuanto sin apurarse en introducir cambios drásticos, de a poco habrá que ir elaborando una actitud distinta en los niveles inferiores, en consulta con iguales y mandos medios que a cada agente le resulten confiables; con toda la mesura, porque no hay que empezar a ver malvivientes en todos los jefes. Hasta no conseguir una organización diferente, esto conviene enfocarlo más como ejercicio que como acción, pero es importante encararlo.

Y también es importante recordar que en este oficio se cobra con dinero, pero además con la satisfacción de la vocación y el reconocimiento de la gente, o sea en especies que el estado no puede dosificar y por cuyo consumo no puede sancionar, mercancías que no puede regular porque no tienen valor de mercado, tan sólo un gran valor personal.

La gente, además de comentar, contribuye. Con dinero, claro, cuando paga coimas, pero también con apoyo ideológico y factual, cuando las apologiza y las ofrece. "La policía es un negocio como cualquier otro" proclaman varios que no pueden ser catalogados como forajidos, sino como personas decentes de todos los estatus.

Claro que lo hacen únicamente a solas con algún policía y cuando llegan a él con un problema a cuestas o con una imputación sobre su cabeza; quieren la "solución" extralegal y si no les es concedida, dirán que ese funcionario quería más dinero o ya había negociado con la otra parte —si la hubiese— pero jamás argüirán que se trata de una persona honorable, porque existe mucha, muchísima gente que no puede pensar en otros valores que la propia conveniencia.

Esto proviene del tribalismo imperante en este complejo de corporaciones o clanes que no llegaron aún a percatarse de que integran un todo superior que se llama sociedad. La honestidad o la rectitud, son cosas que se practican de la boca para afuera, mientras la realidad es un deletéreo mix de nepotismo y amicalismo, es decir, la búsqueda cerrada de ventajas para la propia parentela en franco e insensible antagonismo con todo el resto.

El culto a la familia, a la amistad y a la pertenencia, son indubitables virtudes en los sujetos sociales, tan magnas como dañino es su exceso; éste representa nuestro defecto genético colectivo, porque no permite que la comunidad acabe de constituirse. Forma además la primera fuente de corrupción, al poner arriba en la escala de valores, los intereses y vínculos personales.

La mayoría de nosotros dice cultivar la honradez, pero en

verdad no la quiere vigente porque el día que ello ocurra, habrá que manejarse de frente y con la propia capacidad y no estamos preparados para vivir así. Al menos la mitad de nosotros afirma odiar la corrupción, pero vive promoviéndola en los organismos de control y despreciando a los empleados que no incurren en ella.

Acotemos como dato, que el delito que con más frecuencia cometen los policías es la omisión de denuncia cuando les es propuesto cohecho. No es que lo omitan por sensibleros, sino por vergüenza: en una tierra sustancialmente coimera, ponerse legalista con un coimero es una exquisitez insoportablemente empalagosa.

Por su parte el estado, no conforme con reducir a condición de limosneros a tantos agentes, hace lo mismo con la institución, a través de lo que puede llamarse "corrupción legalizada": la naturalización de los pedidos de cooperación a la comunidad. Esta indignidad trajo un sometimiento adicional a la población, que a la policía tiene que pagarla dos veces legalmente (impuestos y colaboraciones), calamidad que al ser una ineludible vía de financiamiento de las dependencias (éstas no pueden ni arrimarse a cubrir sus gastos con las subvenciones presupuestarias que reciben), cae fácilmente en la dialéctica del "robo para la corona".

Quiere decir que el comisario envía al cabo a conseguir pintura para la comisaría, pero quizás luego le pida para su casa y después el cabo vaya y pida para él, y hasta puede darse que un jefe de la unidad regional o la Jefatura, quiera pintar la suya. En otro orden, hay muchos casos de personal operativos que no recibe subvención ninguna y tienen que poner su coche particular para trabajar; y para trabajar, también tienen que conseguir para el mantenimiento del vehículo, el combustible, la comida y gastos de movilidad de sus subordinados y la compra de información.

Como sea, no hay mucho de qué sorprenderse: es sabido que cualquier fuerza invasora de una comunidad, practica regularmente actividades de saqueo. Y ya lo deslizó el jefe Klodczyk al ser reporteado acerca de sospechas de este tipo: "Yo no me rasgaría las vestiduras".

La policía provincial participa del abandono presupuestario que se abate sobre los ítems de mayor urgencia popular (seguridad, educación, salud y justicia), mientras que cientos de funcionarios políticos de utilidad inverificable cobran sueldos diez a quince veces superiores al de un policía y viáticos equivalentes a medio salario policial diario, sin contar la disponibilidad de combustible, pasajes, comidas y demás fastuosidades. De todos modos, no queremos limosnear nosotros también. Veremos luego maneras de generar fondos legales sin vicio de ignominia y sin suplicárselos al gobierno hipoacúsico.

Entretanto, quien tenga buen oído —y además quiera oír— seguirá escuchando a la gente, que continúa comentando. Barrunta que la corrupción puede ser individual o sistemática, que puede ser aislada o bien, organizada. Dice que hay circulación de ganancias hacia arriba, que de la pizza comen varios jefes. Se habla de negocios, de operaciones, de beneficios de Tal o Cual. Pero nadie vio nunca la noria que eleva los fajos, el boleto de venta de una comisaría, o su contrato de fondo de comercio. Si se manda a alguien a delinquir, no se le da orden por escrito y si se tiene relación con delincuentes, no se sale a cenar con ellos. Si se reciclan efectos secuestrados no se paga IVA y cuando se manotean subvenciones, no se lo anota en el libro contable. Por las coimas nadie exige recibo y si uno es coimero o asaltante, trata de que no se sepa mucho y llegado el caso, no tiene obligación de declarar en su propia contra.

Es más: si un policía fue testigo de algún hecho corrupto, más le valdrá callar para siempre para no caer en la omisión de denuncia que le endilga la ley penal; quiere decir que si no actuó en su momento, lo que diga después representará declarar contra sí mismo.

Hay que obviar además el simplismo de pensar que todos los policías tienen que conocer los delitos cometidos por sus pares; esto no es así no por aproximación. La repartición tiene como seiscientas dependencias, cada una con diez a doscientas oficinas o ambientes, más los vehículos; pero el delito policial puede ocurrir en un par de minutos en cualquier metro cuadrado cubierto o descubierto del territorio, con el aditamento de que el autor no invita a otros agentes a presenciarlo. Para un policía no es tampoco fácil conocer la corrupción policial.

Todo lo cual significa que jamás existirá un registro cierto de ella. Podremos tener una colección de hechos de corrupción, acreditados o no, pero nunca el verdadero cuerpo de la misma porque su materialización es imposible y porque el sistema cuenta con mecanismos de seguro para que sus hechos delictivos no trasciendan. Veamos.

Uno es la verticalidad y corporatividad de la policía, el Poder Judicial, todos los núcleos de autoridad de los poderes ejecutivos y cuanta organización estatal haya en nuestro medio; otros los provee la misma legislación, verbigracia: la situación delictual de cohecho, abarca al que da coima y al que la recibe, al sobornante y al sobornado; también penaliza el ofrecimiento y además hace imprescriptible la acción penal para el funcionario público.

Tenemos entonces una penalidad muy severa, tanto por el monto del castigo como en sus alcances, lo cual desde una óptica elemental, sería disuasivo. Pero la realidad dice que disuade muy poco, porque más que el rigor de la pena, lo que hace desistir es la probabilidad de ser alcanzado por ella, que en nuestro caso es bastante baja. Lo que sí consigue, es que nadie pueda hablar sobre lo hecho, porque sería mandarse preso automáticamente, lo cual torna ese delito en ininvestigable, concretando un eficaz blindaje protector de hechos estatales corruptos.

Si en cambio se continuase penando el ofrecimiento y la recepción de soborno, pero se despenalizase su aportación, tendríamos dos consecuencias favorables: la carga transgresional se depositaría por entero en el empleado público, como moralmente tiene que ser, y se diluiría la obligatoriedad de formar pacto de silencio posterior; por otro lado, el ciudadano que lo diera, puede arrepentirse y denunciar al empleado público que lo provocó o lo aceptó, por cuanto éste difícilmente se atrevería.

Como ocurre con las grandes amenazas invisibles, la corrupción policial despierta visiones conspirativas que desvían la atención pública hacia devaneos ficcionales y se troca así en la mejor manera de conservar el problema. La policía pasa a ser una mafia, una organización dedicada al crimen, sin límites éticos.

Pero la policía no es mafia. En primer término, porque la organización criminal no es factible en un dispositivo concebido y regulado contra el crimen. Sí hay cierta fisonomía pandillera en algunos sectores y sí son posibles bandas internas de proceder símil mafioso; la actual organicidad ofrece cavidades en las que pueden desarrollarse.

Como los controles son únicamente internos y jerárquicos, puede darse que si un alto jefe corrupto llega a un puesto clave, distribuya gente de su confianza en organismos subordinados que sean apropiados para recaudar; en suma, el control más sólido lo tiene él y sabe que antes de ponerlo en entredicho, cualquier receloso lo pensará varias veces. Incluso, podría contar con la complicidad de otros jerarcas. Como la población mira para otro lado o teme denunciar, estas cosas se pueden hacer con un razonable grado de reserva.

Los que miran para otro lado también son los políticos. Recaudar significa sistematizar en todo o en parte aquella fenomenología que la gente comenta, para hacer de un organismo policial un ente productor de dinero ilegal. Cualquier recaudación sistemática y estable por parte de ella, tendrá que ser forzosamente conocida —y acaso aprovechada— por punteros o dirigentes zonales y en consecuencia, registrada por la estructura partidaria, a menos que se quiera desconocerla adrede.

Suponiendo que esa modalidad se extendiese al máximo, abarcando todas las dependencias con chances recolectoras, y que esa actividad fuese nucleada desde todos los niveles altos de la Jefatura, un cálculo primario involucraría unas 2500 personas como tope, es decir, alrededor del 5% del total, quedando el 95% restante sin acceso al esquema.

La mafia en vez, no cuenta con miembros ajenos a su actividad; amén de tener conducción unipersonal dinástica, cosa que en la policía es impracticable. Asimismo, ningún alto jefe tiene la posibilidad de dirigir una organización recaudadora: tan sólo puede sugerir las designaciones de los jefes intermedios y pelear luego porque se mantengan, o sea que su poder sería siempre relativo por ser relativas las garantías que está en posición de ofrecer. Si una de sus dependencias productoras fuese descubierta, él no podría evitar el procedimiento legal, porque no quedaría en sus manos, ni influir sobre el curso judicial posterior; sí quizás podría hacerlo en el sumario administrativo, o quizás no. Como 'capomaffia' resulta bastante enclenque.

Tampoco la policía tendría andamiento como mafia porque en definitiva, tiene una esencia legal y en ella hay y siempre habrá límites éticos; límites tal vez muy latinos, límites que acaso no congenien con los legales, pero los hay.

No obstante, queda de manifiesto que la organicidad es imperfecta porque su corruptibilidad es sofrenada por nada más que la honestidad de los individuos que la mueven y esto es ilógico y erróneo: organismos tan delicados no deben depender de subjetividades sino de su estructuralidad. Un organismo con facultades policiales es ínsitamente corruptible porque todo su accionar se basa en constataciones y actos humanos, muchos de ellos practicados en soledad o grupos ínfimos. Lo es además técnicamente, porque no hay forma orgánica de erradicarlo. La única vía de acción posible es la sistémica, crear una configuración que prevenga y dificulte la corrupción, con 1) hombres que no la necesiten y si llegan a necesitarla, no la admitan; 2) estructuras que alberguen y fomenten esa clase de hombres y que interpongan barreras orgánicas a los actos aviesos; 3) un entorno que no la aliente y que controle a esos hombros y a sí mismo.

Pretender eliminar la corrupción es quimérico o falsario. Sí se puede, sin duda, minimizarla hasta hacerla inocua. Para ello es preciso dar un paso primordial: quitar nuestra mente y lealtades de las corporaciones parciales y empezar a pensar que la única corporatividad admisible o prevaleciente es la del todo social. A La Sociedad tendremos que visualizar como la corporación destinataria de nuestra lealtad primera.

Si los integrantes de la sociedad civil quisieran dejar de ser espectadores pasivos —o lo que es peor, un mero público mediático— para mudar en protagonistas, podrían dejar también de comentar y comenzar a participar, para así tener acceso a datos y dictaminar por sí el grado de corrupción policial y a la vez influir en su control, su control social, el control social de la policía.

Los actos corruptos son judiciables pero la corrupción en sí misma, no; ella debe ser juzgada por el gran jurado que representa la opinión pública y las personas deben contar con resortes que les permitan ejecutar sus condenas mediante la sanción social.

Sanción temible, dado que una mayoría comunitaria explicitando reprobación y publicitando su recriminación, no sólo depone funcionarios de cualquier rango, sino que hace desaparecer instituciones y puede desplazar grupos enteros.

Ser o no ser... ciudadano, ésa es la cuestión.

9.- NO TIENE DERECHO A PERMANECER CALLADO

Ingresando ya a la funcionalidad, encontramos que la materia prima de la investigación procesal es la información. Si volvemos la mirada hacia las resacas medievales que nos flagelan, hallaremos que en términos generales los preceptos de la ingeniería penal son una belleza ornamental y lo que se espera de la práctica, son resultados rápidos. La sabiduría de masas establece que si alguien perpetró un delito, por descontado que no se lo va a colgar de los pulgares ni a mortificar con azotes, pero tampoco hay que enredarse en intrincadas indagaciones judiciales que tanto tiempo y esfuerzo demandan, y sin mayor garantía de resultado: que confiese y punto.

Del mismo modo, si están las constancias de un delito perpetrado sin su autor identificado, la sabiduría policial clásica espeta que no tiene mayor objeto dedicar empeño y paciencia a reunir indicios y pruebas hasta llegar a él, cuando es mucho más fácil conseguir un confidente que, aunque no firmará ningún acta, dirá quién es el buscado para poder entonces imputarlo; quizás no se logre demostrárselo al tribunal, pero al menos el "investigador" lo sabrá y por momentos pareciera que eso fuese lo importante.

Así estaría resuelto el problema de la información procesal con el simple método inquisitorial, pero que tanto en el medioevo como en la actualidad, adoleció de un inconveniente: es absolutamente caprichoso. Y por regla general, presenta un escollo: el sospechoso no quiere confesar; entonces, como el policía tiene la "certeza" de que él es el autor del hecho, tiene que presionarlo para que confiese. Esa presión es denominada apremio y utilizada en etapa investigativa es rotundamente ilegal.

Afortunadamente, muchísimas investigaciones se desgranan con facilidad dentro del procedimiento previsto: llegan testigos que aportan toda la información necesaria o viene el sospechoso y dice "fui yo". Y muchas otras se consideran claramente imposibles y por no haber mayor interés que el rutinario puesto en ellas, se predestinan al sobreseimiento provisorio. Empero, existe una cantidad que no cae en ninguno de esos extremos y que de todos modos tienen que abordarse porque prima un interés que puede ser social, humanitario, judicial, institucional, político o simplemente personal de los agentes allegados.

En estos casos hay presión; ya sea por celo subjetivo o exigencia ambiental, los policías están bajo presión: todo el mundo quiere resultados en las averiguaciones policiales. Pero nadie dice detalladamente cómo hay que hacerlas con los medios disponibles. Por lo tanto, a falta de un buen compendio oficializado que instituya los caminos a seguir, cada agente recurrirá a su ingenio o a consejos, en el mejor de los casos a su experiencia individual, eso que se llama "oficio".

El problema es que tenemos una concepción del oficio por cada agente. Hoy por hoy, con el oficio que cada hombre pueda tener, ya no alcanza; es menester un oficio que sea el común denominador de todos los individuales, que emerja de ellos tomando lo mejor de cada uno y como el fuego de las cavernas, sea alimentado y preservado por la institución.

Asimismo, es menester un especialista dedicado por entero al metier y diferenciado del resto como depositario y cultor de ese oficio, que ya no puede recaer en cualquiera; aunque a nosotros nos suene raro, ese especialista figura en el diccionario de la Real Academia, que reza: "Detective: empleado a cargo de las investigaciones policiales."

Hasta tanto no lo tengamos –como un genuino cargo escalafonario y no como la manera de nombrar a alguien que a la sazón investiga algo- los policías que aleatoriamente o por temporadas se ocupen de investigaciones no rutinarias, sufrirán el aguijoneo de la presión y tenderán a trasladarla a sus sospechados; si lo hacen, se aproximarán al apremio ilegal; de ahí en más, cualquier avance será en terrenos de barbarie y lesa humanidad, dirección ineludible hacia donde cursarán los excesos de presión descargados en sujetos de investigación. No hay otra solución definitiva a esta problemática que circunscribir en forma exclusiva la facultad de investigar a profesionales especializados con formación específica y estabilidad prolongada en sus cargos; además de un sideral rendimiento en comparación a lo actual, ellos no tendrán inconveniente en controlar sus avideces e imprimir a sus actos el principio legal de que nadie puede ser obligado a declarar contra sí mismo.

Esto último no significa que el policía no deba oír lo que alguien quiere declarar, ni tampoco que la policía deje de hacer preguntas a una persona sin obligarla a responder y sin que sus dichos sean tenidos como prueba enjuicio. No podía ser de otra manera: arribamos al controvertido tema del interrogatorio policial.

Toda la teoría procesal parte del supuesto de que la policía es parcial y hasta prejuzgadora. Esto no quiere decir que en los fundamentos del sistema se considere defectuosa a la policía, sino que por el contrario, se la asume como se espera que sea y se la dota además de componentes para apremiar. Desde el arma y el uniforme, pasando por todo el bagaje de facultades especiales que incluyen autoridad, detención, investigación y hasta incomunicación de personas, más su fisonomía rígida y punicional, corporizan lo que puede llamarse "apremio legal".

La función de auxiliar de la justicia que se le adjudica, tiene dos fases: una podría llamarse activa y concierne a la instrucción sumarial; consiste en la averiguación del hecho, individualización de su autor y acumulación de evidencias legalmente necesarias para su imputación. La otra sería pasiva e involucra las tareas administrativas inherentes a la prosecución de la causa; se ejecutan bajo la estricta dirección de fiscalía o juzgado, mientras que la activa puede o no tener guía judicial, pero en lo conceptual está pensada para que la desempeñe la policía en forma autónoma.

Este esquema se ha desvirtuado entre nosotros, al punto de bloquearse la fase activa, con lo cual caemos en la curiosidad de pretender que el aparato judicial funcione sin ella o con sólo una parte de la misma. Suele tomarse por completa la instrucción sumarial planteada como investigación de escritorio, cuando en realidad ésta última es nada más que su porción judicial; falta la otra gran área de la instrucción, que es la investigación de calle o policial propiamente dicha.

Y es una tarea que comienza cuando las autoridades llegan al escenario del hecho, y seguirá siendo la policía la única autoridad que siempre llegará primero. Ningún cuerpo de fiscales va a cambiar esta realidad rudimentaria. Lo que un fiscal podría hacer es decir "No toquen nada hasta que yo llegue", pero para poder hacerlo debería tener un día liviano y estar muy cerca del lugar. Oigamos por ejemplo a Juan Makintach, antiguo juez del fuero en lo criminal de San Isidro: "Tanto en la provincia de Buenos Aires como en la Capital Federal, el sumario de prevención —es decir, las diligencias elementales cuando se produce por ejemplo, un accidente— lo hace la policía. Ella llega al lugar, hace las pericias del caso, secuestra los automóviles, hace el reconocimiento médico de las víctimas, las lleva al hospital, identifica al conductor, toma los primeros testimonios de testigos que estén en el lugar, hace croquis ilustrativos, saca placas

173

fotográficas, todas ellas medidas que son referidas a acreditar lo que se llama en derecho procesal penal, el cuerpo del delito".

De modo que la policía de calle seguirá siendo la vista del juez, sus ojos en los momentos preliminares de un sumario y obligadamente, también en algunas diligencias posteriores. Y el juez no puede menos que manejarse con lo que ella le remite; el magistrado seguirá manejándose en una realidad virtual y la policía de campo, continuará inserta en la realidad sensible. Esta escisión tiene que existir, fue concebida por una razón organizativa y también para que el juez no sea parte, no se involucre emocionalmente con el hecho en caliente, como suele ocurrir a los policías. Pero si la justicia reniega de la realidad sensible y circunscribe toda su apreciación a la virtualidad de un expediente escrito, habríamos dejado ciego al juez.

Si en la Provincia de Buenos Aires la tosca solución a la inconfiabilidad policial fue crear fiscalías para alejarla —unos metros— de la instrucción, no quiere decir que deban unificarse también las concepciones de investigación de calle y de escritorio: son ideas bien diferenciadas, ambas imprescindibles y la primera, insustituible. Cercenarla o cohibirla como sucede ahora —y también sucedió siempre— equivale a suprimir la mitad o más de la eficacia investigativa del sistema penal. Y aunque a los miembros de los tres poderes del estado les importe muy poco la eficacia de las investigaciones judiciales, a nosotros como sociedad debería importarnos demasiado.

La verdadera investigación policial no se hace en los papeles; se cumple con un individuo metido en cada tema, que se dedica a recorrer personalmente y contra reloj el camino que el oficio le muestra, procurando acumular indicios y pruebas. Es una actividad que se nutre de elementos subjetivos (imaginación, experiencia, sagacidad) en una medida que de manera alguna puede esgrimirse en la lenta y formal tarea escrita y mucho menos en la asepsia del trabajo judicial.

Hay una auténtica cinegética (arte de la cacería) puesta en juego en este tramo inicial —y artesanal— del que dependerá el desarrollo posterior de la pesquisa y por ende, la calidad del juicio a celebrarse. Y es en este tramo que tiene importancia capital lo que puedan decir los sospechosos, no como confesión sino en carácter de información orientadora.

Siendo la policía parcial —está en contra del delincuente, como queremos que esté— no es bueno que intervenga directamente en la situación procesal del sospechoso (recibirle declaración formal), sino que debe limitarse a influir indirectamente, tratando de demostrar que es responsable del delito. Pero como esa demostración se sustancia reuniendo evidencia, no podemos retacearle herramientas tan valiosas como pueden ser los dichos que el imputado desee verter o las respuestas que él acepte dar en el lugar del hecho y/o en los momentos claves de la pesquisa, porque entonces el delito triunfaría burda, groseramente sobre los esfuerzos de una institución que representa los intereses de la sociedad y que quedaría desarticulada y ridiculizada.

De producirse esos datos, deben obligadamente constar en autos, porque si bien no valdrán como prueba, no podemos permitirle a los policías manipular o disponer de información inherente a un proceso; ellos deben ser forzados a asentar en forma completa toda su injerencia procesal, puesto que no deben estar autorizados a decidir en ninguna instancia, por pequeña que pudiese aparecer.

Si no dejan constancia, se suscitará además la solución de continuidad en el hilo conductor de la investigación, que reportará nulidad futura de lo actuado; si no escuchan al imputado, se pueden perder elementos probatorios esenciales y si no le formulan las preguntas básicas, estará envilecida la investigación. Si impedimos este tipo específico de interrogatorio policial sin valor ulterior en lo procesal, entonces los envilecidos seremos nosotros todos, por no ser capaces, a través de nuestro estado, de encarar los problemas que la evolución de la sociedad plantea.

El óbice interpuesto contra el interrogatorio es que se lo ve como promotor de apremios ilegales por parte de una policía no fiable en ese sentido. Ahora, cualquier lógica primaria indica que si tenemos policía es para que le tengamos confianza, pero hace años que nos movemos con otro criterio: en lugar de corregir sus fallas, la etiquetamos de no apta y le recortamos las atribuciones que necesita para operar, por cuanto merma su potencia, lo cual genera cursos de acción alternativos que siempre serán si no ilícitos, cuanto menos fronterizos; entonces volvemos a cercenarle recursos y así sucesivamente, en un círculo vicioso que más que círculo es una espiral descendente. Por caso: como tampoco parece confiable para ejecutar allanamientos, mandamos un veedor fiscal y como le desconfiamos a la hora de practicar secuestros, que vaya el secretario del juzgado y así hasta acabar no sabiendo qué es en realidad la policía y hasta dónde el Poder Judicial va a lograr extender sus funciones y caemos en una nebulosa institucional que por momentos nos hace extraviar la ruta. Si no confiamos en la policía, pues hagámosla confiable. De lo contrario, incurriríamos en un criterio cavernario que si llegase, por ser, a la medicina, nos induciría a amputar un dedo infectado en lugar de administrar antibióticos.

Unos 500 detectives con situación de estabilidad en el cargo —sin obligación de ascender— darán un cuerpo de investigadores profesionales de aceptable eficacia para satisfacer a todo el conurbano bonaerense. El relativamente bajo número de ellos, hará plausible el otorgamiento de facultades como el breve interrogatorio mencionado, con expresa prohibición de que cualquier otro efectivo policial — excepto el propio comisario— mantenga contacto coloquial con sospechoso alguno. Serían el titular y el detective a cargo del sumario los únicos autorizados a dialogar acerca de hechos indagados con las personas involucradas.

Aunque como ya dijimos, las investigaciones no rutinarias

son las menos, sobran precedentes que muestran por qué es urgente ponerse a pensar la modernización de la organización policial.

Suficientemente demostrativo asoma el caso correspondiente a la muerte por torturas en 1990 de Oscar Mario Sargiotti, a cuya raíz fueron condenados en 1996 ocho policías por parte de un Tribunal Penal Oral de Córdoba, que en los fundamentos de su sentencia, precisó: "Es oportuno señalar según lo escuchado en el juicio, que dentro de las fuerzas de seguridad existe con mayor o menor intensidad una ideología de factura perversa. Consideran verdad lo que su labor y sus investigaciones les informan. Esta verdad se obtiene según una metodología que ellos mismos elaboran. Todo esto ocurre con absoluta indiferencia por la ley." Cabe señalar que Sargiotti estaba siendo "investigado" a partir de la "certeza" que los policías tenían de que era traficante de drogas.

Estos juicios temerarios son la piedra angular de cualquier apremio ilegal, que puede empezar con un grito, un insulto, un empellón o una amenaza y de acuerdo al grado de barbarie del agente protagonista, puede llegar a la tortura e incluso a la muerte, situación que en el país sucede esporádicamente, pero sucede.

En los diarios sólo salen los casos con occisos, porque la tortura en sí misma es difícil de comprobar penalmente. Además, son una cantidad las denuncias que por apremios ilegales se formulan, pero tenemos que entender que todo delincuente con un mínimo de experiencia o algún asesoramiento, sabe que tiene que denunciar en esos términos para contrabalancear su situación. No obstante, una sana lógica obliga a inferir por un simple principio estadístico, que deben darse unos cuantos hechos de maltrato fuera de los que toman estado público, aunque bastante menos de los que se denuncian.

El número real es imposible de establecer y en rigor, no importa demasiado. Un solo caso es suficiente para quebrar la vigencia de los derechos humanos, para quien se interese por ellos; para el que no, un único caso de todos modos alcanza para tender un manto de sospecha sobre toda la policía, que a los efectos sociales será torturadora aunque ya no se castigue en ella a nadie. Por uno o un grupúsculo de vándalos, llevará un rótulo la institución y una sospecha cada uno de sus miembros.

La barbarie tiene un ingrediente masivo: la ignorancia; y un caldo de cultivo: la desinserción social. Se comprende en consecuencia que todos nuestros policías deben ser instruidos y dotados de un lugar entre los demás. Estas cosas competen al estado, pero hay otras que gestionar entre todos. Para conseguir un cambio, primero hay que quererlo y luego, hay que pensar en él.

Esforcémonos por habituarnos a pensar que una persona será inocente hasta que se le pruebe lo contrario; que la calidad de delincuente no la da nuestra convicción ni la de nadie, sino únicamente un fallo judicial. Incorporemos la duda a este ítem: cuando estemos seguros de que alguien es autor de un equis acto, pensemos que podemos equivocarnos, que así como es probable que estemos acertados, es igual de posible que estemos errados y no podemos correr el riesgo de condenar a un inocente. Si no introduzco esa duda en mí, no contribuyo a corregir a los otros, y un día pueden muy seguros condenarme, quizás siendo inocente.

Y reneguemos de la violencia como forma de solución de la violencia; ella siempre es un búmeran, se vuelve contra su emisor. Si usted, ciudadano, aprueba la violencia, mañana pueden usarla contra usted o su familia; si usted, policía, adhiere a la violencia, mañana, hoy o siempre la estará usando en su contra, aunque no se dé cuenta. Por aquel principio del sadomasoquismo, la violencia siempre va contra los otros y simultáneamente, contra lo propio.

Y seguramente sea usted algo necio, porque no hay forma de que valga la pena cometer tamaño delito y tampoco hay nada que después lo sustraiga de sus consecuencias personales.

La policía brava es un engaño, el policía violento ya no sirve porque es violento siempre y con cualquiera. Hay personas que se autoengañan pensando que un policía así va a protegerlos más; es como tener un león en la casa, en lugar del consabido perro. Es un hecho que en esa casa no entrarán intrusos; también que el león se comerá a sus moradores.

Existe un sector nesciente y oscurantista en nuestra

policía; aparte de su temeridad presuncional, ellos adolecen de facilismo y exitismo. Suponen que pueden esperar el éxito rápido y que las cosas se pueden hacer fáciles; si llevan eso a la investigación, transforman la sagacidad en traición y la picardía en juego sucio, y la violencia puede servirles para apurar las cosas.

Un detective institucionalizado, haría conjeturas pero no juicios aventurados y sabría que el suyo es un trabajo de anónima paciencia; que por más velocidad que ponga, las investigaciones tienen su dificultad y su demora. Portaría la suficiente autoestima para rechazar ensuciarse con trapisondas y ni pensaría en una violencia estúpida que arruinaría la visión profesional de sí mismo.

Y por encima de todo, no buscaría confidentes, sino testigos, muchos testigos, que en su mayoría no dan "certezas" pero ayudan a pergeñar pruebas de primera calidad. Su principal arma serían sus dedos, no ya para tipiar sumarios sino para accionar timbres, porteros eléctricos, teclas de teléfonos o computadoras, y algún aldabón que pudiese quedar, con el objeto de hallar personas cuyo testimonio fuere producente.

Salvo por una saludable prohibición de llevar grabador, este funcionario se parecería a un periodista; en efecto, hay que conseguir que la investigación policial se asemeje a la periodística, salir a la calle a hacer preguntas a la gente de frente, desembozadamente. Rige en la cultura policial un cariz de jugarreta o embuste, que procedente de ciertas inherencias de la función, se ha extralimitado y parece que no se pudiera investigar sin el artificio o la celada.

No se puede cuestionar que existe una variedad de pesquisas que imponen a la policía desempeños inusuales para poder avanzar o correr con mínimas garantías de éxito; ante particulares organizaciones delictuales, o sujetos de gran peligrosidad, o bien para guardar la reserva necesaria, se debe recurrir al secreto, la simulación, la mimetización, la estratagema. Pero eso no significa que haya que tomar cada hurto como digno de una operación encubierta, porque corremos el riesgo de liberar la discrecionalidad, apartarnos de la estricta legalidad y arruinar la relación con la población.

La policía no es un servicio de inteligencia y sus investigadores no son espías. La Guerra Fría terminó y eso tenemos que entenderlo también en el tercer mundo, donde todavía quedan remanentes de psicosis bélica que lleva a muchos a pensar que aún tienen vigencia aquellas militarización y deslegalización de la sociedad. Inteligencia es un concepto que posee su lugar natural dentro de contextos democráticos, pero que se transforma en un vocablo maldito cuando es confundido con la misión policial, la que siempre es legalidad pura, aún al utilizarse procederes no ortodoxos. De ahí que todos esos procederes deban ser regulados y judicialmente fiscalizados para que se pueda aspirar a lograr una policía socialmente insertada y por cierto, sin tendencia al abuso de cualquier índole.

Lejos del delirio jamesbondiano, el detective averiguará de cara a la gente y si en un dado momento ve pertinente una acción solapada, no la hará él sino que pedirá al comisario la asignación de personal especializado. De esta manera y con estos límites, se preservará la intocable juridicidad de esta figura, amén de su imagen y confiabilidad.

La investigación básica y corriente, que es la mayoritaria, debe realizarse desde las comisarías a partir de ilícitos llegados a conocimiento. Cuando haga falta una acción encubierta —complementaria, siempre complementaria, nunca excluyente— se requerirá de personal secreto y también específico, de organicidad extraseccional, agrupado y regimentado —en forma reservada y bajo todas las claves de seguridad, pero regimentado— en un ítem que no puede llamarse otra cosa que inteligencia, pero policial; vale decir, referida a delitos y no a datos políticos o ideológicos.

Esta separación orgánica asegura que las acciones descubierta y encubierta nunca confluyan en un mismo agente, lo que minimiza la discrecionalidad porque encuadra cada persona en un rol prefigurado de contorno tangible, haciendo así fácil el control externo, el control recíproco y el autocontrol. Las líneas organizacionales modernas propugnan la delimitación clara de roles como medio idóneo de implementar atribuciones y responsabilidades para funcionalidad y eficiencia del conjunto.

Disponer de ese modo la inteligencia, tendría un efecto secundario interesante: iría contra una abyección, esa que da nutriente a aquella ideología de factura perversa: si hay una entidad abyecta en la policía, es el abuso de confidente, esto es, el buchón.

El buchón o "buche", es en teoría alguien que informa secretamente a la policía en torno a delitos o delincuentes. Es informante cuando siendo ajeno a los hechos, los informa pero exige mantener su identidad en reserva. Es delator cuando estando relacionado con los hechos, los informa antes de su perpetración, a condición de no verse involucrado en sus consecuencias penales.

Esta última es por ende una estampa eminentemente lumpen, en tanto que la primera puede o no serlo; informante puede ser un damnificado, un empleado de una empresa afectada por los hechos causantes, un vecino decente que vio u oyó algo, en suma, un ciudadano que por azar o contactos conozca circunstancias de un delito; pero también puede ser un dealer, una prostituta, un proxeneta, una abigarrada gama de habitantes del hampa que informa sobre otros integrantes de ella a cambio de impunidad para sus actividades ilícitas.

Es decir que en la mayoría de los casos (podríamos decir por regla general) el funcionario policial que obtiene información confidencial tiene que "hacer la vista gorda" frente a infracciones a la ley penal o contravencional. Ahora, si uno se pone a compulsar la literatura penal vigente, no va a hallar el párrafo o apartado que autorice a la policía a hacer gorda su vista en caso alguno. Lo único que va a concluir tras tan ardua lectura, será que todo policía que sepa de alguien con conocimiento acerca de un ilícito, tiene la obligación de hacerlo comparecer como testigo (caso del informante) o de imputarlo por asociación ilícita (situación del delator) y si así no lo hiciese, incurre él mismo en incumplimiento de sus deberes, otro delito.

A pesar de ello, el confidente constituye una tradición muy arraigada en la cultura de todas las policías del mundo y tan solo en los sistemas penales más progresistas se ha encarado su regulación, no obstante lo cual no se ha erradicado, porque es de hecho imposible. Al igual que la corrupción, los apremios ilegales y la violencia punitiva, el abuso de confidente es otra de las tendencias intrínsecas del poder de policía.

Como en los demás ítems, lo que puede hacerse es controlarla mediante instrumentación legal para hacerla mínima, acaso ínfima, pero teniendo siempre en cuenta que su germen pervivirá y se expandirá de cejar la presión regulatoria que por otra parte, debe ser apuntalada con patrones culturales de nueva estirpe y opuestos a los habituales.

Hasta aquí tenemos entonces que ciertos policías, en atención a las tradiciones (códigos tácitos) de su oficio y a la atendible necesidad de penetrar cognitivamente las bandas de delincuentes, incumplen sus deberes legales, es decir, delinquen para combatir delitos. Conste que estamos hablando de policías honestos, animados únicamente por el celo profesional y apoyados moralmente en la informalidad de los códigos no escritos, que como vemos, adquieren inusitado valor y de acuerdo a qué circunstancia, un valor mayor al de la ley misma.

Es indiscutible que utilizar confidentes es algo que además de ser operatoria corriente en la policía, es aprobado por el conjunto social y aceptado desde siempre por tantos jueces que han sabido de ello o directamente recibido actuaciones policiales con expresa mención de la fuente confidencial. Vemos cómo jueces honestos, policías honestos y ciudadanos honestos avalan prácticas ilegales.

Prácticas que pueden ser lícitas pero no legales, porque no hay ley que las contemple o sí la hay en su contra, como vimos antes. El problema radica por lo tanto en la instrumentación normativa, y la manera generalizada de resolverlo han sido las figuras de informante y arrepentido.

Por imperio de la primera, se establece con fuerza de ley que una persona que oficia de informante tiene dentro de ciertas pautas, derecho a la reserva de su identidad y por ende, a no aparecer como testigo; pero esto quiere decir reserva y no inexistencia de sus datos, que estarán registrados, aunque a muy buen recaudo.

En vez un arrepentido, es un componente de organización criminal que desiste y colabora con la justicia para la aprensión de los restantes, a raíz de lo cual percibe una compensación consistente en la reducción o supresión de las penalidades que pudieren corresponderle; el pacto no lo hace la policía sino la fiscalía, vale decir un órgano judicial, que documenta y mantiene en reserva lo actuado.

En ambos casos lo que se ha hecho es asumir elementos legítimos e ineludibles de la realidad penal y legalizarlos para que su empleo probo deje de constituir delito. Se mantiene así la imposición inexcusable de que los policías denuncien todo lo irregular que supieren y hagan comparecer a todos los testigos que encontraren y se ha dado un significativo paso en la legalización del oficio policial, al quitársele de encima un factor que obligaba a delinquir para defender la ley.

De ahí en más, el agente que ampare confidentes lo hará porque quiera y no porque no tenga más alternativa.

Barrer con este tipo de contradicciones estructurales del oficio, es lo que posibilitará la adquisición de agentes más íntegros, que no tengan que pensar cómo burlar la ley porque la realidad que su tarea les impone colisiona con esa ley; la única forma de sanear una sociedad en sus aspectos legales, es que como primera medida, la ley no se enfrente con la realidad; cierto es que hay realidades malsanas y precisamente para eso está la ley penal, para corregirlas; pero si exagera, se genera hampa y corrupción, al verse obligada la sociedad a crearse un ámbito clandestino donde seguir siendo ella misma, mientras que en su fachada se esfuerza por ajustarse a lo impuesto.

Lo mismo ocurre con la policía, cuando forzada como está

a cumplir inexorablemente con el mandado que sobre ella recae, se la compele a manejarse con normativas ficticias o ingenuas. Sin demoras aparece el doble discurso, y la doble moral da lugar al hampa, donde ineluctablemente van a caer todos quienes pretendan producir resultados en su trabajo, por íntegros que hayan sido al principio.

La alternativa para mantenerse probo es entonces la inacción, no hacer para no transgredir y como la mayoría de los policías no quieren vivir transgrediendo, es que tenemos una policía inoperante, con decenas de miles de hombres desactivados, inocuos, inútiles, sin que ellos tengan siquiera una mínima parte de la culpa.

Sin embargo, hay culpable. Es quien apetece este estado de cosas porque de él se beneficia. La ineficacia investigativa de la policía, unida a la falta de oralidad y de jurados que aún se padece en los juicios penales, dan como resultado un esquema compatible con los manejos corporativos dentro de una sociedad totalitaria: toda información se origina y circula en ámbitos de poder, privándose a la población de darla o conocerla; se logra así que la verdad oficial sea a la medida del Poder. La otra verdad, la no oficial, la popular, la local, existe porque surge permanentemente de la realidad, pero como el estado no la recoge y sistematiza, queda devaluada y desperdigada y por tanto, inutilizada.

El derecho pugna por recolectar esa verdad que reconoce como prevalente y lo intenta a través de la participación del pueblo en la tarea judicial, por medio de los preciosos roles ciudadanos de denunciante, testigo y jurado. El poder autoritario contraría el derecho disuadiendo la denuncia y la testificación con la intimidación que proporcionan organizaciones penales hipercentralizadas que por estar divorciadas de la gente, están desnaturalizadas: no son agencias penales propiamente dichas, sino cuerpos impartidores de castigos arbitrarios que para moverse más allá de lo rutinario, más rápido que su inercia, necesitan de proveedores habituales de información.

La insuficiencia de las agencias policiales en producirlas per se, las empuja a relaciones peligrosas: aparece el buchón profesional, que funciona como agente de inteligencia, pero además es un miembro activo del hampa y vive de las partidas de dinero con que cuentan algunos órganos o de la vista gorda de algunos policías (aún estamos en zona de policías honestos), cuyas exigencias de producción hacen que no puedan depender de datos ocasionales sino que necesiten hacerse de fuentes fijas; o bien que les convenga tener a mano candidatos a infiltrarse en bandas detectadas.

Esto induce a varias consideraciones: gran parte del aparato estatal de investigación penal se articula en hampones; estos hampones son subvencionados directa o indirectamente por el estado con costo comunitario (fondos del erario público o permisividad en actividades ilegales); son además jerarquizados por su pertenencia al sistema en calidad de inorgánicos; de esa manera quedan investidos de un status que usufructúan en su ambiente, status que les provee el estado pero cuya utilización no controla; ese status también termina imponiéndose en cierta medida a la propia policía, en la que estos hampones van adquiriendo influencia; desregulados como están, son libres de adscribirse a cuentos policías (o peor aún, cuantas dependencias policiales) quieran, con lo cual pueden adquirir posición de mayoristas; si son lo suficientemente hábiles, con los años pueden acabar manejando ellos a la policía mediante manipulación con información falsa, lo que los llegaría a habilitar para dirigir enclaves delictuales; aún sin esos desbordes, su simple relación profesional predispone a los agentes a familiarizarse insalubremente con el hampa; acostumbra a los policías a moverse en un desmesurado espacio de discrecionalidad; es una imprevisible surgente de tentaciones corruptas; hace que el estado no tenga control efectivo sobre un importante capital comunitario, como es el circulante de datos para contrarrestar focos delictivos.

En un orden de derecho, la información procesal penal es patrimonio público administrado por el estado con registro documental (sin adivinos). A ese tenor es imperativo que se prohíba a los investigadores el uso de información confidencial sin asentar su fuente en un registro reservado de informantes; con esto añadido a la proscripción —vigente en la reglamentación— de vincularse con elementos de mal vivir, estaremos rescatando a nuestro detective de las malas compañías y de las malas costumbres y podremos ya conferirle dos instrumentos legales eficaces para sustituir las mañas perdidas: el agente encubierto y la entrega vigilada.

Ambos son artilugios de vanguardia surgidos en el primer mundo de la lucha contra el narcotráfico y también vienen a legalizar viejos ardides policiales para que no continúen en las sombras de la ilicitud.

La entrega vigilada se refiere al traspaso de un embarque de droga entre traficantes, en el que una de las partes está en todo o en porción copada por la policía; el objetivo es detener a vendedores y adquirentes con las manos en la pasta, como para que a Su Señoría no le entren dudas respecto de autorías.

Esta escenificación es de utilidad en grandes delitos contra la propiedad (piratas del asfalto, estafas, sustracción de automotores) e incluso falsificación de moneda y contrabando, porque facilitaría la detención de reducidores, principales motores de este tipo de hechos.

La mecánica consiste en hacer proseguir su ruta a un cargamento ya incautado, a fin de labrar una prueba irrefutable a sus compradores, todo con aviso al fiscal o juez competente; es esencial que con el simple aviso baste, dado que estos procedimientos tienen un decurso ininterrumpido y no hay tiempo de parar pedir autorizaciones engorrosas. La captura de reducidores es harto valiosa, puesto que en sus depósitos suelen hallarse bienes producto de otros hechos, lo que multiplica el rendimiento del acto inicial.

El agente encubierto no es otro que el archiconocido infiltrado, del cual debe exigirse que sea numerario estatal y que actúe con conocimiento judicial o asentado en un registro inviolable depositado en sede judicial o policial y con un siamés (un superior externo a la operación al cual debe "adherirse" mediante contactos periódicos) desde el inicio de la maniobra. Esto consigue que el agente esté bajo suficiente control, al tiempo que comprometido por la responsabilidad emergente de su estado policial, evitándose que policías de pocos escrúpulos utilicen buchones o blanqueen arrepentidos de última hora que cuando lo creen oportuno gestionan su reciclado en infiltrados y suprimen así sus crímenes anteriores en esa organización que ahora entregan.

Es insoslayable que el agente encubierto se introduzca en bandas ya armadas y operando (no sea cosa que él se ocupe de organizaría y movilizarla) y que de ningún modo incurra en instigación (provocando delitos de esa gente para luego proceder en su contra) ni en implante de efectos probatorios, cosas que son de norma con buchones, puesto que aparte de ser marginales, son incontrolables y última instancia, no son pasibles de sanción, al menos legal.

Sin perjuicio, cabe la posibilidad de emplear algunos de bastante fiabilidad, porque no dejan de presentar una ventaja sobre el infiltrado policial: su red de relaciones facilita la infiltración, cuando no están ya incluidos en la gavilla por decantación natural; pero tendrá que hacerse bajo la situación de supernumerario, vale decir, percibiendo un pago de talante salarial (no ocasional ni pactado) ajustado a un contrato con cláusulas punitorias para que exista un compromiso efectivo.

Las regulaciones expuestas serán el único camino que vaya restringiendo o remitiendo el auge que ha tomado un personaje viciado de ambigüedad que nace de la fecundación de un policía deshonesto por parte de uno o más buchones profesionales y se va alimentando atiborradamente del manantial de discrecionalidad circundante: el poliladrón.

A su merced, el policía se transforma en miembro asistemático del hampa, pero también el "buche" pasa a ser agente inorgánico del estado, en una mimetización tan peligrosa que por momentos no deja distinguir quién es quién, lo cual por otra parte no viene mucho al caso, porque esta figura puede ser llenada por cualquiera de ambos. Es en ella donde con mayor patetismo se desdibujan las fronteras entre la legalidad y la ilegalidad, entre la institucionalidad y el bajo mundo.

Como eficaz exponente hay que mencionar la versión holding de Carlos Telleldín, que vinculado al luctuoso atentado a la AMIA, tuvo a todo el mundo esperando mientras abusando de su oficio, pretendió cambiar delación dudosa por dinero e impunidad y se definió cuando dijo de sus amigos-socios policías: "Yo doy y ellos me dan". A su vez, los oficiales cesanteados a causa de vinculaciones ilícitas con él, Barreda y Barreiro, lo ampliaron al declarar a los diarios: "Hay un montón de Telleldines y un montón como nosotros". Para la misma época (Octubre de 1995), una fuente del juzgado a cargo del caso, decía respecto de la vasta red de sustracción y reducción de automotores dejada al descubierto en la indagación sobre el atentado: "Toda la operatoria hubiese sido imposible sin la protección de funcionarios policiales".

La información conlleva poder y dinero y corno el vacío legal y ético permite que tenga dueño, hay casos en que se la debe pagar cara en un mercado negro que la monopoliza porque no funcionan las fuentes legales; ojalá no se avispen y asocien, porque tendríamos un cartel de poliladrones con policía y justicia subsidiarias, consumiendo procedimientos de dubitable origen preparados por marginales cuya regla vital es la traición y su meta la ventaja.

Este fenómeno tan pernicioso, es la forma de corrupción que requiere de las más sólidas barreras orgánicas. Igual que para evitar embarazos lo infalible es mantener hombre y mujer alejados, para asegurarnos de impedir este fatal engendro será bueno separar como dijimos en la policía, inteligencia de operatividad. Es decir, que el funcionario que instruye no haga inteligencia y el de inteligencia no haga procedimientos.

Quedó dicho que el detective solicitará personal especializado al verse necesitado de tareas informativas; ese personal residirá en delegaciones de inteligencia policial que carecerán de facultades operativas. Las delegaciones no podrán organizar procedimientos y sus integrantes podrán detener como cualquier particular: sólo en caso de flagrancia, dando inmediata cuenta a la comisaría y no a su dependencia de origen.

Funcionalmente, esas delegaciones afectarán personal a pedido de las comisarias a las investigaciones causantes, y además operarán autónomamente en la búsqueda de información permanente, dando parte a la comisaría pertinente cuando certifiquen instancias criminosas. Este esquema garantiza también el control recíproco que hoy se pretende entre diversas dependencias de tronco orgánico distinto pero idénticas facultades, lo que trueca el control en rivalidad, esa degenerativa rivalidad que no solamente enfrenta órganos de una policía sino que maldispone a las policías y otras agencias de seguridad entre sí.

En cambio si lo que se reparte no es el espacio sino las funciones, cada órgano se verá obligado a complementarse con el otro y la cooperación será inevitable, toda vez que el éxito de una operación requerirá del oficio de todos.

Todo lo expuesto podrá prosperar si las figuras descriptas se generalizan en su uso. Actualmente están en vigencia pero con demasiadas restricciones que no las dejan suficientemente disponibles para la actividad cotidiana de la policía. O sea, que en los hechos que interesan a la ciudadanía, no existen. Existen solamente en los que interesan al poder estatal y político y en las áreas que a él le sirve exhibir públicamente. Recordemos que el poder centralizado no vive en el territorio con el pueblo, sino en sus palacios reales y virtuales, de los cuales el primario son los medios de comunicación masiva desde donde imparten una realidad que no es la que le sirve a la gente.

Un párrafo aparte merece la simplificación y viabilización de la investigación si se implementaren adecuados recursos informáticos; si le diésemos al detective un buchón cibernético para que pueda sustituir en su pensamiento la metodología cavernícola que hemos descripto. Si bien esto está implementado en forma extensa —aunque no total— haremos igual una esquematización de la manera correcta de emplear la informática en la investigación policial.

Supongamos que tenemos una base de datos provincial que contenga un extracto de cada sumario que se instruye y una radiografía de cada procesado o sospechoso que vaya surgiendo, que haya fotografías y dictados de rostro, huellas y modus operandi, todo lo que pueda recabarse de otras jurisdicciones y un software con suficiente capacidad de búsqueda. Visualicemos que entra una señora y denuncia el robo de su automóvil; que el investigador vuelca los datos pertinentes en el ordenador y se aboca a un barrido de casos análogos y sospechosos con hábitos similares, y así va cerrando el círculo hasta donde pueda. En la mayoría de los casos no obtendrá nada; pero en varios se aproximará lo bastante para proseguir la pesquisa a pie, y en uno o dos sacará el esclarecimiento directamente de la pantalla.

No será el Oráculo de Delfos, pero en mucho es mejor que la sospechable verborrea de un confidente.

De cualquier forma, la primordial fuente de información

que debe tener la policía, es la gente. Para acercar la policía al pueblo, se hace menester la articulación de un eficaz dispositivo de relaciones públicas y trabajo social.

No se trata de simples RRPP institucionales, sino con cada habitante de la zona de influencia de una comisaría; cada vecino debe llegar a confiar para apersonarse y contando con reserva, plantear a un funcionario especializado la inquietud que lo turbe. Esto, que es una necesidad acuciante en la gente, hoy no tiene canalización por la escasa confianza que la policía infunde y el temor difuso que su personal inspira; pero cuando se funda un clima de fe, lo automático es que fluyan preocupaciones individuales o familiares, que al tiempo de calmar la aprensión de muchas personas, dejará un caudal de datos sobre sospechas que ameritan indagación.

Una forma de proceder seria receptar por escrito la queja o alarma y evaluarla para, según el caso, enviar un agente de seguridad o bien un asistente social a producir un sencillo informe de situación, similar a esos relevamientos comerciales o laborales de uso ordinario en la vida empresaria. En este caso, dentro de las limitaciones jurídicas y guardando las formas de una visita protocolar, se apuntaría a la identificación de personas y detección de anomalías; si no las hubiese, se archivaría el documento con extensión de copia al causante y al recurrente. Nunca sería secreto, no ocasionaría mayores molestias y obsequiaría lo reconfortante de una visita que significaría preocupación por la situación planteada.

Desde el punto de vista operacional, esta práctica facilitaría la localización de focos delictuales pero además, de potencialidades delincuenciales, es decir, personas, familias o grupos que por su estructuralidad son proclives a conductas patológicas que pueden prevenirse con tratamiento apropiado; con simple trabajo social o educativo que podría brindar la misma policía o con derivación a instituciones públicas u organizaciones civiles para terapias más profundas.

De abordaje obligatorio, sería el seguimiento oficial del liberado hecho con un numerario puesto como "ángel guardián", para garantizarse la inspección de su conducta, pero también su protección contra el rótulo vitalicio de delincuente, la contención de su grupo familiar y el apoyo a sus eventuales esfuerzos por rehacerse.

Toda una operatoria así, erigiría una nueva faceta de la actividad policial, la comunitaria, que daría a la policía la imbricación social que hoy necesita para convertirse en la entidad ciudadana que todos quieren. Se inauguraría una novedosa concepción que aparte a la policía de su clásica misión de atacar la delincuencia cuando se presente y la volcaría a empeñarse en detectarla antes y atemperar sus causas, o sea, tratar más la enfermedad que el síntoma. Este panorama cambiaría la óptica policial en muchos tópicos en los que ya no podría visualizar enemigos sino desvalidos de los que hacerse cargo, tónica que per se acotaría el caudal de violencia a poner en juego como rutina.

Que los policías empiecen a ver a los transgresores como perturbados antes que como canallas, no se reduce a una mera cuestión de formación, sino que requiere una gimnasia y un lugar distinto al tradicional en los bosquejos colectivos, como sería una auténtica función policial comunitaria.

De más está marcar la incidencia que en la percepción colectiva tendrían las relaciones públicas en términos de policía comunitaria; se estimularían las denuncias y las testificaciones (se investigarían más delitos y se lograrían más condenas) en tanto decrecería la impunidad y ahí ya hablamos de un fuerte cambio social. Cuando se hagan oír los sectores conservadores diciendo que no hay espacio carcelario para incremento de procesados ni condenados, habrá que recordarles que talla la sustitución de pena o probation, medida psicosocialmente superior al .encierro porque a su inversa, no saca al hombre de la comunidad para su degradación, sino que lo incluye y construye al poner su pena en términos de reparación directa del daño que ocasionara y quizás a quién se lo ocasionara; reemplaza el suplicio aplicado desde el Poder por la solución subjetiva que además de ser socialmente constructiva, da al individuo la oportunidad de crecer.

Completo en su faceta de producción de información, resta ahora cerrar el bastidor policial de investigación con un complemento operativo y un suplemento funcional.

El primero tendrá que ser un órgano de nivel provincial,

uno solo, que sí concentre facultades informativas y procesales. La sustitución de la denominación "brigada de investigaciones" por la de "delegación departamental de investigaciones, DDI", llamativa forma local en que se suprimen organismos desacreditados, debería ser seguida por su desaparición real y concreta, preservando una al efecto de atender situaciones de crisis de rango interseccional o en grado muy abarcativo del territorio provincial (algunas superbandas o ciertas evasiones de presos).

Hay además crisis como el secuestro extorsivo, el terrorismo y las grandes redes de narcotráfico (sólo las grandes), que escaparán al alcance de las comisarías y precisarán de personal altamente especializado y equipo técnico sofisticado; esto justifica la implementación de un núcleo operativo independiente y centralizado, que por otra parte no tiene qué ser de mucha magnitud, dado que contará con acceso a la red informática y a la cooperación de las seccionales y los organismos de inteligencia.

Una sola brigada de esas características no pondrá en juego la legalidad y controlabilidad del sistema, en especial si al igual que el resto, esté sometida a la acción de aquél suplemento funcional mencionado: el ya conocido Asuntos Internos, un cuerpo auditor de fragmentación regional y de naturaleza policial, que como garante de la legalidad, necesita tener conexión operativa con el ministerio público fiscal.

Formado por policías antiguos que elijan integrarlo, este cuerpo interviene de oficio en forma excluyente en todos los hechos con personal involucrado (pero reportando al fiscal) y está a cargo de todas las indagaciones administrativas. Bien implementado, representaría un factor de gran porte en la calidad del trabajo judicial de las comisarías puesto que restringiría todas las irregularidades que fueron señaladas.

No queda terminado el tema sin explorar el cariz massmediáco que la centralización unitarizante de nuestro sistema político impone, por supuesto también a la policía, como gran aparato-tentáculo estatal que se la concibe. Desde esa condición, ella llena además el rol de máquina de propaganda del régimen y como integra su estructura, se ha habituado a hacerse propaganda a sí misma; a tal fin, ha desarrollado reflejos que superan a los inherentes a su obligación de servicio al ciudadano.

Rige por lo tanto una sobrevaloración del procedimiento impactante, fulgurante, trascendente (mediático) en desmedro del esfuerzo volcado al trabajo diario, rutinario, atomizado en un acervo de delitos menores y repetidos cuya indagación demanda infinidad de horas-hombre y su dilucidación aporta escaso lucimiento. Sin perjuicio, este cúmulo de hechos de poca o mediana monta, es lo que hace a la realidad delictual de una comunidad y el porcentaje de su esclarecimiento es lo que define la eficacia de la institución y por tanto, el coeficiente de incidencia judicial en la vida comunitaria.

Una población que ve incrementada esa incidencia, experimenta también un aumento de la legalidad en su vida diaria. Otra que tan solo contempla en los medios masivos la acción rutilante de su policía, por lo común en cuestiones o sitios que le son distantes, no obtiene más que un divertimento pasajero y asiste a una exhibición de poderío represivo de la administración central que es comparable al desfile militar: muy lindo, pero no entendemos bien qué tenga que ver con nosotros.

La creatividad artística de algunos oficiales notables o las hábiles ediciones televisivas, han llegado a confeccionar para la pantalla interesantes ficciones de actuaciones policiales —persecuciones automovilísticas incluidas— llegando a mostrarse procedimientos de menor cuantía como si fuesen hitos en la historia de la lucha contra el crimen. No pasaría de la anécdota si ello se limitase a las apariciones en televisión, pero lo serio es que éstas son apenas el desagüe de toda una maña institucional que lleva a descartar sistemática- mente la atención en las investigaciones corrientes y menores.

Hay toda una fiebre del gran procedimiento y toda una operatoria ficcional que se ve posibilitada y fomentada por la exageración burocrática intraorgánica. El nutriente de las burocracias es la información, que circula por su organismo vehiculizada en textos que toman las formas de prosa o planilla, a veces gráficos y planos. Esta información hace funcionar el aparato burocrático y gran parte de ella queda conservada en numerosos archivos, ya fuere para constancia o para ser reutilizada.

Una parte menor, la que tiene que ver con resultados concretos acerca de la misión del órgano, se sistematiza en estadísticas, que constituyen la fachada administrativa del aparato. Y en su fachada o cara, quién no usa algo de cosmética.

Más grande es el órgano burocrático y más maquillaje acumulará en su rostro público, dado que más divisiones internas tendrá, y más papeles escribirá, cada uno de ellos con su dosis de mentira. Los escritos son inseparables de cierto ingrediente ficcional, por más esfuerzo que se ponga en evitarlo: el texto periodístico más objetivo sigue siendo parcial, la traducción más esmerada no deja de contener retazos del traductor, el memorándum más estricto muestra la marca de su autor; sólo antiguos copistas o actuales tipógrafos logran reproducciones inalteradas, merced a que no se involucran intelectualmente con el texto.

Pero un burócrata no es que se involucre sino que depende de sus escritos, porque en ellos él vive, se manifiesta y son ellos los que le dan su identidad y su rostro, al que no escatimará maquillaje, en tanto pueda ponérselo. Y puede mucho, porque es distinto informar de frente a personas ajenas a la corporación, que redactar un impersonal paper destinado a estamentos corporativos superiores que a su vez manipularán los datos de acuerdo a los intereses del cuerpo o a los propios.

Esta es la diferencia, vayan ejemplos, entre el juicio oral y el escrito, entre un veredicto de jurados o su delegación en funcionarios-jueces, entre una asamblea y un gabinete, entre una administración descentralizante que coloca a los funcionarios en el llano con el pueblo y otra centralista que los entroniza y parapeta en burocracias, lo que desplazado a lo policial, equivale a comparar un comisario ligado directamente a su localidad, con el actual, que está subordinado a una maquinaria gubernamental cuyo primer objetivo es adornarse con la estadística convertida en oropel.

Cosméticos a un lado, tendremos algún día que ver esas estadísticas a cara lavada si queremos saber cuál es el panorama delictual de esta sociedad y no hay otra manera que la encuesta para hallarlo fidedignamente. Para que la policía un día se interese en encuestas o en directamente saber cuál es la estadística real, tienen que aparecerle dos cosas: posibilidad y motivo.

Tendrá la posibilidad cuando deje su estructura ultracentral y delegue autonomía en sus comisarios; habrá motivo cuando estos dejen de reportar sumisamente a sus mandos y den cuenta de mucho a la población que los circunda.

Ahí será cuando empiece a importar el esclarecimiento de todos esos delitos menores que afectan la cotidianeidad; le importará a una conducción seccional que no esté pensando más que en esa localidad, lo que sobrevendrá cuando los miembros de esa conducción (comisario, subcomisario, detectives, etc.) no se desvelen por llegar a mayores rangos o adquirir fama televisiva y además, cuando los moradores les pidan oralmente las cuentas. Sin embargo, la policía no se quedará sin sus procedimientos rimbombantes, sino que los tendrá por doquier.

El viejo adagio pequeñoburgués aconseja: "Cuidemos los centavos, que así la fortuna se cuida sola". Una organización policial que disponga del sistema informativo y operacional que le permita alto rendimiento en delitos menores, tendrá acceso automático a los de gran monta, sin necesidad de salir a buscarlos: se los topará. Serán procedimientos relevantes, pero más válidos que los de ahora porque surgirán de la realidad y no de un guión mediático.

Algunos quintales de cocaína o media docena de camiones con electrodomésticos incautados de tanto en tanto, no disminuyen la incidencia del narcotráfico o la piratería asfáltica en la situación delictual del conurbano; pero diez kilos de droga sacados de un laboratorio barrial, serán decisivos en el paisaje de esa zona y aledaños; ese comisario y adláteres empezarán por ser prestigiosos (no famosos) allí, en su lugar, lo cual para muchos agentes que saben de lo que hablamos, tiene un valor muy superior al televisivo. Y sin perjuicio de que como derivación de su predicamento local, se los valorice a nivel mayor o provincial, incluso en los medios masivos.

Como suele recomendarse a quienes aspiran a escribir

una gran obra literaria: "Pinta tu aldea y pintarás el mundo".

El genio creativo de nuestros oficiales debe ser traído desde su actual empeño en libretos folletinescos que indistintamente se aplican a apariciones en video o diarios, desinformación pública, cosmética estadística, manejo de buchones, desvío parapolicial de la inteligencia y hasta en la instrucción falaz de algunos sumarios, para ser sujetado primero a la determinación y luego a la solución efectiva de la realidad criminal no de la Provincia sino de sus moradores.

Cuidando la situación de cada habitante, la de la Provincia se cuida sola.

10.- VIGILAR SIN CASTIGAR

El objetivo judicial de la Policía no es más que un hemisferio; el otro no es menos relevante: la policía de seguridad. Esta misión abraza dos aristas del ítem seguridad: prevención del delito y preservación del orden público.

El innegable que una buena tarea en lo judicial tiene también efecto preventivo, por dos razones básicas: se sacan delincuentes de circulación y se desalientan ideas delictivas al mostrarse implacabilidad investigativa: en términos literarios, la delincuencia siente el aliento de su perseguidor, siempre que por supuesto exista implacabilidad investigativa y un real perseguidor. Aquí es preponderante el papel del Poder Judicial a la hora de impartir sentencias rápidas y firmes, cosas de las que ahora carecemos y que algunos pretenden suplir con penas más severas.

Las penas endurecidas sólo pueden llegar a conmover a una delincuencia docta o informada, que por otra parte sabrá de abroquelamientos para conseguir impunidad o inmunidad; pero la criminalidad diaria es lumpen, ignorante y desorganizada, por lo que no tiene en cuenta las penas, es más, ni siquiera se detiene a pensar que puede ser llevada ante un juez.

Tienen estrecha relación con la prevención, los institutos de arrepentido (con tal de acogerse a los beneficios, un arrepentido daría el plan de sus compinches para algún hecho por ocurrir) y entrega vigilada (develar reducidores es atacar la principal demanda de robos grandes).

Por definición, la prevención consiste en evitar que un delito acaezca, anticipándose a su perpetración; esto se opera a dos puntas: haciendo inteligencia o haciendo presencia.

Ya señalarnos cómo deberían ser los organismos inteligencia policial y estipulamos que se cuenten entre su obligación el buscar información acerca de crímenes en preparación, de lo cual darían cuenta a la seccional local.

El otro vasto campo de la inteligencia, es el que labraría la comisaría a través de sus relaciones comunitarias (información que aporta directamente la gente) y tendría valor preventivo en dos niveles: uno inmediato, como sería el caso de descubrirse ilícitos en curso o preparativos avanzados. El otro sería mediato y haría a los factores determinantes de delincuencia o potencialidades delictuales que podrían ser atemperados o reencauzados antes de que se consoliden.

Es deplorable que una gravosa porción de delitos y faltas no obedezcan a una condición existencial de su autor sino a desajustes psíquicos o ideológicos que bien podrían haberse corregido antes. Es lastimoso que muchos ilícitos sean cometidos por liberados de cárcel que serían recuperables si se los monitorease constructivamente.

Tanto así tiene que extenderse el concepto de prevención: si suena desacostumbrado, pues tampoco es acostumbrada esta época. Al igual que todas las épocas, es absolutamente nueva como nuevos tendrán que ser los idearios con que se la aborde. El estado tiene que correr cada vez más su atención al futuro, esto es, anticiparse más a los hechos.

En etología (estudio de la conducta animal) está demostrado que la característica sobresaliente de los ejemplares líderes es su capacidad de predecir; entre humanos es igual, siempre estamos yendo tras aquél que nos convence de que puede visualizar el camino a cuyo largo nos guiará, aunque nunca estemos del todo seguros de que en realidad pueda. Organizados en sociedad, nos hacemos guiar por el estado y a él sí podemos exigirle que pueda en su inquietud prospectiva y para eso lo dotamos con todos los avances técnicos de la época.

En vez de eso, estamos habituados a que se maneje en función de pasado, de lo que ya ocurrió. Nuestro estado abusa de las muletillas "siempre se hizo así", "nunca pasó nada malo", "hasta ahora funcionó", "si anda bien, mejor no lo toquemos" y este pueblo abusa de otras igualmente nocivas: "ellos deben saber lo que hacen", "si los cuestionamos pueden enojarse", "quiénes somos nosotros para inmiscuirnos", instalándose así la tolerancia a cualquier dislate, a los que estamos triste y fatalmente habituados y tenemos malsanamente naturalizados, y que parten de una raíz común: imprevisión.

Debemos querer al estado buscando obsesivamente problemas, pero donde aún no los hubo; donde los hay, los encuentra cualquiera, no necesitamos a nadie especializado allí. Lo que necesitamos es quien imagine o investigue qué problemas podemos tener mañana aquí, en esto que siempre anduvo bien. Y si mañana aparece el percance, queremos que esté enseguida resuelto y con el menor perjuicio factible.

En esa tonalidad, la prevención policial va hoy día más allá de la presencia y la inteligencia: debe llegar a los enclaves de morbidez estructural, cultural o psíquica que puedan detectarse, para ver si son pasibles de tratamiento preventivo. Igual que en medicina, la higiene es esencial.

La presencia policial, es decir, la vigilancia física, representa el método primario de la prevención y pese a haber incorporado variadas formas y nomenclatura, no sale de cuatro tipos básicos: de a. pie, puede ser parada o ronda; en vehículo, será parada móvil o patrullaje. Morfológicamente, no es posible avanzar más; funcionalmente, siempre hay mucho por actualizar y aquí entra a tallar la calidad, que ha de aplicarse a dos vertientes: recursos humanos y organización.

La tarea de vigilar consiste, según la Real Academia, en cuidar de algo o velar por algo; dice además que quien la desempeña hace vigilancia y recibe el nombre de vigilante, haciéndolo extensivo a los agentes rasos de policía. De hecho, así se los llamaba entre nos, hasta que el uso peyorativo desvió el sentido de la voz y la propia policía la hizo caer en desuso, sustituyéndola por "agente", palabra impropia dado que designa a cualquier empleado estatal.

En cambio "vigilante" es un vocablo muy concreto con el cual hay que referirse a quien vigila los espacios públicos a sueldo del estado.

Ese o esa vigilante será la figura menos especializada y más numerosa de la policía, cosa que la ubicará en la menor gradación de sus recursos humanos pero nunca al nivel de tropa, sencillamente porque la policía, al no ser una fuerza militar de combate sino una organización estatal de servicio público, no puede tener tropa sino "personal".

Dentro de conceptos democráticos modernos, esta situación laboral implica la carencia de límites de ascenso prefijados, o sea, la posibilidad de progreso en la carrera tanto como lo permitan su capacidad y vacantes que se vayan dando. La actual situación legal en que ese empleado es designado como tropa y comprendido en un escalafón de suboficiales que sólo admite ascensos hasta la mitad del esquema de la institución, y además restringido a cursos de capacitación de inferior nivel formativo, debe ser declarada discriminatoria y violatoria de los derechos humanos de esos agentes.

Otro tanto cabe aplicar al viejo tope falocrático, actualmente superado, que ocluía el progreso de las mujeres más allá de comisario inspector, el cual hemos enfatizado en la primera edición de este libro: si ellas resultaron buenas para pararse en la calle con el uniforme y las obligaciones del estado policial, para cumplimentar todo el espectro de tareas y para ser comisario inspector, únicamente un prejuicio sexista podía justificar tal limitación.

Por otro lado, ellas son imprescindibles para la función: como en todos los grupos mixtos, aumentan la media de cordura y urbanidad, reduciendo los picos de violencia; hacen que el hombre se sienta observado y forzado a refinar sus modos. Por otro lado, si pretendemos una policía que se integre al organismo social íntimamente, hay que aumentar sus semejanzas tisulares; si el tejido social está hecho de hombres y mujeres en partes iguales, pues entonces que la policía esté hecha de hombres y mujeres en partes iguales.

La vigilancia tiene dos facetas: pasiva, cuando el agente no actúa sino que sólo está (presencia pura) y activa, que es al encarar algún procedimiento por hechos que le surjan. No obstante, el vigilante está activo siempre, porque al solamente estar, se hace ver y ve y esto es más relevante que los procedimientos que pueda efectuar. De su capacidad de mostrarse dependerá la disuación que logre y de su capacidad de otear resultará la cantidad de irregularidades que descubra.

Supongamos que la faceta pasiva del trabajo de un vigilante es interrumpida, lo que puede suceder de varias maneras y .suscitar la parte activa de la vigilancia. Apreciémosla en gradualidad ascendente.

Lo más nimio que se da, es responder preguntas de geografía lugareña o trámites administrativos; el siguiente estadio se compone de instancias asistenciales, como concurrir ante discusiones, accidentes, situaciones de peligro público o dedicarse a la organización del tránsito; un tercer nivel está dado por la toma de conocimiento de delitos o faltas pretéritos, es decir, cuya consumación ya finalizó y a la policía le resta investigar o instruir; en estos casos, hay que decir a la persona que informa cuál es el trámite a seguir y si el caso lo amerita, desplazarse al lugar para asegurar pruebas.

Notamos que este empleado debe poseer un conocimiento adecuado de la organización administrativa del estado y sus tramitaciones básicas, más los suficientes del abecé sumarial y además, de la geografía circundante. Si la experiencia se los enseña a empleados antiguos, nadie lo hace con los bisoños y queda muy feo que no sepan qué hacer o envíen a un transeúnte al sitio equivocado.

En la próxima escala, tenemos al hombre adoptando procedimiento legal y es ante la infracción más inocua: la del orden vehicular. En andariveles normales, estos casos no pasan del levantamiento de un acta, pero a veces se originan disputas que él tiene que saber conducir a buen término.

Un escalón más arriba, aparecen faltas leves que no imponen la detención de sus autores sino la identificación y toma de datos; el agente solicitará radialmente alguna compañía, lo que obsta para que él deba encarar las primeras instancias, que pueden complicarse porque los infractores sean varios y porque existan damnificados presentes y haya que contener exabruptos. En el mismo orden entra cuando tiene que vérselas con un borracho, aunque hay que subir un peldaño más porque ahí ya quizás tendría que detener.

Según sea el caso, al ebrio hay que llevárselo por su propia seguridad. El problema es que no se lo puede demorar (porque no concurre por sus propios medios) ni invitar (porque no entiende nada); es preciso llevarlo indefectiblemente y esto sólo encuadra en la figura de detención, única donde la voluntad del sujeto pasivo no juega. Sería entonces apropiado contar con una buena instrucción acerca de manipulación de personas, que es importante en ocasión de ebrios pero más aún cuando los detenidos están sobrios o apenas drogados con sustancias que no diluyen del todo la conciencia.

Ingresamos así al capítulo venidero, signado por la detención. Sea por faltas graves como algunos tipos de desorden, disparos de armas, portación de ellas, simulación de uniforme o profesión, prostitución escandalosa o juegos prohibidos, o sea por delitos que procesalmente sean pasibles de detención, el vigilante que constate la perpetración reciente o flagrante, está obligado a detener. También lo está cuando debe dar cumplimiento a una orden previa de detención y está obligado a no detener cuando ello no corresponda legalmente, que es un cúmulo de casos.

Sería deseable que el agente tuviera eficaz información para proceder en todo ello sin titubear y sin consultar, porque suele ocurrir que tenga tiempo y chances para vacilar, o que no los tenga. Y no es que seamos derrotistas, pero en policía hay que vivir pensando en la probabilidad más desfavorable, que es la que la realidad obsequia con mayor frecuencia.

Entonces, el policía está seguro de que corresponde detener y con esa misma seguridad se lo trasmite al otro. La detención está consumada; es un hecho mental, no es un hecho físico.

No hay que confundir detener con reducir: detener es ordenar. Si la orden no es acatada, es materia aparte, porque el detenido no participa en la decisión del policía. Desde el punto de vista de éste, el otro está detenido aunque no obedezca. Por otra parte, la ley no solamente confirma sino que impone este punto de vista y para tutelarlo previó las tipificaciones de desobediencia, resistencia y atentado a la autoridad.

No tener incorporados conceptos así, lleva a varios agentes a las vías de hecho antes o al unísono de la voz de detención, cuando en esencia y toda vez que sea factible, ésta debe preceder cualquier acto físico. En rigor, la mayor parte de las aprensiones cursan sin necesidad de fuerza; si el policía no tiene inculcada esta estadística, prejuzgará que todos los detenidos van a resistirse y se anticipará en el uso de la fuerza, internándose en el abuso.

Él tiene que estar condicionado para esperar que el otro se descarrile, porque si se anticipa, se desvía él mismo y hace desviar todo el procedimiento. Cuando su acción llega a personas, se suspende la prevención (la predicción) y comienza la expectación, no la represión que anuncia la literatura temática y aparece impresa en el imaginario colectivo.

La policía no reprime, en realidad sólo contiene. La policía no combate la delincuencia, sólo la controla. La policía no reprime los delitos, sólo los investiga. Solamente la justicia reprime cuando aplica las penas que la ley marca. El estado no reprime en sí mismo, sino a través de una de sus partes, la justicia, que tampoco reprime en sí misma sino a través de la ley. El estado tiene la obligación de vaticinar y pronosticar para prever dificultades y en base a esa previsión, adoptar medidas que pueden o no lesionar intereses de particulares; si los lesionan, tendrá que ser en beneficio de una mayoría, de una víctima, o de la ley. Pero cuando está en función penal y no hay intereses de terceros en juego, la ecuación se invierte, el estado no adopta medidas en previsión sino únicamente en reacción: deja de anticiparse y comienza a esperar; espera que el otro, el particular, infrinja las reglas o las órdenes. Tiene que aceptar que en estos casos el particular corra con esa ventaja, porque si así no fuere, lo estaría reprimiendo.

El policía es el estado y debe operar acorde esos cánones, los que por otro lado, están bien plasmados en la ley penal. La interpretación que puede inferirse del artículo 34 del Código Penal argentino en lo atinente a la detención policial, es la siguiente: se justifica el empleo de la fuerza para evitar un mal mayor e inminente que él no ha provocado (se va a cometer un acto dañoso); en defensa de la persona o derechos de otro (se va a victimizar a un tercero); en cumplimiento de su deber o en legítimo ejercicio de su autoridad (con orden ajena o propia de detención) o en legítima defensa y bajo amenaza de un mal grave e inminente (él mismo es objeto de una agresión victimizante). Como apreciamos, sólo está autorizado a emplear fuerza en reacción a actos o actitudes flagrantes de otros y nunca anticipadamente. Los excesos en este sentido son tan erróneos que el mismo código los castiga con una pena similar al delito culposo.

El tratamiento que el código hace de esta temática sigue siendo actual y acertado, no obstante lo cual es inevitable que deje vacíos: verbigracia, en la cláusula necesariamente imprecisa que alude a un legítimo ejercicio de la autoridad o a una legítima defensa, adjudica al policía un espacio de evaluación subjetiva que hace cobrar importancia clave a los planes formativos del personal y a la legislación policial. En ella (leyes orgánica y del personal y sus respectivas reglamentaciones) esto de "reprimir" ha constado literalmente en decenas de párrafos, habiendo dejado instalada una idea que se contrapone con las leyes penales madres, de las cuales las policiales son tributarias.

Desmenuzando la conceptualidad del término, reprimir propone una inequívoca idea de avance, de atropello, de combate; en cambio la verdadera actitud policial debe ser de contención, de neutralización, de atenuación, y lo más parecido a represión que puede incluirse en su léxico, es "interrupción" de una infracción o delito, que en la literatura jurídica suele aparecer como "hacer cesar".

Interrupción sigue dando una pauta de pasividad: voy, interrumpo y me detengo. Aparece otro delito, voy, lo interrumpo y me detengo. Si la situación amengua, me repliego; si no, me quedo, sigo en dominio pero no avanzo, sólo permanezco. Represión se lee de otra manera: domino por la fuerza, no ocupo un espacio sino que avanzo hasta copar todo, desplazo y borro al otro.

Regresando al vigilante, lo más probable es que maneje al otro con su voz, sin necesidad de tocarlo; también es probable que ocurran otras cosas, como que el otro desoiga o discuta o agreda verbalmente.

Algo que hay que ingresar a la mentalidad del agente; es que estará obligado al pedido de refuerzos cada vez que deba proceder en lo que sea y esté solo. Elevaremos así drásticamente la calidad de los procedimientos: el número de policías disuade intenciones desacatadas; somete la acción que se tome al criterio de varios, siempre mejor que uno individual; instala un control y una responsabilidad recíprocos en lo que se haga; atenúa la violencia que pueda el policía desplegar, al hacer desaparecer su presunción de- defensa desesperada; cuanto mayor sea el número de participantes, menores serán las posibilidades de coartadas o pactos de silencio ante investigaciones ulteriores; trasladamos la responsabilidad a la institución, quitándosela a un simple agente.

Como nuestro hombre estará formado para comprender, sabrá que las imprecaciones difícilmente se le dirijan, sino que serán hacia el policía que él está representando, o sea, impersonales. Si bien las relaciones humanas son impredecibles, de esa forma se apuntará a reducir el número de casos en que un policía se siente herido por dichos airados y reacciona como lo haría un particular, cosa inadmisible. El involucramiento personal de policías en cuestiones funcionales es una pródiga fuente de delitos y abusos y siempre es consecuencia de una falta de educación profesional; con ella se puede disminuir tajantemente la incidencia del problema y con varios policías presentes, se erradica totalmente, toda vez que el estallido de uno será morigerado por los demás.

Esto será así en un contexto que además esté medianamente regido por pautas institucionales acorde; hubo un caso paradigmático en Los Ángeles en 1992 que quedó en la memoria colectiva como "el caso Rodney King", en que cuatro uniformados apalearon a un conductor afroamericano en un desborde nocturno: eso fue directa consecuencia de un contexto hiperautoritario y racista dentro del cuerpo policial, fomentado por un Jefe de Policía fascista y asimismo crónico en el marco de una singular realidad social.

Las policías son organizaciones fácilmente gobernables desde sus cúpulas en tópicos así, con el requisito indispensable de que éstas se pronuncien; si no toman posición habrá desmanejo y si la postura es violenta y autoritaria, la imitación subalterna será inmediata y amplificada, porque es la tendencia natural de un cuerpo destinado al ejercicio de la autoridad y de la fuerza en sus congéneres.

Por otra parte, hay que reconocer que muchos de los puntos expuestos ya no constituyen un problema enquistado, debido al trabajo que se ha venido haciendo sobre el particular y a que en casi todos lados, los mandos medios ya cuentan con formación universitaria. Empero siendo ésta una obra de teoría, de todos modos los desarrollamos porque desconocemos los contenidos curriculares de carreras nuevas que han sido implementadas desde el poder político y que de seguro no contienen todos los puntos aquí tratados o al menos, de la manera en que son tratados.

Pasados los insultos, es probable que el detenido quiera fugar.

El vigilante lo seguirá, al tiempo que buscará testigos y tratará de alcanzarlo y reducirlo; empleará la fuerza mínima indispensable y entenderá que no tiene que triunfar o perder: simplemente hace un trabajo y después se verá si bien o mal. Significa que con tal de capturar al evadido, no tiene que hacerse matar o lesionar a otros ni dañar la propiedad o poner en peligro a nadie. Correrá y usará su equipo de comunicación y aquí necesitamos dos habilidades: que esté físicamente apto, y que tenga la chance intelectual de armar un predispositivo de captura a través de su radio con otros policías que estén apostados o en patrulleros. Además, tendrá que conocer sin cabildeos los sitios adonde puede entrar sin orden de allanamiento y a los que no y quienes son las personas incursas en encubrimiento por ocultación de un prófugo según su grado de parentesco.

Prosiguiendo, si el detenido se niega de plano a cumplir la orden o ascender al vehículo policial, incurre en resistencia a la autoridad, de lo que será notificado verbalmente primero y reducido después. Y cabe suponer que el sujeto de ningún modo esté de acuerdo con el agente, así que lo agreda con sus puños, con algún objeto que encuentra o porta, o con un arma blanca o de fuego, tratando de herirlo o de matarlo.

Aquí nos hallamos frente a otro de los dilemas que tanto nos acucian: el policía está facultado a defenderse dentro de los parámetros de la legítima defensa que prevé el Código Penal (agresión ilegítima, falta de provocación suficiente, proporcionalidad de medios empleados). Pero el ideario popular nos tiene acostumbrados a que la policía repele la agresión; esto de repeler tiene la misma connotación que reprimir: un cariz de avance sobre el otro y de actividad punitiva.

Si el policía se defiende, mal puede punir o avanzar sobre el otro, o repeler o reprimir: apenas trata de ponerse a salvo de la agresión, sin olvidar mantener el contacto con el otro para capturarlo cuando pueda. Repeler da una idea de beligerancia, de represalia, como si el tiroteo se declarase igual que una batalla y no acabase hasta que uno de los dos muera o se rinda. Y el enfrentamiento policial no es así y sobre todo, no se declara.

No, porque el estado no hace la guerra a la delincuencia, sino que se empeña en controlarla; ni siquiera decimos que la controla, sino que se empeña; todo lo policial es un proceso interactivo, por lo tanto es dinámico y fluctuante. Si demandamos al estado que suprima la delincuencia (como por caso vienen haciendo hace lustros los medios argentinos bajo la viciosa muletilla de "la inseguridad"), además de ser un dislate, lo instamos a ponerse violento y con cualquiera; la única forma sana y civilizada de encarar este tema es: que se haga lo posible, asegurando no afectar a inocentes. El estado entonces se empeña en controlar la delincuencia y en ese empeño, logra acotarla.

Un tipo que se pone a disparar contra un policía es un lunático que está fuera de control; el estado no puede ponerse a la altura de un lunático fuera de control. Como le manda la ley y en la forma en que ella le manda, tiene que desactivar a ese chiflado, neutralizarlo causándole el menor daño, porque si ha de ser reprimido por lo que está haciendo, será en estrado judicial.

Entonces el tiroteo no es algo que se declara a muerte sino algo que inicia un loco y debe ser terminado cuando antes por el estado en la forma que dispone la ley. Si un policía se propone matar a un tipo que le tiró y por simple represalia, estamos en presencia de otro loco, esta vez del lado del estado. El policía no repele la agresión sino que utiliza su arma para intentar herir al otro a fin de que no lo mate a él mismo y siempre que no halle parapeto adecuado; si lo halla, se refugia y espera el momento de detener al agresor; si este quiere irse, entonces tendrá que perseguirlo para detenerlo y para evitar que con el arma que porta dañe a terceros; si durante la persecución el otro vuelve a dispararle al cuerpo, entonces tendrá que intentar impactarlo para que no siga tirándole: si puede elegir, tiene que apuntar a puntos no vitales de su anatomía, a fin de preservarle la vida, y así sucesivamente.

Si la situación es tal que la única manera de evitar que el otro mate a un rehén, a un tercero o al propia policía es matándolo, entonces él tiene que tratar de hacerlo inmediatamente; si no lo hace puede morir un inocente y ahí tiene que morir el delincuente antes que cualquier otro.

Entenderá también que esto último se aplica exacto, si la posición de delincuente ha sido asumida por otro policía, o si es un camarada el que está presto a matar ilegalmente a un tercero.

Antiguamente, los policías estaban obligados por reglamento a enfrentar solos a cualquier número y calidad de contrincantes armados y en las condiciones que fuesen. Era por imperio de la extensión del servicio individual a las 24 horas, con sus implicancias de intervenir a todo riesgo en hechos delictuosos que llegaren a su conocimiento.

Esto se corrigió desde la faz reglamentaria, aunque nada cambió en la práctica. Cuando el agente está franco de servicio y anda por ahí con ropas de calle y quizás un hijito de la mano, no es persona libre y dueña de su vida: sigue atado a su estado policial. Si le toca intervenir en alguna situación, correrá la lotería que su calidad solitaria le depare y si es sorprendido y asaltado, seguramente le serán descubiertas su arma o su credencial y sea muerto por el solo hecho de ser policía. Por eso es que cuando ya no tiene andamiento una evitación, trata desesperadamente de tomar su arma y tirar cuanto pueda, es la defensa desaforada de alguien que se considera a punto de morir como un perro.

En medio de la revolución comunicacional, es bastante lo que puede hacerse por ese vigilante que está solo: dotarlo de un sencillo adminículo radial que tenga obligación de portar.

El antiguo concepto de presencia policial se conformaba con un policía armado; si estaba en servicio o franco, uniformado o no, era irrelevante. Lo importante era el arma y esto es comprensible en el marco de una policía vista como fuerza beligerante cuyo resultado se evalúa por el número de bajas que ocasiona al enemigo.

Lo cierto es que desde siempre, pero mucho más ahora, la policía es un hecho jurídico, no un sujeto con arma y credencial. Y es un hecho jurídico estatal, lo que implica una organización y una explicitud que la haga identificable. Un hombre armado sin uniforme o sin que se conozca de algún modo su condición policial, es una excepcionalidad que debe ser evitada en lo posible; no siempre se puede, pero debe procurarse. Un policía vistiendo ropas de calle no es la policía, es apenas un mal representante de ella que no puede basar su accionar más que en la fuerza que su arma le da y así serán los resultados.

Tampoco puede quitársele al agente franco su estado policial: el policía lo es siempre que vea un delito y debe estar obligado a actuar (actuar no es necesariamente intervenir): además, sabemos que un policía está condicionado existencialmente para serlo y no es posible exigirle que suspenda periódicamente su condición sin dañar la misma; asimismo, porque normalmente el policía es conocido como tal donde vive y tendría muy mal sentido que al ser anoticiado de un crimen, respondiese que no actuará por estar descansando o porque la repartición no se lo permite.

Ni puede quitársele el arma durante su franco, como se ha propuesto con el pretexto de derogar un mal entendido "estado policial". El estado policial no es un estado civil especial ni una condición política como el militar: es el conjunto de facultades y obligaciones sentadas por las leyes para el ejercicio de la función. No hace que el policía deje de ser un civil ni le concede privilegios o licencias personales; es un hecho deontológico y nada más.

En la deontología policial, la portación del arma provista tiene un viso de deber (es una pieza imprescindible del equipo) y uno de atribución (sirve de protección ante eventuales atentados por parte de elementos delincuenciales

225

a los que se hubiese perjudicado en el marco de la tarea). Ambos son bastante motivo para conservar esa portación fuera del horario de servicio; si como imperativo o no, es materia opinable y digna de un análisis mayor.

Por tanto, el sujeto es policía las 24 horas, pero no está de servicio las 24 horas; vale decir que su situación social (la forma en que la sociedad lo sitúa y la forma en que él se sitúa en la sociedad) es permanente, porque no puede ser de otra manera, pero su situación laboral se ajustará a pautas corrientes que rigen la materia, porque no es necesario que sea de otra manera. En consecuencia, tenemos que discriminar dos clases de estado policial: el normal de servicio y una variante modificada o atenuada adaptada a las horas francas.

Frente a un asalto, nos interesa que haya una fuerza de choque identificable que llegue lo antes factible y que si los asaltantes huyeron, sepa hacia dónde y en qué vehículos y todo otro dato útil: para eso es que tiene que servir el hombre en tiempo libre. Él tiene que convocar a la policía, informarla y asistirla. Para eso, el adminículo radial que mencionábamos —que puede ser un transceptor sencillo o un mero pulsador de pánico o el mismo teléfono celular del agente, quizás con el agregado de una aplicación— le permitiría informar a la comisaría local su posición y una clave que sintetice lo que está sucediendo.

Esa medida debe ser acompañada de otra reglamentaria que derogue la obligación de intervenir y se conserve únicamente la de actuar denunciando los hechos por la vía más rápida y manteniendo el contacto visual hasta el arribo de la dotación operativa, y aportando después al sumario todos los datos que su oficio le hubiese facilitado recolectar; estará además autorizado a plegarse al procedimiento si lo desea y si su encargado lo autoriza. Tiene que quedar en claro que lo que se deroga es la obligación de intervenir pero no se le prohíbe intervenir.

Reemplazar el rol protagónico del arma por el de un artefacto radial, invierte la situación: disuade la intervención individual porque exige el pedido de auxilio e instala el trabajo en equipo como pilar operacional. Sustrae la policía del combate individual y la sitúa en la acción organizada y explícita, es decir, en el hecho jurídico. Propendería además a reducir los estallidos de violencia en contingencias desesperantes, dado que la esperanza de recibir apoyo dará al policía cierta tranquilidad para aguardar unos momentos antes de sentirse totalmente perdido.

Aunque ésta, la bonaerense del conurbano, es una comunidad donde el policía corre riesgos por el sólo hecho de serlo y además, reside por regla general en sitios que le son adversos, hay dos avances más que pueden contemplarse: a) reducir el número de armas fuera de ámbitos oficiales en manos inadecuadas, impidiendo su portación durante el franco a los agentes inexpertos o noveles que no hayan tenido actuación que los haga eventual blanco de atentado, y a los que hayan protagonizado algún hecho de mal empleo o irresponsabilidad franco o de servicio; b) elevar sensiblemente las penas por ataques a policías que se incluyan en el título "Delitos contra las personas" del Código Penal; distante de ser un privilegio, ésta sería una medida elevadora del componente jurídico en la figura del policía; lo corre desde la actual iconografía fáctico-represiva hacia una morfología más legal y dependiente o relacionada con la conducta de la población, incrementa su socialización.

Volviendo a la vigilancia, no pensemos ya en detención, sino en la sospecha de un crimen; significa que el vigilante no constata, pero tiene indicios para creer que puede estar ocurriendo o haber ocurrido un ilícito o incluso, sin ser indicios, presunciones para suponerlo, caso que por más subjetivo que pueda parecer, obliga a una movilización en averiguación. Esto entra en el celo exigible al agente, que como está puesto allí para observar, debe sacar partido de todo lo que ve y en su tesitura prevencional, debe anticiparse y predecir.

Supongamos que lo que ve es a un desconocido visiblemente foráneo y mal entrazado, que no sólo desentona en apariencia sino también en lógica, su presencia no es coherente con las circunstancias y su actitud no es despreocupada sino mañosa. Supongamos también que viene el vecino de enfrente y comenta al policía que ese sujeto lleva horas allí y además le da la sensación de que inspecciona los movimientos de su casa.

Sin formularse juicios y desprovisto hasta el momento de presunciones, el vigilante le pide una identificación y no la obtiene. O sí, y resulta que se llama fulano y nació en tal sitio, con domicilio en tal otro: eso no dice mucho respeto del momento presente. Lo que hace a continuación el agente —lo que la ley le manda hacer y lo que ese vecino y nosotros queremos que haga— es interrogar al desconocido sobre los motivos de su presencia en el lugar; las respuestas que logra non esquivas o inconsistentes; no satisfacen ninguna lógica. O sí lo son, pero la cosa no cierra, hay algo que no encaja o que no está suficientemente explicado. Existe un conflicto de derechos: el de los pobladores a su tranquilidad y el del extraño a su libertad.

¿Qué hará el agente? No lo pensará mucho: la ley lo faculta o debiera facultarlo a proceder a la detención en averiguación de antecedentes, conducta y medios de vida por un lapso no mayor que el tiempo suficiente para establecer esos datos. Conducido a la dependencia, el individuo será identificado y notificado por escrito de su detención —en este caso debe llamarse demora—, se comunicará a juez o fiscal de turno, se le permitirá comunicarse telefónicamente, no se lo alojará con presos, se le averiguará si registra pedido de captura o paradero, si el criterio lo sugiere se le tomarán fichas dactiloscópicas y según lo que se averiguase, se irá luego de una nueva notificación escrita.

Esta figura de averiguación de antecedentes se presta a un buen número de tergiversaciones, la mayoría debidas a la amplitud con que la ley define sus alcances y metodología, que da a los policías un marco de discrecionalidad que conduce al abuso, tan reiterado que ya hay todo un movimiento público en contra, algunos de cuyos exponentes proponen la lisa y llana abolición.

Dos son los alcances que se cuestionan a la medida: que un policía queda facultado para detener a cualquiera a su solo deseo y que esa demora puede tomarse por una real privación de libertad. Todo eso es verdad, de hecho es algo que ocurre. Pero la policía no hace más que utilizar un instrumento legal; por lo tanto no es cuestionable, tiene la razón.

Más allá de que muchos de los que protestan por la medida son en realidad absolutamente pasibles de ella (ladronzuelos, lúmpenes, patoteros, etc.) hay un gran número de personas que han sido históricamente víctimas inmerecidas de semejante tratamiento, por cuanto también tienen razón. Entonces si ambas partes tienen razón, lo que falla es el estado, al no delimitar y reglamentar debidamente el instituto.

Supongamos que un señor abolicionista consiguió por fin liquidar la A. A. de la legislación policial y ahora no se puede demorar a nadie sin orden judicial o constatación transgresional. Supongamos también que por un rato le ponemos el uniforme a él y le endilgarnos los deberes y responsabilidades del estado policial; apostémoslo en la entrada de un centro de exposiciones repleto de público y ordenémosle cuidarlo tan celosamente como lo hizo con las libertades individuales.

En eso, divisa a un sujeto de aspecto árabe que con mirada desenfocada y paso decidido de fundamentalista árabe se encamina a la puerta de acceso portando una valija pesada a la manera de un hombre-bomba árabe; antes de que se aproxime más, le da la voz de alto, pero el otro sigue como si nada; él siente el lógico impulso de detenerlo, de frenarlo y tiene que hacerlo con celeridad, allí cuentan los segundos porque la eventual bomba está programada; lo que sucede es que no tiene cómo detenerlo y el que haya desoído su voz de alto "arbitraria", no le da lugar a encuadrarlo en desobediencia.

De algún sitio sale un adolescente de unos quince años, un menor que no es apto como testigo; se le aproxima corriendo y le informa que ese hombre abrió su maleta en un negocio vecino y él vio que adentro lleva cosas muy extrañas, como artefactos raros; nuestro improvisado policía traga saliva y concluye que tampoco así tiene elemento legal para proceder; lo único que tiene es una gran urgencia de parar a ese sujeto y decide hacerlo ya como sea.

Entonces, se le ocurre la posibilidad de que sea sordo o no entienda el castellano, o que esté absorto y no haya oído su voz de alto, que sea un visitante ilustre o un técnico que trae aparatos para reparar la central telefónica, o un amigo del director de la entidad y una docena más de cosas que podría ser en lugar de un hombre-bomba.

Y mientras se debate en su indecisión entre salvar muchas vidas o hacer una detención ilegal y soportar las consecuencias, observa al otro llegar a la puerta y empezar a trasponerla, al tiempo que cae en la cuenta de que como policía, resultó un perfecto inútil.

Desahuciado, devuelve el uniforme y enfila pensativo rumbo a su casa. Llega para encontrarse con una ventana violentada y un extraño que salta desde adentro con las alhajas de su esposa en la mano y fuga doblando la esquina, donde siempre hay un vigilante de parada.

Se pone a gritar como para que el policía lo oiga y además corre tras el ladrón, justo para verlo escabullir las joyas en su campera y encarar hacia donde debería estar el uniformado. Lanza un suspiro de alivio: por suerte tomó hacia donde será aprehendido.

Interrumpe su carrera y sigue a paso ágil hasta alcanzar al agente, quien se le aproxima y le dice: —Buenas tardes, señor, ¿le sucedió algo? Lo oí gritar. Sorprendido por la ausencia del caco, increpa al policía: —Pero... ¡¿No acaba de pasar un ladrón corriendo con mis joyas?!

—No señor, pasó un individuo corriendo con aspecto sospechoso: yo tuve la seguridad de que algo le había hecho a usted y le dije que parase, pero no me hizo caso. Además, no llevaba nada en las manos.

—Pero si yo grité bien fuerte que me habían robado. —Sí, yo lo oí y le repito, no había otra posibilidad de que el autor del hecho fuese el que pasó corriendo delante de mí. ¡Si con sólo alargar un brazo lo hubiese retenido!

—¡¿Y por qué no lo hizo? Usted. lo dejó escapar con mis bienes y faltó a sus deberes de detener delincuentes!

—Señor, yo no puedo detener a nadie por mis presunciones; tampoco está hecha la denuncia ni el sumario y menos aún, la orden de detención.

—¿Y a Ud. le parece lógico que yo tenga que ir a la comisaría a hacer la denuncia si tengo al ladrón delante de mí? ¡Para eso hubiese tratado de correr hasta usted y hacerle la denuncia verbalmente!

—Pero yo no puedo detener con la sola denuncia, tiene que haber otros indicios de flagrancia o una providencia en el sumario. Es más, ahora que el sujeto se fue sin que yo siquiera lo identificara, se va a complicar mucho la investigación del sumario.

—Todo esto me parece incomprensible.

—Antes, cuando teníamos la averiguación de antecedentes, podíamos usarla para casos así. Yo hubiese detenido al sujeto, usted llegaba, yo le secuestraba las joyas con un testigo e íbamos a formalizar la denuncia.

—Yo grité claramente, usted fue informado de un robo...

—Yo fui informado pero no vi el hecho, ni a usted, ni siquiera elementos dudosos en poder del que corría, y por correr no puedo iniciar un procedimiento que puede ponerse violento, solamente por lo que me dice la imaginación, porque actuaría sin asidero legal.

Esta es una zona particular de la prevención, en la que el estado ya no queda como tal, sino que el Poder Judicial pasa a segundo plano y adquiere protagonismo el Ejecutivo, y donde ante una persona ya no puede suspender la anticipación y entrar en expectación, sino que debe proceder prediciendo. Entramos en tortuosos pero ineludibles dominios de la discrecionalidad, linderos con los de la arbitrariedad.

Excepción hecha de Estados Unidos, sociedad que paga su altísimo grado de libertades individuales con un altísimo grado de criminalidad violenta, la mayoría de los países de legislación moderna conservan el instituto de detención policial presuncional, designado con eufemismos como acompañamiento, retención, demora, averiguación, identificación y demás. Empero es una detención, porque cuando el policía decidió la medida, el sujeto no puede modificarla, sólo tiene que acatarla y esto no puede manejarse de otra manera.

Vale decir que es propio el nombre que se le diera entre nosotros hasta "detención en averiguación"; "de antecedentes" ya está mal, porque implica que la policía prejuzgue a alguien por algún antecedente que pudiera registrar, cosa que compete únicamente a un juez en la forma establecida en la ley.

Más adecuado sería "averiguación de circunstancias", que implicaría identificación, domicilio, antecedentes penales o contravencionales, medios de vida y motivos de su presencia en el lugar; este último punto es delicado, porque puede confundirse con un interrogatorio, por cuanto hay que limitarlo convenientemente. La manera segura de encarar esta figura sería "detención en averiguación" (D. A.) y dotar al vigilante de una tarjeta impresa que contenga las únicas preguntas que él dirigirá al demorado. Asentará las respuestas en un acta manuscrita similar a las de tránsito; comunicará vía radial los datos del detenido o su descripción física si no los hubiere y ya estará oficializada la privación de libertad. La D. A. podría tener como únicas finalidades específicamente estipuladas, quitar a una persona de determinado sitio cuando se negase a circular, identificarla cuando ella no lo hiciese, registrarla documentalmente para disuadirla de cualquier ilícito que pensase cometer y establecer si hay captura en su contra, en cuyo caso quedará detenida a disposición del magistrado solicitante.

Será preciso que la policía esté facultada a identificar sospechosos lo más fidedignamente que sea operante, con toma de fichas dactiloscópicas si sus documentos no satisficiesen y constatación de residencia para que se sienta ubicable y desista así en caso de tener propósitos ilegítimos. Como la certificación tiene que pedirse a otra seccional o quizás a otro distrito, puede tomarse fotografía al causante; si es en realidad elemento delincuencial, no aportará un domicilio verificable y tampoco podrá retenérselo por mayor tiempo del legal; él sabrá esto y jugará con los tiempos, así que una buena foto sería bastante disuasiva. Luego de todo esto, se lo liberará.

Si un investigador policial está seguro de quién es el autor de un hecho y aún no consigue formarle prueba meritual para detenerlo o bien, si su oficio le dice que la persona que tiene delante "debe de haber cometido" tal o cual hecho y necesita tiempo para indagar, puede sentirse tentado de usar la figura para asegurarse la presencia física del imputado.

En abril de 1996 se dio un caso testigo, al detener suboficiales de la Policía Federal a tres personas en la vía pública para su identificación, y una vez en la dependencia, fueron requisados y se les decomisaron tarjetas de crédito de procedencia ilícita, incoándose el sumario judicial; la jueza correccional interviniente, liberó de inmediato a los tres por considerar ilegal la detención, toda vez que "no se cumplieron los requisitos para efectuar un arresto sin orden judicial", lo que las hizo "arbitrarias y atentatorias del derecho a la libertad personal, según lo establece el Pacto de San José de Costa Rica".

Por su parte, el comisario de la seccional preventora proclamó que la policía "está facultada a arrestar a alguien para establecer su identidad si con su ojo clínico lo encuentra sospechoso y después comprueba que no tiene documentos o no justifica su presencia en el lugar" y comentó: "Si el olfato que da la experiencia no cuenta, entonces los policías van a tener que ser adivinos o los delincuentes van a tener que salir con un cartel que anuncie que lo son".

Como ya vimos, el problema es legislativo, porque ambos tienen su razón. Pero la razón última la lleva la magistrada, porque como ella misma apunta, "no es posible aprovechar las pruebas obtenidas con desconocimiento de las garantías constitucionales, aún cuando presten utilidad a la investigación". La razón del comisario proviene de un inciso legal desactualizado y de una carencia de actualización formativa que no es su culpa sino de un estado que no asume el paso del tiempo, obviando ocuparse de los dificultosos pero impostergables ajustes ideológicos, como así de la manufactura y difusión de nuevas doctrinas.

De lo policial ya hay que descartar la noción de omnipotencia, que por otro lado, se liga insoslayablemente a la de prepotencia. No queremos que el policía sea omnipotente; nada más necesitamos que sea potente para ejecutar los actos de su labor y al unísono, observar fijamente las reglas. Las de este juego mandan que su ojo clínico, olfato o convencimiento personal carecen de valor alguno en un esquema donde la convicción que vale es la de un juez, y hasta ahí nomás.

Tendrá que saber que su tarea no es convencerse sino convencer al juzgado y no de cualquier modo, sino en el estricto que las reglas estipulan. Deberá saber además que si un ladrón queda impune no es su culpa sino del sistema y que ese sistema no lo quiere haciéndose cargo personal de la delincuencia, sino cumpliendo una tarea prefijada y sin trasponer ciertos lindes, pasados los cuales él mismo es el delincuente.

Todo esto lo tendrá que aprender para que además de

servir a la sociedad en la manera correcta, también la condicione ideológicamente en el mismo sentido. Un sentido que consiste en ajustarse a un axioma: "dura lex, sed lex".

La ley es dura, pero es la ley.´

11.- POLICÍA PENSANTE Y SOCIEDAD INTELIGENTE

Aunque un día consigamos vivir en la "dorada dictadura de la ley", la policía de seguridad no dejará de encargarse de su otra misión: la preservación del orden público. Quiere decir, velará por que haya bastante orden público.

Es prudente conformarse con lo "bastante", porque si pretendiéramos perfecciones, fomentaríamos absolutismos que llevan sin remedio a poderes sobredimensionados y harto violentos, o sea, dictaduras lisas y llanas; indefectiblemente, el orden "perfecto" precisa de campos de concentración u otras exclusiones por el estilo.

Hablar de democracia es hablar de elasticidad, que no es la debilidad que tan fácilmente le achaca el discurso fascista; antes bien, es tolerancia, amplitud de límites, límites que al fin existen con toda la firmeza requerida.

Esta difícil "elasticidad con firmeza" es delineada por la ley y debe ejecutarla la policía. Y justamente, es esencial a una genuina democracia tener una policía que en funciones de seguridad, logre ser elástica pero firme, flexible pero fuerte.

Para que pueda entenderse qué debe hacer la policía en este tópico, hay que clarificar algunas cosas: en primer lugar, que las alteraciones del orden no pueden prevenirse; pueden preverse y adoptarse recaudos en prevención de delitos y faltas consecuentes a ellas. Pero no es factible tomar recaudo para evitar que alguien altere el orden, salvo detenerlo preventivamente, lo cual es ilegal del modo en que se lo mire o encuadre. Hay que esperar a que cometa el desmán o que lo intente palmariamente y entonces ver qué se hace.

Luego, que el orden público es en sí mismo, un concepto vacío. Es una tipificación difusa que siempre sirvió como pretexto al Poder para eventualmente utilizar fuerzas policiales a la manera de guardia de palacio; todo lo que la categoría de orden público implica, está contenido en la legislación (Código Penal, Ley de Faltas, Ley de Tránsito y otras leyes, decretos y disposiciones con fuerza legal) por lo que si mandamos a la policía a proceder como le dicen las leyes, tenemos el orden garantizado en todas sus formas; pero además, habríamos reemplazado un mandato discrecional por otro legalista. Buena diferencia.

Casos menores del ítem orden público, están puntualmente contemplados en los código de faltas, que en líneas generales les dedican sendos artículos: prostitución con escándalo; ebrios en estado calamitoso circulando por la vía pública; indigentes entregados a la vagancia plena; peleas callejeras o su provocación, por parte de individuos o patotas; ostentación o disparo de armas; soltar o azuzar animales peligrosos; obstaculización de caminos; propalación de falsas alarmas; arrojamiento de cosas; mendicidad amenazante o fraudulenta; desórdenes en lugares públicos o privados; ruidos molestos; perturbación de actividades o libertad de trabajo; agresión o desórdenes en espectáculos deportivos, y algunos más que pueden ser opinables y están en discusión.

Lo que no implica que ser meretriz, transformista, alcoholista, indigente o pandillero, conforme en sí mismo una alteración del orden; la ley no reprime esas identidades sino su manifestación enmarcada en actitudes especiales como las descriptas, aquí sucintamente, pero con buen detalle asentadas en cada artículo del código. A raíz de abusos cometidos por los policías en este último sentido (proceder por la sola identidad), ha surgido una opinión contraria a la ley de faltas que ha llegado a promover su derogación, lo que es peor aún que los abusos policiales.

De eso quizá no se dé aún cuenta el derogacionista, pero podría hacerlo de golpe si frente a su casa se instalase una prostituta ofreciéndose públicamente o un travestí haciendo lo mismo semidesnudo, una patota gritando ensordecedora-mente al tiempo que destrozan en la acera las botellas que van vaciando, un beodo que se pone a orinarle la verja, un indigente que pernocta frente al portón. El hombre tendría fundamentos para intranquilizarse y todo el derecho de que el estado le resuelva el tris. Para eso, llama a la policía y llega una dotación que verifica el suceso. Imaginemos que el encargado de esa patrulla diga al denunciante que tiene toda la razón, pero que no hará nada al respecto porque legalmente no puede, agregando un cortés saludo y retirándose, no sin maniobrar para que un fondo de botella no corte un neumático, mientras los de la patota lo insultan o el travesti lo saluda glamoroso tomándose la entrepierna.

La derogación en todo o en parte de los códigos de faltas no resolverá los problemas que hay, porque éstos no son de contenido sino de aplicación. El más grande es que tanto en la constatación como en la detención, actúa y actuará siempre el empleado policial que compruebe la situación, cualquiera ser su rango y formación, cosa que no puede cambiarse. El agente que vea una infracción tiene el mandato de proceder sin dilaciones y si no hubiese testigos a mano, habrá que bastarse con los dichos del policía. Claro que se exigen testigos, pero el caso es que no siempre son posibles y el procedimiento hay que hacerlo igual. De todos modos, las cámaras de video que hoy cubren prácticamente todo el espacio público, aportan un auxilio invalorable en la reducción de esos viejos inconvenientes, quedando solamente uno que por lo básico, amerita un mayor análisis.

Habiendo sido trazada la policía como fuerza numerosa y subalterna, desde siempre se ha intentado programarla para que carezca de decisión y se confine a ejecutar lo que se le manda. Craso error, en el cual sin embargo se persiste porfiadamente, buscándose nuevas cinchas para una expansividad funcional que ella no urdió, sino que viene naturalmente acoplada a los tiempos.

Contra la lógica no se debe ir y lo que ella está diciendo es que la misión policial se ha intrincado hasta extremos que no son ya abordables desde mecanicismos, sí a partir de cierto ejercicio intelectual. Cumpliendo ese ejercicio, los policías se desarrollan más de lo permitido y como es natural, actúan acorde a ese desarrollo, facultados o no por las reglamentaciones que pretenden retrogradarlos. Los espacios de discrecionalidad que ya estudiamos, sólo tienden a crecer y se multiplican las situaciones en las que el policía se ve obligado a decidir, frecuentemente en contra de la ley que lo rige.

La de tránsito, por ejemplo, le manda levantar actas cada vez que constate una infracción; pero como él no puede hacerle actas a todo el mundo todo el tiempo, opta por dejar pasar algunas o quizás todas, quebrando así aquella ley. En este caso, la ley pretende ir contra la lógica, que aconseja al policía algo de tacto para no agredir exageradamente a la gente, le pide que sea razonable y utilice su criterio. Quiere para estos tiempos, policías con criterio; pero no que sean autorreferentes, sino que continúen cumpliendo la ley. Para ello es preciso que la misma norma les acuerde criterio, les confiera una franja discrecional, pero que no sea excesiva. Sólo la necesaria, para que sea al fin posible hacer el trabajo policial sin quebrar la ley.

Aquí, la elabora una sociedad política más feudalista que demócrata y así son las que arroja: de aspecto marcadamente liberal, casi siempre incluyen la cláusula que las pone al servicio del interés burocrático y deja al azar la situación del resto, que podríamos llamar infraburocrático. El sistema legal está plagado de instrumentos con partes que son de observancia imposible y sin embargo siguen en vigencia porque los empleados estatales están hechos a la precariedad y el poder político se desentiende: el problema es en suma, del empleado.

Las leyes de faltas clásicas consagran la acción pública en materia contravencional y obligaba a la policía a proceder de oficio cada vez que una falta sea certificada. Afortunadamente, los policías delinquieron continuamente al incumplir ese mandato, no levantando todas las infracciones que constataron, porque si hicieran algo así, directamente no se podría vivir ni afuera ni adentro de las comisarias.

Obligar a la policía a hacer contravenciones, es obligarla a agredir irracionalmente a la comunidad. Y es colocar en posición delictiva a los funcionarios responsables de aplicar esa ley.

Flexibilizar la acción contravencional (con precisiones contenidas en los textos legales, es decir completamente formalizadas) es dotarla de instrumentos racionales para sortear lo intrincado de su misión actual, sin lastimar a la comunidad.

Si aspiramos a una dictadura de la ley, lo primero será hacer leyes que puedan cumplirse.

Los casos de probable alteración mayor del orden, corresponden a la acción de grupos minoritarios y hay que diferenciar dos grados: organizados, cuando se puede esperar desorden como corolario de su cometido (por caso, manifestaciones, actos políticos) y desorganizados, cuando la alteración puede darse casualmente y desconectada del contexto (reuniones deportivas, espectáculos multitudinarios, aglomeraciones de jóvenes). En esas situaciones, sólo compete a la policía colocar suficiente dispositivo para contener lo que pudiese ocurrir, recordando que no reprime ni repele: se instala, vigila que la ley se observe, y cuando ve que no, procede como la ley le manda para después replegarse. Vigila, procede y se repliega.

El instrumento de la legislación policial sancionada en 1974, rezaba: "Prevenir y reprimir toda perturbación del orden público, garantizando especialmente la tranquilidad de la población, la seguridad de las personas y la propiedad contra todo ataque o amenaza". La intención de protección es clara, pero lo notable es que el ente agresor queda ubicado como foráneo, como extraño a la población, semejante a una horda depredadora que invade desde un reino ajeno. Da por sentado que los perturbadores no pertenecen a la población, dejando abierta la puerta para su satanización y destrucción (la época de origen nos pauta que se pensaba como alteración del orden, no solamente la del público, sino también del religioso y del económico).

En 1980 el gobernador militar sustituyó esa Ley 8268 por el Decreto/Ley 9551, que obliga a la policía a "Mantener el orden público, colaborando en la obtención de la paz social" (colaborando con los militares para que, ganando la guerra, se logre la paz).

Ambas formulaciones arrastran doctrinalmente a los

policías a valorar más como feroces enemigos que como vecinos nerviosos, a aquellos que componen minorías descontentas. Una forma saludable y moderna de elaborar ese apartado, sería: "Contener toda perturbación del orden público, con arreglo a la legislación vigente, garantizando la tranquilidad y seguridad de la población pasiva." En otro ángulo, hace falta señalar que actualmente el concepto de alteración del orden público ha sido modificado y se toman por manifestaciones normales cosas que antes constituían desmanes, enviándose a la policía a hacer un acto de presencia donde en realidad y con el pretexto de evitar enfrentamientos civiles, lo que hace es cuidar al alterador mientras altera el orden. Empero, es una más de las distorsiones inescrupulosas de la dirigencia política que quedan fuera de toda posible teoría de seguridad pública que pueda elaborarse, por cuanto persistiremos este desarrollo ateniéndonos a la legalidad.

Acerca de medios técnicos, nada hay que inventar; todo lo que está en uso es útil y adecuado, dependiendo de cómo se lo emplee. La cámara de video es la última incorporación y la más eficaz en cuanto a disuadir delitos concretos durante los desmanes, ya sea callejera o como equipamiento policial; gases lacrimógenos y postas de goma para escopetas, contienen sin lesionar demasiado y siempre que se los aplique correctamente; pero lo que hacen es lesionar, igual que el bastón o tonfa. De igual modo, caballos y camiones hidrantes frenan el avance sin lastimar, a excepción de que sus operadores tengan la intención de hacerlo. Y siempre volvemos a lo mismo: en policía, el factor humano es la cuestión central.

De cualquier forma, si se llega a una agresión virulenta de parte del sector alterador, la situación adquiere ribetes de conflicto en el cual la policía tiene la obligación de prevalecer, como estado que es. Sin perjuicio, este tema admite también otras perspectivas: mientras dure la inmensa centralización política que reduce a la población y también a la policía a masas y pone las cosas como un enfrentamiento de masas, esta percepción predadora que se hace de grupos disconformes no cejará y revestirá asimismo una parte de verdad, porque incluso esos grupos serán una masa desorganizada que se atreve amenazadoramente contra un poder superior acostumbrado a no aceptar la existencia de algo diferente a sí mismo o a sus deseos.

Para que cualquier poder tolere algo diverso de él, tiene que ser obligado; la hipercentralización genera poderes muy grandes y paralelamente, desorganiza al resto porque se enseñorea un flujo centrípeto que sustrae energía y sustancia a lo externo para llevárselo a lo central; así, el resto no consigue una presión suficiente para obligar al poder a nada y queda a su entera merced.

Para que el policía tenga un perfil democrático completo, es preciso que intelectualice la violencia, que sea capaz de pensarla como un factor objetivo y no como uno subjetivo. La violencia tiene ser algo externo o lateral de lo que él echa mano, emplea, y vuelve a poner donde estaba; él domina, digita la violencia.

La intelectualización de emociones o instintos es siempre una elaboración cultural; las personas no nacen con ella incorporada sino que la adquieren tras su relación con el medio. La Policía Bonaerense tiene un lote de personas que no han hecho esta elaboración y conciben la violencia como algo espontáneo, un legítimo brote libidinal; entonces el tope es la coerción legal que pudieron haber aprendido o la inhibición moral que se les haya inculcado o el freno sentimental que pudieran traer, es decir, factores ambientales y emocionales, pero no intelectuales.

El comisario general Klodczyk ha sido el jefe de policía de mejor perfil cultural; sin perjuicio de ello, en un reciente reportaje contó cómo descargó una pistola 45 sobre un asaltante que pretendía robarle en un lugar infestado de transeúntes y se justificó: —Me puse loco y empecé a tirar; no pensé en las personas que estaban en el lugar.

Esto lo redondea como digno representante del guerrero policial bonaerense, una estirpe que en concordancia con los cánones de la particular sociedad en la que se inscribe, no logra poner a la violencia en el lugar restringido que debe ocupar en su psicología. Enormes segmentos de la sociedad bonaerense erigen la violencia como un valor prevalente en su sistema de relaciones que es, qué duda puede caber, primitivo, elemental.

Allí, alguien que hable de derecho suena loco o petulante, la sabiduría se extrae de supersticiones ancestrales, fuentes religiosas o sectarias diversas y la televisión, y como única justicia orgánica visible, es entronizada la policía. Hay que reconocer que lo jurídico requiere del vehículo del intelecto y que no se puede aplicar cabalmente el derecho para organizar personas que lo que han entendido hasta el momento es el lenguaje de la fuerza.

Esto no quiere decir que deba renunciarse al derecho, como en realidad se estuvo haciendo en el conurbano, que entre parodias y vodeviles se vino manejando verticalmente, sino que es impostergable hacer cundir sus preceptos en forma rauda.

Tal rapidez no puede proveerla la escuela ni las arraigadas políticas populistas, pero sí puede hacerlo el singular órgano masivo de derecho que opera en ese estamento, la policía. El Poder Judicial es percibido como un ente casi abstracto por lo distante e ininteligible y los abogados, sacando algunas simples cuestiones laborales, son un lujo asiático. En vez aquella, así como ha sostenido esa realidad violenta por haberla asumido tal cual es, puede cambiarla si se coloca por encima de ella y procura arrastrarla por otros rumbos.

En esos términos, tiene que producir dos disociaciones conceptuales en su cultura tradicional: tiene que disociar violencia de valentía y valentía de mérito profesional. Tiene que labrar la elaboración consecuente e implantarla en su personal: si no, ellos seguirán manejándose con los valores de la colectividad de la que provienen, que identifican violento con valiente y valiente con meritorio; por carácter transitivo, la violencia resulta un mérito.

En el imaginario miliciano, el mayor mérito recae en el valiente, entendido como tal el soldado arrojado, que no titubea en lanzarse a la lucha a la ventura, situación que impone el máximo grado de despliegue violento irracional. Tiene que quedar en claro que nuestra condición miliciana no toma los preceptos de la guerra moderna, sino que proviene de pautas bélicas del siglo XIX; hoy día ni en la guerra se puede hablar de irracionalidad en la violencia.

En teoría de la violencia, hay que recurrir a los postulados de las artes marciales orientales: primero se enseña la violencia, toda la violencia, y después se exige su reserva. Esto es muy lógico: nadie puede controlar lo que no conoce; para dominar algo primero hay que conocerlo bien; y además, no hay que tener demasiado miedo, porque el temor atenta contra el control.

El enfoque es el siguiente, desde la posición del educador: en primer término, estudiar todas las vías de agresión de que se puede ser objeto, clasificarlas y enseñarlas; aquí ya tenemos el enemigo en la conciencia, desaparece el miedo a lo desconocido o disminuye abundantemente. Luego, instrumentar técnicas para encarar airoso cada una de esas vías de ataque; aquí ya tenemos el triunfo asegurado en gran medida. La violencia ya tiene una base teórica y un componente práctico, está intelectualizada y disociada de la valentía, que ahora aparece con su sentido invertido: valiente es quien contiene la violencia, quien no se amilana ante el ataque, quien más demora en aplicar la propia o quien triunfa con la menor aplicación de fuerza. Valiente es pues quien más se domina o menos se asusta, la valentía pasa de irracional a intelectual.

La policía por otra parte, siempre debe tener el triunfo asegurado porque es el estado y necesitamos que él sea invulnerable ante despliegues de violencia; para eso le damos todo lo que le haga falta, pero también le ponemos límites, porque ella tiene que convivir con todos. Convengamos que aún hay trabajo por hacer, en tanto que ni aprendió a asegurarse el triunfo en todos los casos deseables ni a atenerse a todos los límites legales.

Propender a asegurar el éxito, es una idea ligada a la prevención; no significa triunfar a cualquier precio ni estimular a subalternos a ganar por la violencia, delegación tan concurrente con el ladinismo que propulsa al poder autóctono. Decenios ha, en tiempos de policía brava, se estilaba ascender al grado siguiente a los numerarios que participasen en procedimientos descollantes, bajo la figura nada criticable de "méritos extraordinarios del servicio", es decir, involucrándose más allá de la obligación reglamentaria.

El problema era que la tónica miliciana ponía esos méritos solamente en situaciones de refriega, o sea de extremo riesgo o extrema violencia, según como se lo quiera ver, y hacía a un lado actuaciones destacadas en investigaciones o actos de arrojo diversos. En estos últimos, la cosa generalmente llegaba a una profusa felicitación, con diploma, medalla y aplauso, pero el ascenso quedaba reservado para los valientes que se enredaban en enfrentamientos cuyo grado de riesgo era medido por los abatidos resultantes o los policías heridos o muertos; de no mediar cuestionamiento judicial en la causa, los óbitos terminaban tomándose como prueba irrefutable de coraje para enfrentarse con sujetos peligrosos.

Más acá en el tiempo, la medida se derogó para los oficiales y quedó circunscripta al personal subalterno, y como no fue jamás una situación reglamentaria sino discrecional del Jefe de Policía, fue cayendo en desuso ante los reproches que fueron dándose a este tipo de acciones policiales y las dudas que se fueron abriendo en algunas causas judiciales.

En esencia, todo ese proceder premiaba la violencia y no el riesgo corrido (muy difícil de mensurar) y tomaba los abatidos como certificado de valentía (cuando podían ser todo lo contrario) Además, es absolutamente vicioso, porque no puede premiarse a un policía por tener coraje, dado que eso constituye su obligación regimental: el coraje no se premia, sino que se exige.

La estampa de méritos extraordinarios es saludable, porque son de ocurrir actos de arrojo para salvar a terceros o abocamientos apasionados a investigaciones con esclarecimientos que de otro modo no se lograrían y estas cosas hay que reconocerlas y publicitarlas. Pero si la ponderación es por haber corrido riesgos fuera de lo común, que esos peligros hayan sido solamente suyos y no que los haya hecho extensivos a otras personas. Como regla de fondo, debe fijarse que toda merituación, sea o no en refriegas, se haga a tenor del ajustamiento a las normas del trabajo y a la entrega al equipo.

Asimismo, todo valor meritual tiene que establecerse por vía investigativa: asuntos internos debe agregar a todas sus indagaciones una opinión acerca del mérito del personal interviniente y esa debe constituir la principal instancia valorativa. Sin investigación real, seguiremos caídos en el recuento de muertos y heridos o la opinión de superiores corporativos a la hora de acordar premios y castigos.

Otra cosa que tendría que hacer nuestro hipotético asuntos internos, pero esta vez en el supuesto inverso, cuando el personal aparezca imputado de delito o transgresión administrativa grave, es, además de toda la investigación de rigor, un informe acerca de la subjetividad de los agentes encartados. Esto es apropiado porque a pesar de toda la organización y toda la educación que pueda suministrar la institución, habrá un mínimo porcentaje de empleados que no sintonicen y sean por lo tanto, focos de dificultades que deben ser conocidos y evacuados por la conducción.

Para que esto proceda hay que crear canales que hoy no existen y pasa que esos focos, detectados o no, permanecen en sus sitios prestos al despropósito, con el agravante de que actualmente no son un mínimo: sigue habiendo personal infiable, sospechoso de ilicitud o que directamente exterioriza ideología indebida o contraria a la ley y es francamente poco lo que de fáctico puede hacerse al respecto.

La reglamentación es muy vaga para con esto y sigue como talante general, la línea del derecho penal: si no hay cuerpo del delito, no hay delito; si no hay un hecho consumado, no hay falta disciplinaria. Esto es muy justo, es loable extender la liberalidad de nuestro derecho a las normas policiales y así proteger a los agentes de ciertas arbitrariedades; pero es injusto con la sociedad, que tiene derecho a precaverse contra fallas del estado.

Tampoco es propio hablar de disciplina en estos casos, porque no se trata de aplicar sanciones, sino de detectar elementos inconvenientes antes de que esculpan el cuerpo de un delito. Regresamos al problema de la anticipación esperable del estado; y además apreciamos que el derecho penal y el administrativo en materia policial, tienen algunos puntos de contacto y amplias zonas de divergencia: la ley penal sólo reprime conductas tipificadas y la administración policial tiene que asistir la actividad judicial en ese sentido, pero también tiene que prevenir, incluso posibles desviaciones propias. Para eso define conductas de su personal y las hace pasibles de represión interna, pero le falta definir y canalizar situaciones de falla potencial, porque más que castigar cuando el hecho sucedió, nos atrae que ese hecho nunca suceda.

La normativa que rige la policía dispara andanadas de sanciones sobre las faltas menores o medias, pero se vuelve difusa al trazar las intolerables, área en la que abusa de las imprecisiones; o recurriendo al principio penal de inocencia, sólo cesantea tajantemente a los funcionarios condenados judicialmente y se olvida de los procesados, quienes cuando logran solucionar esa situación, pueden volver al servicio normal; o, como ya vimos, es muy poco lo que responsabiliza al superior por los yerros del subalterno y cuando lo hace, es tangencialmente.

Una forma de atacar la cuestión sería regular los conceptos de aptitud e ineptitud del agente para cada tipo de labor; en toda organización las hay de distinto grado de compromiso y en las policiales están tanto las de máxima delicadeza como otras de complemento a las que se pueda rotar a empleados cuya aptitud decrezca o desaparezca, pero con una metodología preestablecida para que no haya voluntarismos.

Habría que contemplar también algún tipo de cesantía inherente a la pérdida de aptitud y una forma justa de que los policías que hayan sido procesados judicialmente, no regresen al servicio; es cierto que cualquiera puede tener la desgracia de verse incriminado equívocamente en una causa, pero es asimismo real que muchos de los que obtienen sobreseimientos o absoluciones podrían ser en realidad culpables y la policía no puede tener en sus filas a personas que hayan delinquido o sospechosas de haberlo hecho.

Así que si la causa es leve, lo pondremos detrás de un escritorio que no esté en una comisaría, y si es grave, lo retiraremos, indemnizaremos, ubicaremos en otra repartición pública o compensaremos de alguna forma equitativa, pero de la policía tendrá que irse.

Para que todo este mecanismo sirva, habrá que obligar a los responsables a conocer y evaluar continuamente a sus subordinados y estimular al personal para que informe las anomalías que pudiere ver en sus camaradas. No estamos hablando de un régimen fascista, o de recrear la KGB, ni de institucionalizar la delación; dijimos estimular, no forzar ni premiar; y no informar acerca de cualquier cosa sino de un glosario concreto y preelaborado de anomalías que se reputen como causales de ineptitud por su perjuicio al servicio, a la seguridad de la gente o los mismos policías, a la vigencia de la ley y a la imagen de la institución.

Hablamos de algo serio y conveniente, necesario a quien informe, que tiene derecho a contar con una vía de acción para ampararse de un camarada desviado o disminuido y sabiendo de antemano que su denuncia no aparejará castigo sino un justo reencauzamiento. Como en policía no hay más objetivos que los de la sociedad, el agente que informa está tutelando los intereses de la sociedad, que son los suyos y los de los otros miles de policías.

Entonces cuando asuntos internos produzca a su turno su información, asentará si el efectivo acusado de transgresión grave muestra alguna ineptitud, si sus camaradas la notaron, si informaron en su momento y si el superior anoticiado adoptó el procedimiento correspondiente, o si de su parte hubo responsabilidad negligida.

Métodos tales no integran el catálogo de nuestras simpatías; voces argentinas bramarán para condenar la "delación", pero como es costumbre, sobreinterpretando y olvidando que el "no te metas" es el gran culpable de nuestra ruina civil.

No meterse es en lo político, no participar; pero en lo individual es algo aún peor: es asumir un lugar bastardo, haciendo todas las concesiones al otro, extendiéndole un cheque en blanco para que haga con uno lo que quiera. De cualquier modo, para soportar las miserias siempre hay una forma de autoengaño: nos satisface meter un bocado o proferir un ladrido o levantar un dedo y no queremos darnos cuenta de que lo hacemos tan solo cuando nos autorizan, cuando suena el silbato dando un breve recreo.

Los popes de la Unión Soviética deben haber acariciado el sueño de colocar aquí una delegación del Kremlin, porque ni en setenta años de la más despiadada y tecnificada represión consiguieron en sus tierras un autismo político como el que nosotros obsequiamos con menor resistencia que la que ante su cazador hubiese opuesto el pájaro dodó. No lo consiguieron por no haber logrado montar el control social que nos honra en este punto: tenemos una cerrada vigilancia recíproca a nivel interpersonal orientada a que el otro no se meta con uno. Es decir, no solamente cada individuo se reprime sino que además reprime a los otros, generándose una modalidad social que encierra a cada uno en sí mismo y hace las delicias de cualquier ambición totalitarista, porque los actores sociales se mantienen ocupados vigilándose entre ellos y no controlan al Poder.

Si el individuo acepta recluirse en un lugar tan espurio, no tendrá ética o tendrá la ética de un dependiente. El dependiente no necesita ética mayor, sólo la imprescindible para agradar al amo; quien sí necesita una ética desarrollada es el ciudadano, porque le es funcional. Hace que además de controlarse a sí mismo en cuanto a sus obligaciones, vigile también la salud de sus derechos; esto lo lleva a ver que los demás también observen las obligaciones y a aceptar que en ese marco, lo observen también a él, juego que da lugar al control social y su moral convergente.

En términos ciudadanos entonces, la delación queda limitada a su sentido original: la revelación que hace un cómplice acerca de un delincuente. Sólo puede delatar a un transgresor, otro transgresor que le esté asociado; si alguien desvinculado al transgresor lo revela, no lo está delatando sino que lo está denunciando. Si se considera delación a una denuncia, es porque el denunciante se toma por miembro de la misma gavilla que el denunciado o por habitual de conductas equivalentes a las que se denuncian, es decir, como un rufián que revela a otro rufián. Si esto opera como clisé cultural, es porque una sociedad considera a todos sus miembros como rufianes de hecho o en potencia.

Nuestra sociedad tiene millones de personas que se obligan a verse como marginales aunque no cometan un solo acto ilegal y quizás no estén dispuestas a cometerlo nunca, pero viven en espacios de oscuridad que resguardan celosamente de la luz que pueda echarles la mirada del otro y esta doble vida, esta insinceridad en lo público, les da la sensación de ser algo rufianes.

Puesta así la comunidad como entidad mafiosa, las únicas denuncias que se toleran son las que dan algún beneficio al hacedor, lo que se extiende también a los testimonios. Es decir, que está bien si alguien va a decir que otro le está robando o a testimoniar a favor de un allegado o tal vez para evitar una sanción en caso de obligación real de declarar; pero está mal visto hacerlo por cosas que no atañen a uno, o sea, inmiscuyéndose en asuntos "ajenos".

Sin embargo, en una comunidad con moral, los ciudadanos declaran cuando ven peligrar la vigencia de la ley o la moral societal; en un contexto tal, revelar transgresiones de otro no es delación sino denuncia o testificación. Existiendo separación entre el marginal y alguien honorable, este último no delata sino que denuncia un factor dañino al conjunto que lo contiene. Intenta preservar su hábitat.

No basta con tener la ley vigente: hay que vigilar que se

cumpla y esto, además de las autoridades, tenemos que hacerlo todos porque con ellas solas no alcanza. Además, policías y particulares son socios porque usufructúan el mismo hábitat y son iguales porque ostentan el rango de ciudadano.

Cualquier incumplimiento de una ley suscita una víctima que inexorablemente será uno de nosotros: si el resto no reacciona, habrá otra víctima y luego otra y siempre será uno de nosotros.

Es importante entonces actuar a tiempo, adelantarse al quebranto de la ley estableciendo una vigilancia ciudadana. Seguir pensando que esto no se puede, no se debe o no corresponde hacerse, es pernicioso y retardatario y no podemos continuar retardados respecto de nuestros grandes errores.

Si como Donne y luego Hemingway nos pintaron, por cada víctima sonaren tañidos, sería justo preguntar: ¿Por quién doblan las campanas?

Si el caso fuese el nuestro y aún no hubiésemos reaccionado, sería prudente contestarnos: Doblan por ti.

Parte IV LA ESTRUCTURA

12.- BARAJAR Y DAR DE NUEVO

La democracia entendida etimológicamente, o sea, el gobierno del pueblo, requiere que haya un pueblo. Si la característica de la masa es que sus integrantes han abdicado de su individualidad, tendremos pueblo cuando logremos que las personas jamás pierdan del todo su individualidad, es decir, su conciencia de identidad. Aquí surge una cuestión cuantitativa: un pueblo vivo, consciente, no puede tener cualquier dimensión, no puede ser tan extenso que sus individuos pierdan el suficiente contacto entre sí y con su realidad común y, lo peor, sus posibilidades de expresión singular hacia el poder rector.

Para que un grupo humano funcione como pueblo en su relación con las instituciones, su realidad común tiene que limitarse. ¿Hasta dónde? Hasta que el contacto entre los individuos sea suficiente para que se palpe una identidad común. Hasta donde cada sujeto tenga cómo expresarse singularmente a oídos del poder rector. Claro que no se habla de achicar el país. El país tiene un estado nacional y en lo que a él respecta, todos componemos un pueblo político al que se relaciona por los medios masivos de comunicación y las dependencias públicas y que se expresa con su voto y sus impuestos.

Si este esquema se circunscribe a ciertos aspectos generales de la política, los individuos tolerarán la pasividad y pequeñez que se les impone; pero si toda la vida política y cívica obedece al mismo patrón, la pequeñez se hace omnipresente y destruye la individualidad. De este modo, un estado gigantista que lo concentra todo, reduce al pueblo a masa y sustenta instituciones y medios de comunicación esencialmente masificadores.

Lo que tiene que variar son los esquemas de ciertas instituciones, aquellas cuya misión se impregna en la sociedad, llega a todos los rincones y las personas. Hay que pensar al pueblo no como una masa insuflada mágicamente de ciudadanía, sino como un conjunto dinámico de unidades menores pero autónomas, células. El pueblo no es un protoplasma que se expande indefinidamente, eso es la masa.

Una institución imbricada es la policía, cuya máxima extensión a los efectos de unificar a una porción de población con una problemática común, es la seccional. Los vecinos de una jurisdicción seccional de alrededor de 80 a 100 mil habitantes, pueden considerarse una unidad de pueblo, al compartir gran parte de lo que hace a la seguridad; más de esa dimensión, diluye lo compartido y la identidad común (siempre en el ítem seguridad) y propende a la masificación, afectando la participación.

Participar incluye peticionar y la división en unidades impone a las instituciones la habilitación de canales de retorno; es decir, la comunicación ya no puede ser monologar sino que se hace coloquial, el pueblo también se expresa, contesta. Los organismos vivientes, tienen ramales nerviosos que comunican en ambos sentidos: llevan información y también recogen información. Así, los tejidos no tienen que morir o degenerar cuando tienen dificultades, sino que pueden pedir antes lo que necesitan. De igual modo, los grupos vecinales no tienen que sucumbir a sus problemas o provocar grandes manifestaciones, sino que antes pueden peticionar las soluciones que necesitan en particular.

El dar soluciones particulares previene la formación de grandes disfunciones generales (tisulares o políticas) y esto tiene una relación directa con el orden deseable. Como en la actualidad todo hay que pedírselo al gobierno central, se suscitan muchas protestas (potenciales alteraciones del orden público). Si hubiese una celularización política con su concordante estructura administrativa federalizada (genuinamente federalizada), tanto las peticiones como las soluciones cursarían localmente, el pueblo estaría más tranquilo y las grandes movilizaciones quedarían reservadas a cuestiones aisladas, de esas que no pueden desconcentrarse de lo central.

Pero en aras de generar una situación de pueblo concomitante con una democracia sustancial y no delegativa o formal, es imprescindible descentralizar todo lo que sea descentralizable, y la policía sin duda lo es. Por lo tanto, empecemos a descentralizarla partiendo de una nueva organización.

Las organizaciones sanas son las que se hacen partiendo

de su cometido; y más sanas son cuanto más se parezca ese cometido a la real necesidad del destinatario. En nuestro caso, el destinatario es la sociedad y el cometido es vigilar su seno para verificar la observancia de la ley y poder adoptar recaudos en todos los casos en que se certifique su incumplimiento. Sobre ese fondo idearemos una organización que apartándose de preconceptos caducos, se inserte en los tiempos actuales de nuestra comunidad.

Esos preconceptos, arraigados como tradiciones irreductibles, nunca se revieron y ante cada muestra de su ínsita inconsistencia, se procuró reforzarlos en lugar de adaptarlos. Cuando la realidad señaló que el sistema no servía, se robusteció el mismo sistema para que pudiese resistir los embates de la realidad, en vez de producirle cambios que le permitiesen convivir ron ella.

Uno de los males es la constante creación de órganos para la vidriera político-mediática desde la cual se engatusa a la sociedad haciéndole pensar que la solución a cada problema que vaya apareciendo —o que los medios pongan de moda— es destinarle un ente especializado; esto lo hacen en todo, incluyendo la seguridad, y lo que consiguen es una innecesaria división de tareas con el consiguiente desdoblamiento burocrático que arrima innecesarias superposición y rivalidad y consume mucho personal destinado a guardias ociosas de las unidades edilicias que cada nuevo órgano requiere.

Innecesarias son también jerarquías ornamentales que no

están asociadas al trabajo que cada hombre realiza y sólo sirven para instalar un orden prelativo deformante. Las actuales gradaciones sólo reflejan la antigüedad y no guardan relación con la capacitación ni con la actividad desplegada. Crean la ilusión de una carrera cuando en realidad son un andamiaje simbólico que desvía la atención y los esfuerzos desde lo importante a lo superfluo, que nos da policías que en lugar de estar preocupados por hacer bien su trabajo, se concentran en conformar al poder interno para que les obsequie una migaja de ese poder, que nunca podrán usar porque en los hechos no existe.

Sin embargo, en nuestra cultura miliciana cosas así tienen mucho valor porque proveen la idea de un mejor lugar donde nuestra percepción nos dice que no hay ningún lugar que valga la pena. Entre los oficiales esta estratificación tiene un contenido de ilogicidad, pero emplearla con los suboficiales es algo impropio y ficticio.

La regimentación divide al personal policial en dos grandes castas, denominadas personal superior y personal subalterno. En la primera se aglutinan los oficiales, que saliendo de adolescentes de la escuelas de cadetes como Oficial Subayudante o Ayudante, van ascendiendo cada cuatro años aproximadamente, a Subinspector, Inspector, Principal, Subcomisario y Comisario, rango al que llegan casi todos los que no mueren antes o no cometen alguna falta grave; no hay posibilidades de no ascender, ni tampoco de adelantarse por méritos personales.

Desde allí y si no se cumplieron los treinta años que imponen el pase a retiro, comienza una etapa con mayor selección sobre bases voluntaristas, para subir a Comisario Inspector, Comisario Mayor y Comisario General; uno de estos últimos será designado Jefe de Policía desde el poder político, para lo cual todos los que sean más antiguos deberán pasar a retiro.

La merituación personal no consta en registro ni obedece a requisito alguno más que a la opinión de los superiores y esto que se da durante toda la carrera, sólo sirve al final de la misma y dirime si se avanza o no después de comisario.

El personal subalterno está integrado por los suboficiales, que ingresan como "tropa" o "agentes" y van escalando del mismo modo que los oficiales a Cabo, Cabo Primero, Sargento, y cuatro rangos más que según qué fuerza sea reciben diferentes denominaciones, siendo casi siempre la última Suboficial Mayor, grado en que finaliza su carrera y que a pesar de contar con treinta años de servicio y cincuenta o sesenta de edad, los mantendrá subalternos de oficiales recién egresados.

Aquí se da una de las grandes curiosidades: la institución dice que la verdadera formación del oficial es en el ejercicio, por lo que en la escuela le da una base teórica y generalidades prácticas y espera que en la comisaria lo instruyan realmente.

Pero allí existen poco tiempo y ganas de enseñar y el oficial novel da sus primeros pasos de la mano de suboficiales, que además de ser sus subalternos, nunca fueron formados por la institución. Así, entre escuela y suboficiales transcurren los primeros cinco o seis años del oficial, y es sabido que el árbol que no se endereza de chico, difícilmente pueda ser corregido de grande, en especial si dejamos ese enderezamiento a la rigurosa práctica y no existe una acción institucional concreta.

Descontando los elementos autodidactas que siempre hay (por suerte son unos cuantos) corremos el riesgo de tener demasiados improvisados y encima con igual capacidad de ascenso que los otros, cuando se trata de una estructura donde necesitamos profesionales y además, que prevalezcan los mejores.

Para conseguirlo, no hay otra vía que una actividad educativa constante unida a un régimen de ascensos por estricta merituación fundada en profundidad evaluativa. La antigüedad tiene que ser tan sólo un mínimo exigible en cada grado para asegurar que el numerario haya aprendido lo necesario y la opinión de los superiores apenas un ingrediente más de la calificación global. Es ineludible además tomar en cuenta dos datos: que exista una real vacante para el ascenso (suelen darse los ascensos en masa independientemente de los puestos que haya a cubrirse) y que el elemento desee el ascenso.

Volviendo a los suboficiales, el que llega a Mayor allí termina y tiene que estar contento, porque es lo máximo a que podía aspirar. Tenemos entonces un diagrama que discrimina y niega oportunidades a una parte del personal. Lo grave es que esa parte suma el noventa por ciento del total y qué se puede esperar de una organización que funciona con nueve de cada diez partes en situación de exclusión, desmotivación y resentimiento estructurales.

Más grave aún es que ser oficial no implica una calidad personal mayor, sólo significa la voluntad o posibilidad subjetiva o familiar de encarar un trance formativo más exigente que el otro. Pero lo peor es que así como entran de agentes elementos decididamente incapaces, lo hacen otros de notoria potencialidad que quedarán irremisiblemente malogrados en esta fatídica moledora de individualidades que es el escalafón del personal subalterno. Se cansa uno de ver tanto suboficial que sería un excelente oficial y se escandaliza de ver algunos jefes a los que una tira de sargento les quedaría grande, al tiempo que se azora preguntándose qué clase de criterio de aprovechamiento de personal es ese.

La conclusión inevitable es que a nadie se le ocurrió pensar en aprovechamiento o en rendimiento de los recursos humanos; sería una inquietud demasiado evolucionada para un ordenamiento tan primitivo.

A poco de ponerse uno a hacer números, aumenta su azoramiento: tomando la calidad media que puede encontrarse entre el personal superior, puede colegirse que alrededor del diez por ciento del personal subalterno supera ese nivel o podría superarlo a igual oportunidad formativa.

Esto quiere decir que contaríamos con unos 4.500 suboficiales en condiciones de mejorar la raza de los 4.500 oficiales existentes en total. Aunque quizás no interese mejorar nada.

Como vemos, esta policía sigue pensada como una gran tropa con un diez por ciento de personal superior cuyo primordial cometido es disciplinar una cantidad mucho mayor de agentes para entre todos y otras fuerzas similares, disciplinar un número muchas veces superior de pobladores milicianos. Salta a la vista la similitud orgánica entre policía y sociedad: un diez por ciento domina abusivamente al resto, la mayoría de las ocasiones cumpliendo designios ajenos, para lo cual es recompensado con un estatus mejor.

Se dirá que esto es el capitalismo, pero no es así. A lo sumo, será uno primario, de burguesía y proletariado, porque en los auténticamente democráticos estas cosas no ocurren ni entre militares. En el Ejército de Estados Unidos y ¡oh casualidad! siguiendo la tónica liberal imperante en su comunidad, cualquier soldado raso puede llegar a oficial si rinde los requerimientos, cualquier suboficial puede estudiar y ser oficial o general si le da el paño y por supuesto, si se presentan las vacantes; y la forma de seguir en carrera es estar actualizado en los planes de estudio que permanentemente impone la institución; allá para ser coronel primero hay que recibirse de coronel y después esperar la vacante.

Y qué decir de la policía, donde hablar de personal superior y subalterno no tiene el menor sentido; todas las policías, incluso las grandes (la de Nueva York tiene 40 mil efectivos), disponen de academia de donde egresan sus agentes rasos que son el único semillero con que nutrirán sus cuadros, y el sitial de máximo lo ocupa en vez, un funcionario electivo (Comisionado).

Lo que va quedando claro es cómo las organizaciones estatales tienden a reproducir en su organización ciertos modelos de la sociedad a la que pertenecen. Y además, que esto no tiene por qué diferir de un proceso interactivo, por cuanto modificando una de las partes se obtengan cambios en la otra.

Para eso, hay que conseguir que ambas hablen un lenguaje común y para lograrlo, la policía tiene que tener una existencialidad compatible con la de la sociedad civil. Lo compatible se basa en lo compartido y lo que más comparten policía y sociedad, es gente. Ambas están hechas de humanos, por cuanto tenemos que hacer que los humanos de la policía sean lo más parecidos posible a los de la sociedad civil, cosa que dependerá de la organización que le demos.

Si lo que queremos es una auténtica democracia, nos convendrá tener un esquema policial legalista, abierto, humanista, ecuánime, que siga las máximas organizativas del Occidente industrial: dando igualdad de oportunidades, seleccione a los mejores para hacerse conducir en beneficio de sus objetivos.

Tener a la policía como burocracia militarizada que deshumaniza a su propia gente, esclavizándola y engañándola con ascensos que representan cuotas de poder inexistente, es ajustarla a los objetivos del poder autoritario. Flexibilizarla en una meritocracia profesionalizada que no regala nada pero tampoco explota a nadie, sino que asegura a todos un piso válido y permite escalar por el esfuerzo, es hacerla instrumento de un poder republicano para servicio de la ciudadanía.

La estructuración y el rigor militares hacen que los policías estén atentos a las órdenes, designios, silbatos, caprichos y hasta el humor del poder, es decir, succionados hacia adentro de la organización. Si su atención se concentra adentro, están entonces de espaldas al exterior, a la gente. Esto comporta una enormidad de absurdo: el trabajo de los policías es con la gente y en la calle, o sea, afuera: vale decir que el actual esquema burocrático los tiene de espaldas a su trabajo.

Hay que diluir ese poder interno para que los policías puedan girar de frente al exterior, a la gente; hay que hacer que piensen menos en el interior y puedan concentrarse en su misión de afuera: para eso, hay que sustituirles sumisión por responsabilidad. Ya no deben estar esperando órdenes para todo, sólo tienen que actuar de acuerdo a lo que se les enseñó y hacerse cargo después de lo que hicieren.

Sumisión implica conceptualmente, que el subalterno no

está autorizado a más que obedecer al poder; un policía es conceptualmente, alguien que actúa o al menos encara solo; imponer sumisión a un policía es en sí mismo, una contradicción lógica insalvable.

En la actualidad esa contradicción debe ser salvada por el policía en el momento de actuar, lo cual además de no dar buen resultado, supone una carga psicológica adversa que trasuntará al procedimiento. Como el Poder es ladino, al suscitarse el error en ese policía —víctima del sistema— reacciona en primer término tratando de subsanar, disimular u ocultar el hecho, para no tener que hacerse cargo de su propia vacuidad; si no puede, se descargará en ese subalterno con durísimas sanciones, buscando como siempre, ponerse a cubierto.

Estas prácticas, que no son invento de burocracias policiales sirio tradición en cualquier segmento de cualquier poder de madera totalitaria y hacen toda una institución en América Latina, pueden aparecer a primera vista como un ponderable ejercicio de autoridad. Son en verdad, un despliegue de enquistada y socialmente homologada rufianería, y deberíamos ponernos de acuerdo en que no queremos este tipo de autoridad, sino otra más franca y menos abusiva. Al poder interno policial, como caso, no lo queremos para que castigue, sino para que nos haga funcionar el servicio de policía. El servicio lo desempeña el personal —no la cúpula— y el poder interno, que se expresa y distribuye a través de las jerarquías, debe tener las mínimas dimensión y facultad a propósito del correcto desempeño. El personal es más importante que la cúpula, a la que sólo queremos para preservarlo apto para servirnos.

En las realidades totalitarias, lo único valioso es el poder, que se justifica a sí mismo alimentando el siguiente dogma: para que los de abajo no se equivoquen, hay que controlarlos. A ese tenor, hay que crear superiores para que controlen; más tarde y ante nuevas equivocaciones, habrá que crearles superiores a aquellos superiores, todos ellos sumisos y por lo tanto, poco útiles. Así llegamos a una estructura magnificada, con derroche de policías cuya misión es controlar a otros policías, y el trabajo termina haciéndolo una minoría que como sigue obligada a salvar la contradicción en el momento de actuar; continúa equivocándose demasiado y encima pagándolo como si tuviera toda la culpa. Y para peor, el agente así victimizado acepta el castigo sin chistar porque está convencido de ser una especie de marginal y la sociedad que ha sido a su vez víctima del error, se da por satisfecha con esta farsa.

En realidades de eficiencia, donde el poder no es lo único que vale, existe otro axioma: para que los que trabajan no se equivoquen, hay que enseñarles. Como en policía la responsabilidad es mucha, hay que transferírsela al empleado, enterándolo de que será exhaustivamente investigado luego de cada error. Si como se hace ahora, le decimos a una persona —que además de no estar preparada está confundida por la contradicción— que si se equivoca lo desollamos, le quitamos el poco margen de autonomía que pueda quedarle y lo mantenemos sojuzgado a expensas del despiadado poder interno.

Lo que hay que decirle, tras haberlo preparado convenientemente, es que se lo investigará hasta establecer la verdad. Si entra en juego la verdad, el hombre podrá hacerse cargo de su autonomía y ser libre para trabajar a conciencia; si lo que juega es una represalia segura por haber dejado mal parado al poder, entonces no tenemos ahí a un policía sino a un fantoche genuflexo y asustado.

Un policía de cualquier rango debe ser altamente autónomo cuando procede. Y paralelamente, debe tener la exigencia de agenciarse refuerzos y testigos ni bien comience el procedimiento. Es decir, que su autonomía es interior, subjetiva, y no exterior, operativa. En esto, debe tener como reflejo buscar protección física y legal, sin dejar de avanzar en su procedimiento, momento en que estará solo o con camaradas, pero sin el poder encima.

El poder interno ha trabajado antes preparándolo y trabajará después revisando sus actos; pero durante su tarea no está, al menos diferenciadamente: sí está, pero delegado en el propio agente. El es la policía en ese instante y debe hacerse cargo de ello. Llegamos de la sumisión a la responsabilidad; ya no tenemos un miliciano sino un policía.

Tampoco tenemos necesidad de control directo o superior inmediato: tan sólo harán falta controles y superiores genéricos, lo que reducirá su número y distancia jerárquica.

Esto reporta un fuerte ahorro de empleados, que podemos dedicar a enseñar e investigar, pero aún así sobrarán para tener más vigilantes en la calle; y de dinero para aumentar el sueldo de los rasos, que tendrán menos grado pero más paga.

Sería prudente entonces rediseñar el ordenamiento jerárquico partiendo de la función. Para que el grado tenga un verdadero sentido, tiene que corresponderse con una determinada tarea; vale decir que primero habrá que fijar las tareas que hagan al servicio y luego asignar un estatus específico a cada una, recién al final se podrá estudiar el orden de prelación general.

Si queremos profesionalidad en el personal, tendremos que erigir la igualdad de oportunidades desde el vamos, quiere decir, formación pareja para todos y para todos las mismas chances de progreso reglamentarias. Desaparece automáticamente la separación entre personal superior y subalterno, todos egresan de la misma escuela con el mismo grado de Vigilante y los que quieran escalar, tendrán que seguir estudiando y demostrando aptitudes, sabiendo de antemano que sólo habrá ascenso si se producen vacantes. Tampoco debe persistir la cerrazón del escalafón: quien quiera probar suerte afuera puede renunciar, pero sigue siendo un elemento aprovechable para la sociedad que invirtió en su capacitación, así que podrá reingresar sin impedimentos y siempre que esté la vacante.

La policía es una institución civil y el policía, además de un ciudadano libre, es un trabajador más de plaza y sus derechos deben ser asimilados con los de cualquier otra situación laboral. Condiciones dignas de trabajo, jornada limitada, descanso semanal, igual remuneración por igual tarea, igualdad de oportunidades, derecho a la capacitación, derecho a la seguridad e higiene, y la asociación sindical, son atribuciones de estrato constitucional tanto provincial como nacional en materia laboral y los policías son tan destinatarios de la Constitución como los demás ciudadanos.

Hay que admitir que vienen gozando de varios beneficios legales en esa materia, pero les faltan algunos de los mencionados, cuya ausencia los coloca fuera del completo alcance de la ley. Piénsese cómo policías que no están del todo incluidos en el derecho hacen para considerar a los demás como sujetos de derecho o siquiera para salir a la calle y ver las cosas en términos de juridicidad. Mientras los policías rasos continúen abordando el derecho como la geografía, es decir, algo que conocen pero que les es muy distante y no hace a su realidad circundante, no vamos a contar con que se muevan en la calle devotos de la ley.

Retomando, este vigilante que cada vez se parecerá más a un hombre o mujer comunes, se encargará de la vigilancia y de ninguna otra cosa y si alguna vez hiciere otra cosa, se llamará de otra manera. Podrá escalar o quedarse para siempre de vigilante; en este último caso, uno antiguo no será lo mismo que otro novel, por lo que lo diferenciaremos mediante una explicitación discreta en el uniforme (en otras instituciones suelen usarse pequeñas barras o diminutas estrellas, a razón de una cada cuatro o cinco años, colocadas en las bocamangas o mejor aún, en las puntas del cuello de la camisa).

Esa antigüedad ya no valdrá como grado sino como dato: el más antiguo vale más por su experiencia pero no tiene por ello mando. Empecemos a discriminar la capacidad de la potestad: tenemos que privilegiar el conocimiento como valor en sí mismo, disociado del mando y que no se premia solamente con mando sino también de otro modo, como puede ser con dinero o comodidad. Hay mucha gente que prefiere esto antes que un grado y si queremos una organización eficaz, compongámosla de gente satisfecha y fundamentalmente, cómoda en lo que hace.

Por el principio de igualdad remunerativa, todos los vigilantes deben ganar idéntico salario, lo que no exime de abonar bonificaciones por antigüedad que sean consistentes.

En la Policía Bonaerense, es factible una redistribución que atenida a la concentración de la función en las comisarías, dote a cada una con veinticinco vigilantes y seis vehículos tripulados por turno de ocho horas (llamado tercio) del servicio de vigilancia, más un promedio de doce en un grupo aparte destinado a servicios especiales, como pueden ser custodias fijas, algunas consignas prolongadas y los conflictivos adicionales.

Policía Adicional es un régimen regulado por la Jefatura

para los servicios arancelados, es decir, los que contratan entidades que necesitan policías pero en situaciones ajenas a la prestación pública. O sea que para tener un policía en una custodia personal o de valores, en la vigilancia de un local o un espectáculo deportivo, hay que contratarlo por intermedio de la comisaría y pagarlo por remesa a la Jefatura.

Lo intolerable de este régimen es que obliga a que estos servicios sean realizados por personal de franco, cosa que implicó siempre ingentes sacrificios por parte de los agentes afectados y continua insatisfacción del cliente por ausencias, tardanzas o cansancio del efectivo. Las sucursales bancarias son las más castigadas, dado que están obligadas a tener esa contratación y a soportar sus fallas: nunca encajan los horarios de banco con los del personal de comisaria y la mayoría de las coberturas se hace con aplicación de malabares sustentados en el sacrificio del personal.

Debería ser definitivamente erradicado el trabajo en servicio por más de ocho horas continuas y para que éste tenga lugar, no puede continuarse con la modalidad de imponer los adicionales a personal de franco, salvo excepciones dignas de un tratamiento particular; por regla general, habrá que asignar a la comisaría una dotación especial para eso, que lejos de salirse del presupuesto, lo incrementan dado que son horas que se cobran bien. Con una docena de efectivos bastará en promedio, ya que hay seccionales que utilizan veinte por día y otras que se bastan con tres.

A tenor del viejo Reglamento de Comisarías, la vigilancia entendida como servicio externo, queda a cargo de una oficina denominada Servicio de Calle. La práctica de décadas, colocó al frente a un oficial joven (ayudante a principal) que además se ocupa de las investigaciones de todos los sumarios en lo externo al escritorio (en rigor, búsqueda de testigos) y de otro área de la prevención que involucra a las inspecciones.

Estas se cumplen rutinariamente en talleres mecánicos, negocios de compra y venta de automotores, desarmadores y ventas de repuestos usados; compraventas de metales, rezagos, muebles usados, alhajas; hoteles, pensiones, sanatorios y locales de expansión nocturna. Negocios así deben llevar registros escritos de sus movimientos de mercaderías o personas, con obligación de exhibirlo al requerimiento policial; locales nocturnos y albergues transitorios deben ser inspeccionados en busca de menores o lucro con prostitución y los bares y despachos de bebidas en busca de su expendio a menores o de prácticas de juego ilegal.

En cuanto a las averiguaciones sumariales, el servicio de calle quedaría relevado por el detective que hemos fundado como encargado total de la tarea judicial, quedando a su cargo exclusivamente la función de policía de seguridad y accesorias. Bosquejémosle entonces una organización posible.

Un oficial a la cabeza con el cargo de Inspector de Calle y por supuesto, la jerarquía de inspector (cargo y jerarquía serán una sola cosa); un segundo inspector cuyo cargo podría designarse Inspector Alterno y un oficial a cargo de cada tercio llamado Subinspector. Los horarios más viables para los relevos serían las horas 7, 15 y 23, lo que nos dará tercios matutino, vespertino y nocturno.

Inspector y alterno, dispondrán de un patrullero con chofer llamado Auxiliar, durante las veinticuatro horas y otro móvil similar será utilizado por los subinspectores, quienes estarán todo el tiempo en la calle. Los cuatro vehículos restantes harán permanente patrullaje y parada móvil y tendrán a bordo un Sargento a cargo y un Cabo como chofer. Los vigilantes se ocuparán de paradas y rondas (a pie).

Existen además en la provincia flotas de vehículos municipales de patrullaje enlazados radialmente con la comisaría, que pueden o no contener un efectivo policial. Esto amplía el alcance de la red de vigilancia y a los fines policiales, cumplen una función accesoria a la de personal y vehículos propios.

Todos estos elementos estarán distribuidos en el territorio sin —salvo coincidencias— contacto físico entre sí, lo que nos da agentes solitarios o en pares que en una situación similar a la del agente franco de servicio, se verán conminados a actuar aisladamente. Para modificar esto, adquiere relevancia la rapidez con que otros elementos lleguen al lugar, cosa que es en rigor lo que da corporeidad a la presencia policial. Y esa rapidez dependerá en gran medida de las comunicaciones disponibles, empezando por el transceptor o handie-talkie que cada agente debe portar, y bien a la vista.

Esa corporeidad es preciso que sea suficientemente manifiesta, que todo el mundo sepa que un vigilante parado solo en una esquina no es toda la presencia policial disponible; es apenas un apéndice de la policía que con sólo oprimir una tecla, hará que en breve confluyan otros y más efectivos y equipo: bien diferente es esto a la hora de ir alguien a asaltar, por ejemplo, si el que va halla una parada policial en la zona.

Los patrulleros constituirán la fuerza de choque mínima e inicial que la comisaría pueda poner ante una crisis; si ésta se presenta directamente al móvil, tendremos dos suboficiales con una ametralladora y quizás otra arma larga más. Si la emergencia le ocurre a un vigilante o a una pareja de ellos, la fuerza de choque quedará conformada con él o ellos más la dotación del primer patrullero en presentarse. Uno o dos vigilantes no serán considerados unidad de combate y a la llegada del móvil se subordinarán a sus tripulantes, que por su tarea son de mayor formación y responsabilidad y por eso tienen jerarquías superiores. A su vez entre ellos, uno es superior, el sargento, porque es el responsable del móvil y tendrá que hacerse cargo de la fuerza de choque, situación en la que es imprescindible que opere un encargado bien identificado; además, a medida que se vayan acoplando otros móviles, todos se irán subordinando al primer sargento en arribar, porque éste es quien más conoce la situación y si los que se incorporan – ya fuese personal o radialmente- son el subinspector de tercio, un inspector o el mismo comisario, se subordinarán a ese sargento hasta que él logre informarlos del caso y transferirles el mando, sin perjuicio de que ellos ya estén abocados al montaje operativo consecuente con la señal de emergencia y en base a los datos preliminares que hayan tenido.

Esta es la única forma de que la acción curse sobre seguro y sin alteraciones perjudiciales o peligrosas y para eso es importante que el sargento esté capacitado convenientemente y que ningún superior le arrebate la conducción antes del momento oportuno, momento que será fijado por aquél con obligación, por supuesto, de acelerarlo cuanto sea posible.

Debe regir el manual con su matriz casuística para emergencias policiales y un armazón orientativo de la acción, para que al encontrarse una cantidad de agentes conocidos o desconocidos entre sí se ordenen para proceder; igual que lo hace un grupo de chicos para jugar fútbol en un potrero: estando el terreno y la pelota, pueden jugar de inmediato porque todos conocen las reglas y la praxis.

Todos los efectivos de una seccional deben conocerse como requisito; no obstante, sería adecuado extroverter el grado en el uniforme, además de un rótulo pectoral que lo informe por escrito, junto a nombre y apellido, o directamente una cédula credencial con fotografía. Puede hacerse con los actuales soles o tira pero miniaturizados y colocados en las puntas del cuello, en tanto que los diferentes colores que en la actualidad lucen en gorras y emblema del hombro izquierdo, sirvan para distinguir grupos jerárquicos (vigilante, suboficiales, oficiales, etc.). Extirparíamos con esto dos adminículos arcaicos que ya no tienen sentido práctico: la chapa pecho y las jinetas.

A los fines de la ilación organizativa, no necesitamos más grados: los vigilantes no los tienen porque actúan solos o en pares, a lo máximo tres, y su tarea es directamente volcada al terreno, no tienen que conducir a ningún otro policía; si los sorprende una emergencia, tres personas no necesitan jefe y se ordenan por intuición, que es mucho más sano que ponerles una tira como las actuales y que no podrán respetar por lo devaluadas.

Para el control de la red de personal apostado en la calle, la movilización de su corporeidad y el armado de fuerzas de combate, se hacen útiles esos grados que dan autoridad interna en algunos agentes, bastando con los cuatro niveles vistos para cada turno (cabo, sargento, auxiliar y subinspector). Para un diagrama como el que formulamos, con una base de 110 vigilantes en una comisaría (total de los tres turnos), se suscitan 14 cabos, 14 sargentos, 7 auxiliares, 3 subinspectores y 2 inspectores. En el presente, tenemos más o menos ese reparto pero con 80 vigilantes menos y un total de 12 niveles; una verticalidad extrema que reduce la base de la pirámide orgánica, trocándola en un obelisco de poco arraigo pero visible de lejos por su altura. O sea, algo hecho para impresionar pero sin eficacia territorial, sin el necesario implante en la realidad.

Entonces, hay un conjunto de vigilantes y patrulleros desperdigados pero ligados en red porque están enlazados radialmente y el subinspector los recorre continuamente; la mínima cantidad de gradaciones, cada una con sus funciones bien definidas y no intercambiables; un grado es significativo en sí mismo y si no queremos confusión, no debemos apartarnos de eso.

Del modo expuesto, tendremos armada una estructura ágil por la velocidad conduccional y económica por la reducción de niveles jerárquicos; pero además eficiente, porque su funcionalidad no depende de los mandos sino que está depositada en la capacidad de maniobra de sus agentes periféricos, que forman su pieza anatómica vital.

Todas las pautas organizativas que vinimos exponiendo pueden resultar abstrusas y algunas tal vez absurdas para los reformadores abogados que hayan intervenido o que alguna vez intervengan en estas cuestiones. Pero si fuesen consultadas a profesionales que sepan de organización, como ingenieros industriales —que son los que hacen nacer y funcionar las fábricas y cosas del estilo, donde no puede haber muchos errores y no puede faltar la eficiencia—

estarían todos de acuerdo; acaso sería propicio contratar algunos en caso de darse algún remozamiento policial en el futuro.

Decimos periféricos y no volveremos a decir rasos, porque dejaremos de visualizar a la policía como una verticalidad burocrática en la que casi todos mandan y nos esforzaremos en avizorarla como una empresa de servicios en la que todos trabajan, la mayoría "con" el cliente (la gente) y unos pocos "para" el cliente organizando a los primeros.

Raso quiere decir abajo y aquí los arribas y abajos deben achatarse en una horizontalidad que sólo distinga lo exterior de lo central, lo periférico de lo nuclear en cuanto a organización se diga; en tanto que lo funcional, que es lo vital del sistema, recaerá en el grueso del personal volcado a la calle, al espacio público. Ese personal debe reunir ciertos requisitos basales: que sea de la colectividad a la que sirve, que viva allí o en las inmediaciones o en su defecto, que tenga lazos familiares o históricos con ese lugar; él tiene que sentir interés propio por esa vecindad.

Es esencial que esta persona perciba que su hábitat es la comunidad y no la policía; que no está refugiando en la policía tras escapar del muladar exterior. Esta inversión conceptual no es difícil de lograr, basta hacerle ver que él también es usuario y no habita dependencias policiales, ni siquiera conjuntos habitacionales compactos, sino que junto a los suyos, reside en territorio del exterior que gozará o padecerá como cualquier hijo de vecino.

13.- LA ORGANIZACIÓN SÁURICA

Planteada que quedara la necesidad de desmilitarizar y desburocratizar las agencias de seguridad, dediquémonos a ver cómo es la burocracia de esta policía militar.

La ley orgánica estipulaba que haya como cabeza Jefe y Subjefe de Policía; en el presente estos cargos se han suprimido, pero siguen existiendo (sí, así son los políticos del subdesarrollo): significa que no se llaman así y no tienen esas funciones asignadas, pero hay dos comisarios generales que encabezan y dirigen la policía, por más piruetas que los ministros de seguridad hayan hecho en el organigrama. Hacia abajo y prelativamente, direcciones generales o superintendencias, direcciones, departamentos, divisiones, secciones (comisarías) y subsecciones (subcomisarías y destacamentos). Esto de acuerdo a la dimensión territorial, pero con un pensamiento simplista y políticamente burdo, se elevó casi todo a la categoría de comisaría, como si el título proveyese a la eficacia. De suerte que tenemos secciones de más de 100 mil habitantes y secciones de menos de 10 mil.

Los comisarios generales ocupan la Jefatura y superintendencias, en una cantidad que ronda los 15 a 20. Los comisarios mayores están como segundos de aquellos, como director o como jefe departamental (distrital) y suman alrededor de 50. De ahí en fondo, se pierde el hilo conductor y uno encuentra comisarios inspectores, comisarios y subcomisarios en cualquier parle, es decir, en donde teóricamente deben estar y además, en los sitios más insólitos.

Tampoco aquí los grados guardan nexo directo con la tarea que se ejerce. Significa que un comisario puede ser jefe de una comisaría, pero también segundo de una departamental de investigaciones, jefe de una delegación de inteligencia, jefe de una brigada femenina, jefe de un destacamento de caballería o infantería, secretario de una delegación departamental, instructor de causas, jefe de turno en departamental o dirección, y algunos cargos más. Un mismo hombre tiene pues dos posiciones diferentes y simultáneas que pueden o no coincidir en dignidad.

Esto, que entre oficiales y suboficiales genera confusión, entre los jefes da origen a algo mucho más serio: pujas de poder. Porque alguien que ostenta dos jerarquías, siempre va a pugnar por usufructuar la más beneficiosa y jamás terminará de aceptar a menos ventajosa. O sea que un comisario mayor que es director tenderá a valerse de su rango de director y otro que es coordinador de zona, querrá lucir más como comisario mayor. El comisario general que ocupa una superintendencia dirá que es director general, pero el que está como Director de Personal, argüirá que él también es comisario general y ahí tenemos el inicio de una línea interna disonante.

Como la mitad de los comisarios generales está en

condiciones internas de formar una línea con subalternos, tenemos algo muy parecido a un pandemonio politiqueril dentro de la cúpula misma.

La ley deja las cosas ahí, no va más abajo; diseña la policía con la comisaría como último escalón y le coloca encima una estructura descomunal que la aprisiona. La hace compartir su territorio con delegaciones de investigaciones, delegaciones de narcotráfico, cuerpos de patrullaje, cuerpos de caballería e infantería, las delegaciones departamentales, que si bien están para dirigirlas, les operan a la par. Para peor, son todos organismos con rango superior a la sección.

Todos ellos, definidos en la norma orgánica como organismos de ejecución, integran el nivel que hace el trabajo, que "sirve" a la gente. Pero la comisaría, además de hacer también el mismo trabajo y servir a la gente, está con la gente, convive mezclada con ella. Para leyes burocrati-zantes como estas que se han hecho últimamente, más todas las anteriores y las del resto del país, eso debe implicar una mala junta, así que la dejó relegada al último lugar.

El resto del organigrama está catalogado como de control y es correa de transmisión entre la Jefatura y el nivel de ejecución, para que sus dependencias den a la población el servicio "correcto".

¿Cuál es el servicio correcto? El que determinan la Jefatura y el Ministerio, que sabe qué servicio necesita la ciudadanía de la misma forma que los padres saben qué es lo mejor para sus hijos. Ahora, cuando un hijo pide más alimento, los padres se lo dan; pero cuando la gente pide más seguridad y más legalidad, se le responde que no hay.

Es decir, que una cúpula que concentra a su mando directo en la unidad edilicia que ocupa en la ciudad de La Plata, capital de la Provincia, a más de 5 mil de los 48 mil efectivos de la institución, está para velar por que se le brinde al pueblo todo lo que pueda requerir de parte de su policía, pero que más seguridad y legalidad no pida.

Lo que en realidad se quiere expresar, es que no se puede dar más. Y tiene su sentido, puesto del siguiente modo: el Jefe de Policía —de cualquier policía, esto no tiene por qué ajustarse a la Provincia de Buenos Aires— desde tanta distancia, tiene una visión global y panorámica de su campo de trabajo; para él, los 14 millones de bonaerenses son todos iguales, no sólo ante la ley, sino como integrantes de una enorme masa de pobladores a quienes él he conformar equitativamente. Si un grupúsculo de tres mil vecinos de una localidad (para él eso es un grupúsculo) no está conforme, bueno, tendrá que aguantarse, porque parece que el resto lo está y él no va a romper un esquema general en beneficio de una parte minúscula del todo.

Este hombre hace lo que puede, es cierto; el problema es que puede poco.

Además de no poder mejorar el servicio, la cúspide muestra otra faceta: no se hace responsable por el comportamiento desviado de sus subordinados. Cada vez que se le pregunta acerca de irregularidades de su personal, responden que se investigarán, o sea, que ignoran todo. Y que de haber cometido faltas graves, ese personal será puesto a disposición de la justicia, vale decir, que ni sancionar por sí misma puede. Y también, admite que ingresa a la fuerza personal deficitario (o sea, que no puede seleccionarlo), que los efectivos están mal preparados (no puede capacitarlos), y que el sistema sigue agotado (no puede cambiarlo). En suma, su ratio de impotencia es patético. La cúpula tiene además una propiedad interesante: es recambiable sólo por retiro de sus miembros; quiere decir que cuando ya su oquedad la torna insostenible, los jerarcas se van a su casa a disfrutar del retiro ganado y vienen otros a continuar la historia, quienes como todos, cuando fracasen no se quedarán a padecer las consecuencias, sino que serán premiados con el pase a una vida mejor.

En rigor de verdad, el espíritu de este marco legal es el siguiente: la Provincia tiene un solo comisario o sheriff, nominado Jefe de Policía, y todo el resto es organismo coadyuvante, es un aparato destinado a ser operado por él para llegar a todo el territorio.

El aparato es como ortopédico, una prótesis que se le adosa para que pueda ser el sheriff de hoy 14 millones de personas diseminadas en 300 mil kilómetros cuadrados, sin verlas, sin conocerlas y sin moverse de su despacho de la Capital provincial. De organizaciones que se operan así, hablamos en el capítulo de burocracias tecnocráticas modulares y de su aplicación en despliegues de ocupación geográfica.

De sheriff—o en castellano, alguacil—, hasta ahora no hablamos; pero hay que decir que su esencia es de policía pueblerino electivo, el vecino que los demás eligen para ese puesto y si hace falta, le presupuestan personal asistente. Pero él trabaja personalmente, con su humanidad y osamenta en todo el reducido ámbito a su cargo y sus ayudantes pueden ser dos o veinte, pero no 48 mil.

Para cantidades así, encontraremos en el mundo cuerpos policiales de grandes ciudades o provinciales. Pero en el primer caso, veremos que su territorio es reducido, existe un jefe político electivo y un complejo de controles de todo nivel. En e! segundo, las cosas son parecidas a las nuestras, con terreno extenso y jefe plantillar, pero la tarea es limitada y secundaria respecto a la de órganos policiales municipales o locales.

Hiperestructura orgánica subsumida a la voluntad de un policía de carrera o un civil designado voluntaristamente y sin control social, es privilegio exclusivamente de nuestro tercermundismo. Traducido esto a la visión ciudadana, el comisario que trabaja directamente con la comunidad es poco más que Don Nadie, alguien con rango intermedio que está de paso en su periplo hacia arriba, con una rutina administrativa incorporada y una heteronomía cerrada que lo inhibe de movilidad e inventiva: sólo puede repetir y en caso de no poder, tiene que consultar.

La inevitabilidad de los ascensos, refuerza el divorcio con

la munidad y afirma el matrimonio con la superioridad. Como ese es un viaje programado, sólo tiene sentido auténtico el final, la meta, y todas las demás instancias son transitorias, incorpóreas, apenas una prueba a pasar para acceder al Edén.

Una vez allí, los pocos que llegan también están de paso, debido a que en cada posición se dura entre medio y dos años; vale decir que cuando se aprende ya hay que irse y dejar el lugar a otro que llega sin saber. Entonces el secreto está en gambetear los problemas mientras pasa el tiempo, o solucionar cosas menores y de las grandes, esas que acarrean conflicto y riesgo, que se encargue el sucesor.

Este sistema ha sido tan difícil de cambiar, justamente por esa razón: con la iniciativa vedada durante treinta años, quién se va a poner a inventar hazañas en el último, pudiendo acomodar su perfil y retirarse luego tranquilo. Asimismo, cualquier invento sólo corresponde hacerlo al Jefe de Policía o al ministerio; los demás comisarios generales son meros colaboradores delegados y de ahí para abajo no cuenta nadie.

El Jefe tampoco puede crear mucho, condicionado como está al poder político y entorpecido por toda una estructura subalterna ingobernable. Lo más aconsejable es seguir con la eterna repetición, aún sabiendo de la necesidad de cambios, cambios que en todo caso son responsabilidad de la conducción ministerial, de la cual él mismo es un subordinado. Así fueron pasando prolijos uniformes engalanados con rombos dorados y soles bordados de a docenas, caras de guerra fulminando desde el borde de las viseras, tacos tonantes y manos que enguantadas en cabritilla rutilaron en saludos uno y dos y desenfundadas firmaron las más duras resoluciones... y nada más.

Aparatos tan vastos, requieren de un pétreo patrón cultural para poder mantener su extrema verticalidad. Sucede que la comunicación interna está enrarecida por el número y diversidad de los receptores y las distancias reales; los mensajes de la cabeza llegan distorsionados porque no se los puede interpretar uniformemente y porque hay también gran dificultad en su confección: es imposible dirigirse con un solo significante a tan variopinta audiencia y que el significado resulte parejo.

El Jefe de Policía no sabe bien qué mensajes emitir para que todo su aparato reaccione a su gusto; y lo que emite es interpretado con enormes variancias. Esto atenta contra la conducción fluida, la que es reemplazada por el clásico manejo inercial: si se entiende o no lo que digan arriba, importa poco; seguimos haciendo lo que siempre hicimos y nadie podrá reprochar nada. O sea que el manejo corresponde más a inercia cultural que pilotaje activo.

Esa cultura adolece de dos grandes contrariedades: no se renueva desde adentro, por la deficiente comunicación descripta; no se renueva desde afuera, por la deficiente relación del organismo con su medio ambiente, de los policías con la gente. Para evitar errores de expresión, interpretaciones confusas o fuga de información, la Jefatura prohíbe que se hable de asuntos oficiales; no quiere que haya intercambio con el medio que ella no pueda controlar y para eso, lo más seguro es prohibir la comunicación.

Esto impide el contacto al punto de instaurar dos realidades distintas: la del exterior —que tenemos que tomar por real— y la interna de la corporación. La cerrazón creada por la aprensión de la cúpula es tal, que el personal vive la realidad interna como más real que la ambiental y se produce una alienación. El hombre vive en un socavón cultural y cognoscitivo desde donde no le es posible percibir claramente lo exterior, de lo que al final termina renegando para entregarse por completo a la realidad sectorial, a la que toma por inobjetable.

Por supuesto que nos referimos a una alienación parcial, porque esto se da solamente en los temas que son específicos de la operatoria institucional, pero alcanza, por caso, para que los policías descrean por reflejo de los informes periodísticos o de los corrillos vecinales y no tomen por verdadero más que lo que se dice en la corporación. De ello es paradigma la frecuente irritación de los agentes cuando son filmados. La crispación es lógica secuela de la contradicción: lo que están haciendo está mal y está bien. Está mal para la comunidad y está bien para la corporación; como él adhiere —le guste o no— a la opinión corporativa, su tendencia será a moverse en las sombras.

Cosa que es de suma gravedad, porque la interpretación de cualquier hecho queda librada a la manipulación de las jerarquías y porque no se logra entender que la única verdad es la objetiva, en este caso, la de la comunidad. Hasta tanto no se abran la institución y los policías a esa verdad, la policía será un circuito de degradación para su propia gente.

La situación se potencializa en las áreas de Investigaciones y Narcotráfico, debido a la atmósfera parapolicial que impide la captación de límites. Como prueba de la degradación que se alcanza, están los muchos procesos que por irregularidades diversas se abren a personal operativo y la porción de consumidores de cocaína que vive entre ellos.

Si tomamos en cuenta que el adicto hace de la droga su vida, asimilaremos por qué la "lucha contra el narcotráfico" se plaga de policías consumidores. En verdad, ellos no luchan contra la droga; son apasionados de la droga y buscan estar junto a ella como sea, vincularse y pertenecer a su mundo, vivir en su pneuma.

Si bien este es un problema mundial, lo tenemos aquí y no podemos aceptarlo por dos radicales razones: la institución debe cuidar de su gente enferma, no ponerlos a surtir su patología. Segundo, surgen chances de corrupción al estar el policía en posición de estirar la mercancía que incauta y quedarse con una parte para consumir o reciclar. Y puede hacerlo, porque no hay manera de controlarlo, en las actuales condiciones orgánicas y éticas.

La burocracia crea personal parasitario, deglute fondos en insumos y horas/hombre y lentifica las operaciones hasta la pasmosidad. Cada oficina se relaciona con las otras mediante la comunicación escrita; para eso, además de un jefe debe tener empleados que redacten, diligencien y canalicen los papeles, máquinas al efecto, provisión de librería, mobiliario, etc. La burocracia policial está expandida hasta la desmesura, a causa de cuatro razones: delegación innecesaria de tareas; distribución elusiva de responsabilidades; creación de puestos ante el exceso de ascensos y aumento efectista del peso de la superstructura.

Cada oficina cupular debe "trabajar" para justificar su existencia y para eso, imparte directivas a diestra y siniestra, al tiempo que recibe las de otras oficinas y las responde, igual que le responden a ella las suyas, todo siguiendo los cánones de la ritualidad administrativa, aunque el procedimiento se dé entre dependencias separadas por un tabique. Así, los organismos inferiores, esos que están en el llano haciendo el trabajo policial, no puedan dedicarse a él porque viven recibiendo y contestando expedientes, despachos y órdenes de toda especie, confeccionando informes y memorandos por nimiedades y elevando planillas de cualquier cosa por duplicado, triplicado y quintuplicado, cuyo destino es enigmático porque pronto se las piden de nuevo.

Víctimas principales de todo este método, las comisarías emplean los mejores agentes y esfuerzos en cumplimentar las exigencias administrativas, tanto judiciales como burocráticas, hasta el punto que ello se toma como toda la obligación del servicio y los resultados prácticos que la población espera, nunca terminan de aparecer. Por supuesto: a quién puede ocurrírsele que las comisarías tengan que trabajar para la gente.

Incluyendo las delegaciones departamentales como instancias burocráticas intermedias (a no pensar que sean otra cosa), cuya misión de fondo es ser posta comunicacional con fines protocolares y distributivos, surge a todas luces irracional el cúmulo de personal, capital y tiempo que se destina en todos los niveles a una comunicación intraorgánica, que de tanta, degenera en chismorreo.

Pensar en racionalizar todo eso sin demolerlo, es tarea de titanes que aún no han nacido. Este es un orden ya calcificado e incrustado en la mentalidad de cada agente medianamente avezado, que está acostumbrado a respetar como válido solamente lo que viene en un papel con sellos y firma. Lo que no está documentado o no puede documentarse, no existe, equivale a palabras que se lleva el viento.

La consecuencia fatal es la intoxicación de la conducción personal, del mando directo, que se da hasta su anulación y permanente sustitución por la inercia burocrática; quiere decir que se diluye la identidad personal del superior, esa que vive y se transmite en la orden verbal (la conducción con el propio cuerpo y la propia psiquis) y queda suplantada por la identidad administrativa, que habita en fórmulas y papeles. Esto no se racionalizará con otras fórmulas u otros reglamentos; se hará recurriendo a la personalidad, elemento no administrativo sino humano; descartando al superior-androide que cría la burocracia y reponiendo el superior-hombre.

Como la seguridad pública es un servicio que sólo pueden dar personas a otras personas, tenemos que implementar una organización que se restrinja a ser soporte y no sarcófago de las personas encargadas de brindarlo. Así podremos descorporativizar e instalar responsabilidades individuales; tendremos mucho mejores funcionarios, porque serán los capaces de hacerse cargo quienes subsistirán.

Por lo hasta aquí visto, el Jefe de Policía es una figura virtual, vacua; la única misión que se le adivina sólida, es la de preservar el orden burocrático centralizante. El primer paso para desburocratizar, es aceptar que este funcionario, que no representa más que al establishment político, sea recluido en el más acertado sitio que hoy puede ocupar: el museo.

El máximo grado de jefe que puede haber en esta policía, es el seccional, el comisario, quien a su vez y dada la profesionalidad y autonomía que debe poseer, no puede llevar jefes sobre sí. Sólo un cuadro de supervisión, que no es igual.

El segundo paso, es una ley orgánica que diseñe una

armazón elástica y adaptable, que sea capaz de crecer junto con la sociedad, amoldándose a ella y no como ahora, pretendiendo que ella se le amolde. Que consagre una burocracia versátil y racional, es decir, una burocracia adaptativa que posibilite una organización que aprenda de la realidad con la rapidez suficiente para estar a la altura de cada tiempo que corra. Tendrá que ser una organización inteligente, una que aprenda a aprender. Esta inteligencia orgánica será esencial a una policía que pueda evolucionar al mismo ritmo con que lo hará el mundo y por lo que vislumbra, el mundo, que ya se ha acelerado mucho, solo aumentará esa aceleración. Además, incrementará su concentración en ciudades que crecen vertiginosamente y mal, como es el caso del conurbano bonaerense.

Al caos expansivo que como ahora, las autoridades gubernamentales no podrán manejar, se unirán cada vez mayores desigualdad e ignorancia, que seguirán apelotonándose en derredor de núcleos de riqueza; eso aumentará la criminalidad, como secuela de una conflictividad extrema. La seguridad se hará más necesaria, más protagónica, y tendrá que enfrentar el problema del crimen atacando la conflictividad y no sólo apresando a los criminales, porque no habrá aparato judicial y/o carcelario que aguanten, porque cada criminal detenido será repuesto con creces y porque toda acción represiva irá perdiendo legitimidad en medio de la iniquidad social de fondo. Y porque no está bien que un país castigue la ignorancia con prisión, cuando la ignorancia siempre es su culpa.

Como los Cascos Azules, tendrá que estar presente en medio del conflicto y encauzarlo, tendrá que derivar de fuerza de ocupación a fuerza de pacificación. Siendo este nuevo rol tanto más complicado que el actual, tendrá además que aumentar su intelecto, cerebrarse.

En los tiempos en que la vida dominante del planeta se organizaba a lo saurio, había un cerebro por cada gran reptil de 50 toneladas. La naturaleza hubo de considerar insatisfactorio el experimento, porque lo reemplazó por un ordenamiento humano que lleva un sistema nervioso central por cada cuerpo de 70 kilogramos. En la forma de vida dominante, multiplicó por 700 el coeficiente de unidad conduccional por kilo de cuerpo.

Acaso no falte mucho para que resuelva hacer algo análogo con algunas de las formas de vida institucional que montamos los humanos.

14.- UNA ORGANIZACIÓN CEREBRADA

Una nueva legislación ya no debería instaurar al principio un jefe de policía para luego crearle una estructura de rango provincial descendiendo hasta el comisario, sino erigir a éste como jefe local y armarle la planta que demande su misión. Y volviendo a las fuentes, tomar en cuenta que, como lo indica la semántica, comisario significa ser depositario de una comisión pública, la policial en este caso. Ergo, llamar así al titular de esa comisión y a nadie más, quedando desplazada la acepción actual que designa comisario a una jerarquía intermedia dentro de una organización militar, cualquiera sea la función que cumpla.

Habrá de definir también la legislación, las funciones dentro de la policía, para que quede claro a quiénes se tendrá por funcionarios, separados de la otra categoría, los empleados administrativos. De este modo, se subsanará el defecto presente de reputar funcionario público a cualquier agente, sin importar la labor que desarrolle.

Tendrían que ser funciones, aquellos cargos que invistan estado policial y lo ejerzan con regularidad, porque hoy tenemos mucha gente con estado así que jamás sale de un escritorio. Funcionario sería sinónimo de policía y nadie más tendría que ser llamado de ninguna de esas dos formas; todo el resto, llamarse cargo administrativo y remunerarse con menos salario. Dejaríamos así de sustentar una de las injusticias internas, esa que tiene a personal policial cómodamente instalado en ligeros puestos de oficina, mientras sus camaradas soportan las inclemencias del oficio callejero; o como contraparte, que al ser enjuiciado, se le exijan responsabilidades de la función pública a alguien que se desentrenó los últimos años tras una mesa burocrática.

Instalado ya el comisario en una sección de 80 a 100 mil moradores, le daremos una sede edilicia que llamaremos comisaría, desde la cual practicará su comisión; le damos también un subcomisario para que lo secunde y reemplace en ausencia, y con ambos tenemos conformada la conducción de una seccional. Comisario y subcomisario deberán poseer una antigüedad como residentes en el partido, actual o pasada; tanto ellos como el resto del personal están contemplados en el artículo 54 de la Carta Magna de 1994: "Todo funcionario o empleado de la Provincia, cuya residencia no esté regida por esta Constitución, deberá tener su domicilio real en el partido donde ejerza."

El comisario será un cargo semielectivo, por parte de la comunidad expresada a través del esquema que luego veremos; habrá una terna propuesta por la institución extraída de entre el personal con su carrera en condiciones de postularse, o sea, agentes con rango mínimo de subcomisario y profesionistas en Derecho o por ejemplo, Sociología, Antropología, Psicología. El subcomisario será un cargo designado por la institución pero con acuerdo del comisario electo y la comunidad, y tendrá que estar licenciado en Ciencias Penales o avanzado en las otras especialidades indicadas recién. Sus mandatos podrían caducar a los dos años, ser o no renovables y renunciar en cualquier momento.

La comisaría puede dividirse en cuatro áreas o servicios: las dos clásicas de Seguridad y Judicial, la nueva de Policía Comunitaria y la Administrativa. Las podremos denominar Servicio de Seguridad, Servicio Judicial, Servicio Comunitario y Administración.

El de Seguridad ya quedó trazado en un capítulo anterior, con un inspector a su cargo que contará con un alterno y cuarto subinspectores para cubrir los tercios, los francos y las ausencias. El Judicial tendrá como jefe al subcomisario y le pertenecerán los cuatro detectives que también fueron presentados antes, y que harán turnos de ocho horas. Cada uno de ellos tendrá asignado un colaborador llamado Ayudante y su tarea consistirá en ocupar los turnos como oficial de servicio a fin de receptar las denuncias y hechos que ingresen e iniciar los respectivos sumarios en carácter de secretario de la instrucción. El instructor debería ser el detective, que gestiona el total de su desarrollo, y no como hasta el presente, el comisario, que sólo puede intervenir lateralmente.

De cualquier modo, el titular de la seccional siempre será el último responsable de determinados aspectos de las investigaciones y sería coherente que vise los sumarios como supervisor de su incoación. Así, legalizaríamos también esa mendacidad procesal que pone al comisario firmando todo lo actuado como si lo hubiera dirigido, y la verdad es que la mayor parte ni siquiera la presencia porque no puede, no le hemos conferido aún el don de ubicuidad.

Cinco ayudantes entonces, cubriendo turnos de seis horas ante el servicio, más francos y ausencias, y completando cada uno su horario de trabajo con las tareas que su jefe, el detective, le asigne. Tendrá que haber asimismo una dotación de Peritos en disciplinas criminalísticas (rastros, dibujo, fotografía, balística, accidentología vial, revenidos químicos, eviscerador) que hoy se canalizan a través de la Policía Científica, otro área burocrática inefectiva por su constante falla en abastecer en tiempo real. Además, estos aspectos de la investigación no deben ya considerarse complementarios (como un lujo para casos graves) sino básicos (como una necesidad primaria) y por lo tanto no deben descentralizarse sino quedar bajo el control del detective, y podrían llenarlos tres o cuatro funcionarios con horarios estratégicos y que además colaboren con tareas complementarias en el servicio.

El servicio comunitario llevará adelante las relaciones con la comunidad y puede estar encabezado por un funcionario con el nivel académico pedido al subcomisario, nominado Principal; contaría con su segundo llamado Principal Alterno, un gabinete de tres Asistentes Sociales, un Psicólogo y dos Educadores (counselor, psicopedagogo, docente o formaciones afines); denominaciones que serán su título y rango dentro de la plantilla.

Este servicio escuchará con garantía de reserva todo lo que la gente quiera contarle a la policía y no corresponda a judicial, y lo analizará. Si tiene que darle una explicación tranquilizadora o un consejo útil, lo hará; si puede presumir alguna ilicitud, mandará confeccionar el informe descripto en el capítulo 9, dándole copia; o dependiendo del panorama, dispondrá una visita asistencial, notificará al inspector de seguridad, o dará la novedad a la conducción seccional para que se pida trabajo de inteligencia.

Si constata o supone patologías hará intervenir al psicólogo, que diagnosticará y derivarán a los organismos oficiales y no gubernamentales de la red asistencial previamente contactada. El psicólogo podrá también asesorar en planes de acción prevencionales e intervenir en las relaciones entre ciudadanos en conflicto o guiar el accionar policial en crisis que requieran negociación o conciliación. Suplementariamente, será material de consulta de la oficina judicial para la elaboración de hipótesis investigativas o perfiles presuntivos de autores de ilícitos.

Por último, si el principal no ve más que ignorancia, mandará a un educador a enseñar qué hacer, cómo comportarse, cómo posicionarse ante los problemas de seguridad o convivencia, educador que además se encargará de llevar adelante programas prefijados de información vecinal.

Este es el servicio destinado a que la gente aprenda a vivir en los contratos sociales y a cuidarse de quienes los incumplen. Habilitará una campaña permanente de publicidad y cursillos y llevará el mapa delictual de la sección, con estadísticas, encuestas y exploración de la conflictividad; tendrá la obligación de conocer a la comunidad. Esto cambia el cariz de la policía: ya no la tendremos para fichar a los que van detenidos, sino para salir a conocer a los que están libres y tratar de que sigan así. La de seguridad es la oficina que previene el delito y ésta, la comunitaria, es la que hace lo mismo con la delincuencia y de paso, evita que la gente se haga meter presa.

La administración puede depender del subcomisario y constar de oficinas de guardia o recepción, atendida por turno por funcionarios con grado de Auxiliar (con estado policial); las de receptoría y trámite de expedientes y diligencias sumariales complementarias; de personal y archivo; de contravenciones; depósito judicial, todas con empleados sin estado policial llamados Escribiente, DA 1 (División Administración, nivel uno) equivalente a cabo y DA 2, equivalente a vigilante; y los servicios de alojamiento y traslado de detenidos, operados por el inspector alterno y atendidos por funcionarios con grado de Cabo y Sargento; y por último, el Servicio Médico (sanitario y legal) con dos funcionarios designados Médico. Los demás médicos y psicólogos que haya fuera de las comisarías ostentarán grados de empleados administrativos y serán referidos como doctor o licenciado.

Si colocamos 3 cabos para intendencia y 4 más para apoyo interno (cabo de guardia, uno por turno) y contabilizamos un promedio de 6 a 8 efectivos enfermos o en cursos institucionales, totalizaríamos una dotación circundan- te en los 200 agentes. No existe hoy por hoy comisaría que se arrime a una dotación así y sí hay varias con 15 ó 20 empleados como total.

Con el parque automotor del que dispone la repartición, se podrá abastecer a las comisarías, amén de los 6 patrulleros vistos para la oficina de seguridad, de 2 móviles para judicial, 2 para relaciones comunitarias y otro para traslado de detenidos, con 2 más como reserva.

Un vigilante sólo podrá trabajar en seguridad y cumplida una antigüedad mínima, ascender a cabo. El cabo sólo podrá trabajar en seguridad y cuando le corresponda por antigüedad, solicitar su promoción a educador, escribiente o sargento, es decir, ir a relaciones comunitarias, administra- ción o seguir en seguridad. Sucesivamente, el agente podrá pedir subir al nivel inmediato superior de la misma oficina, donde quedará hasta subcomisario, o bien descender al grado inferior, pero sólo una vez, en cuyo caso se le dará prioridad sobre los que vengan subiendo.

Un principal, detective o inspector (estos rangos son equivalentes), podrán instar su elevación a subcomisario y un subcomisario podrá pedir su descenso a detective, inspector o principal. Los movimientos podrán ser dentro de una misma seccional o entre todas las de un mismo partido, a excepción del comisario, que si quiere descender, tendrá que ir a otra sección (no sería sano que permaneciera en la misma).

El personal podrá detentar los títulos universitarios habilitantes para jerarquías más altas o ir estudiando mientras hace su carrera, pero siempre tendrá que atenerse a los tiempos mínimos para cada grado y a las vacantes que hubiere. Lo mismo vale para psicólogos, asistentes sociales y educadores, porque como estarán en aptitud para llegar a subcomisario, comisario y más, es preciso que hayan pasado por las vicisitudes de la función, incluida la de vigilancia callejera.

Con 80 mil habitantes de promedio, tendremos un total de 120 comisarías para las zonas urbanas del Gran Buenos Aires, Gran La Plata, Mar del Plata y Bahía Blanca (26 partidos), con una asignación de 24 mil efectivos (1 cada 400 habitantes).

El resto de la provincia tiene otras características: 3,5 millones de pobladores distribuidos en 108 distritos, lo que obliga a recurrir a un complejo de unas 40 comisarías y unos 80 entre subcomisarías y destacamentos, cuya diagramación no se justifica intentar ahora, pero que partiría de la tónica conurbanense y consumiría unos 10 mil agentes (1 cada 350 habitantes). Con 34 mil numerarios tendríamos cubierto el total ejecutivo de la función policial en toda la provincia.

Hemos bajado al Jefe de Policía hasta la comisaría y le hemos producido una estructura similar a la de la ley orgánica, en el sentido de su aptitud para ser operada por un jefe. Al bajarlo lo hemos multiplicado: ahora tenemos unos doscientos jefes de policía, pero que van a saber, controlar y poder hacer y que no necesitarán de una desmedida prótesis comunicacional para enterarse de lo que ocurre bajo su mando y ejercitar su conducción: con sus sentidos y su voz les bastará.

Otra ventaja de este comisario, es que no tiene que pedir permiso para hacer y hablar. Es autónomo, lo que no quiere decir discrecional ni autorreferente: autónomo es porque se maneja a criterio y cuenta con facultades para actuar; discrecional es quien hace lo que quiere, y en este caso eso es imposible, ajustado como estará a la ley. Autorreferencialidad es controlarse solo, lo que tampoco existirá en este modelo de policía socializada. Rendirá cuenta de sus actos, y en más de una forma. Lo hará a una superestructura institucional y lo hará a su comunidad, la cual tendrá en sí misma y de la manera que luego veremos, la autoridad para requerírselo.

Para que se termine de comprender, es parecido al juez. Al magistrado nadie más que la ley y su idoneidad le dicen lo que debe hacer, pero todo lo que haga podrá ser revisado y revertido. Eso es autonomía, la cuota de autonomía que se puede y se debe dar para obtener el máximo provecho de un funcionario jerárquico. Por supuesto e igual que para el juez, necesitaremos aquí un hombre o mujer de mucha calidad y preparación, pero de eso tendrá que ocuparse la institución, que no termina en la comisaría.

Digamos que para una ciudad aislada y compacta del

decimonoveno siglo, ya tenemos el diseño policial resuelto. Pero ocurre que nuestro proyecto debe corresponderse con una geopolítica más compleja: localidades seccionales en gran número, indiferenciadas, superpobladas, sin límites territoriales, fundidas en bloque con frenética movilidad poblacional, entroncadas en diversos bastidores políticos sobreimpresos de grado municipal, provincial y nacional, sometidas a diferentes cuerpos legales también superpuestos y de alcances desparejos. Si tomamos el conurbano, tendremos un conjunto de comisarios que podrán desempeñarse muy bien en lo estrictamente local, pero fallarán en la vasta gama de eventos de carácter polilocal o interlocal que se le presentarán (por ser, que los delincuentes no suelen moverse ceñidos a las secciones policiales).

Esto requiere de una sistematización de las comisarías que tendrá que darse a nivel provincial, en forma directa; e indirectamente, a tenor nacional (Convenios Policiales) y también internacional (Interpol). Esa sistematización directa será la Policía Bonaerense, que seguirá existiendo pero ya no como un cuerpo militar con mando unipersonal y jefes seccionales de mediana graduación, sino como una organización de comisarios. Para ello, tendremos que montarles una estructura superior, pero esta vez partiendo de ellos y de la comunidad a la que sirven. Una dirección técnica de bajo perfil público, coordinadora y administradora, que no sea una conducción sino un soporte y que no emplee el mando sino la asistencia.

Todo este esquema puede sonar similar al vigente y de hecho, puede verse semejante, si se lo observa desde lejos. Pero tan pronto uno se arrima, nota que es sustancialmente distinto y en muchos aspectos, inverso. Su funcionamiento se ha revertido y el flujo sustancial o energético ahora es hacia afuera, hacia los elementos periféricos del organigrama y la misma sociedad. Es además infinitamente más chico y tiene invertido su flujo: ya no devora al comisario, sino que lo alimenta, ya no lo esquilma sino que lo provee. Y se debe a la población y no al poder político. Las fuerzas policiales quedarán fuera del alcance del poder político y serán regidas políticamente por la propia comunidad a la que asisten.

El Estado Nacional tiene sus fuerzas de seguridad nacionales (en Argentina, Gendarmería y Prefectura) que si fuese un auténtico estado federal y democrático —como suele declamar— no desplegará a su antojo sino a solicitud y en cooperación; significa que no se superpondrá, no interferirá, no invadirá, y muy especialmente, no molestará. El Estado Municipal no puede formar fuerza policial en una megalópolis, porque sólo complicaría más aún un panorama de por sí complicado: cualquier policía municipal dependería constantemente de la provincial, salvo que no tenga la función judicial. Pero puede sumarse muy provechosamente a la seguridad pública con el aporte técnico que se ha visto en los últimos tiempos y que trajo reales avances y soluciones: el entramado de cámaras monitoreadas, los botones de pánico, los patrullajes con móviles propios. En ámbitos rurales podría hacerse sin afectar lo operativo, pero sí afectando lo comunitario, porque el jefe de policía pasaría a ser el intendente (alcalde). Y el Estado Provincial conserva la obligación de proveer servicio de policía a su población, pero en los términos políticos que ella misma determine: o sea que pagará y cooperará, pero no reclamará el manejo. Será el garante del sistema.

¿Qué necesita cada comunidad local que la provincia haga con su comisario?

Que lo forme, evalúe y proponga para el puesto; que capacite al personal que lo secundará y que certifique periódicamente su aptitud; que provea candidatos para todos los puestos y asuma la relación laboral para con ellos (Recursos Humanos).

Que centralice la información procesal de los pobladores, que instrumente la base de datos con los resúmenes de todos los sumarios y perfiles de sospechosos (a esto quedará reducido el área de investigaciones, un centro informático para consulta de los detectives); que lleve la estadística delictual; y que digite los recursos forenses y criminalísticos de alta complejidad (Judicial).

Que implemente los aspectos materiales (Logística).

Que aporte los mecanismos de interrelación entre comisarios; que capitalice la experiencia del servicio para su mejora; que actualice los procedimientos y técnicas para resolver los problemas operativos; que elabore e imparta las normas de funcionamiento (Desarrollo).

Que canalice el control que la gente haga e instrumente el que la comunidad y el Poder Judicial no puedan hacer, garantizando el acceso ciudadano al juzgamiento administrativo del personal (Asuntos Internos).

Siendo esas las cinco áreas primordiales de la tarea provincial, las corporizaremos en sendas oficinas que denominaremos Dirección y pondremos como titulares a funcionarios cuyo grado sea Director. Con esos cinco y uno más, conformaremos el Directorio Policial Bonaerense (DPB), el organismo de conducción que sustituye a la cúpula verticalista y a diferencia de ella, no comanda sino que asiste y orienta.

Como muchos directorios, funciona como un cuerpo colegiado que elige a su presidente de entre sus miembros. Aquí surge otra comisión policial, pero esta vez no funcional sino administradora, de rango provincial, a cargo de ese presidente escogido que pasa a llamarse Comisario General y opera como director ejecutivo. Y dejemos en claro que ni él ni nadie más cobrará sueldo superior al de comisario, excepto por un mínimo suplemento por la obligación de trabajar en la Capital y todos los gastos de movilidad y residencia que pudiere demandar. De forma tal que ningún comisario pugnará por llegar a director, porque en realidad no implica un ascenso y porque no representa una ganancia, salvo que ese fuere su deseo subjetivo.

Su mandato podría ser de un año, al cabo del cual sería o

no reelecto, pasaría a retiro u ocuparía la vacante dejada por el director que lo suceda. Este funcionario ya no es un jefe, por cuanto no se le exigirá el control absoluto e inmediato de la policía, ni que esté permanentemente informado de todo, ni cosa alguna que por limitaciones intrínsecas no pueda hacer. Cuando el Gobierno quiera saber algo, que se lo pregunte al comisario.

Así, lo eximimos de magnas fatigas para aparentar que es lo que no puede ser y podrá dedicarse con aplomo a las responsabilidades de la dirección ejecutiva y delegar las demás sin cargo de conciencia o temor a la vergüenza. En la Sede Central de La Plata, seguiría estando la cabeza de la policía, que ahora sería más cabeza porque aparte de conducir, piensa; allí estaría lo mejor del intelecto policial, un cenáculo profesional.

Para la ejecución, seguiría existiendo un organigrama con una línea descendente hasta las comisarías; por razón de su número y dispersión territorial, habrá como estamentos intermedios, lo que fueron las unidades regionales (ya no serán delegaciones departamentales porque no habrá una por distrito político), y que podrán llamarse Supervisiones, porque eso es lo que serán. Sus titulares serán nombrados como Supervisor, asistidos por un Supervisor Alterno. Igual que los directores, estos funcionarios no sobrellevan una comisión porque son apenas eslabones internos, piezas de la organización sin ejecución directa hacia la comunidad; por lo tanto, no podrán seguir llamándose comisario inspector o comisario mayor. La supervisión controla que las comisarías se adecúen a los reglamentos vigentes, por medio de visitas periódicas por parte de sus titulares en persona, y una inspección integral anual como la que ahora se hace, documentada por escrito. Hoy día, las unidades regionales cuentan con seis a ocho comisarios inspectores para las visitas a las comisarías, mientras el jefe y segundo regionales permanecen atornillados a sus sillones, presos de sus obligaciones administrativas.

Pero si tenemos comisarios autónomos y profesionales, no vamos a gastar en todo un cuerpo de controladores para que los hostiguen de continuo como si fuesen adolescentes; que lo supervisen los supervisores, valga la redundancia, y con una frecuencia que no pueda interpretarse como control o conducción. Tampoco será la supervisión una estación de comunicaciones, ya que desaparecerá el grueso de la transmisión de información.

Sí persistirán bajo la égida del supervisor, dependencias con rango de subsección de faenas aéreas, infantería y perros, animadas con personal con estado policial y graduado hasta inspector, en tanto que el Supervisor de La Plata agregaría el cuerpo de bomberos que la policía tiene en esa ciudad; caballería debería quedar desterrada porque si bien el caballo es una herramienta eficaz, la represión de disturbios en la que pensamos es a escala menor a media, dejando los casos mayores bajo la responsabilidad nacional, donde se pediría el auxilio de fuerzas de seguridad equipadas y entrenadas para eso. La policía comunitaria ya no hace las veces de fuerza de seguridad.

No se requiere una dependencia de éstas en cada región, sino que como ahora sucede, estarán repartidas y se desplazarán acorde a demanda. Tampoco infantería contará con una gran dotación de personal; sí de los vehículos especiales pertinentes a su tarea, pero con una a tres (según la zona) escuadras operativas bien entrenadas y no dispuestas en guardias, porque su cometido no se reputará como urgencia. Seguirá un sistema de convocatoria como el de los bomberos voluntarios y si hiciese falta más personal, se entiende que la emergencia será seria y tendrá sentido tomarlo de las comisarías, incluso sin resentir demasiado el servicio de ellas (recordemos que la supervisión coordina 15 seccionales totalizando 3.000 empleados).Idéntico criterio se aplicará para la cobertura de espectáculos deportivos, con el personal de adicionales de las comisarías, más personal de su dotación, más el que se requiera a las fuerzas de seguridad nacionales; y si hiciese falta podría edificarse un esquema de reservistas como la Guardia Nacional de EUA. Tales subsecciones recibirían coordinación y asesoramiento de la Dirección de Desarrollo.

También las oficinas administrativas internas que hicieren falta; y para asistir a las comisarías, gabinetes de criminalística y medicina forense complementarios de las tareas primarias de las seccionales, capacitación, asesoría letrada, armería, depósito de uniformes y equipo y algunos detectives y ayudantes que también servirán para aquellas investigaciones que los jueces quitan a las seccionales. Y el servicio interno para el edificio, con lo que vale la pena puntualizar que los criterios edilicios deben ser modificados desde su actual disgregación dispersante hacia una agregación que concentre todo en la sede regional, cosa que apunta a una economía del personal que cada dependencia requiere apenas para estar abierta, y que es francamente mucho. En este tema también ha sido de gran utilidad el empeño político y financiero de los municipios, que no pocos edificios policiales suficientemente inteligentes han venido proporcionando.

El supervisor tendrá que mantener archivo de todos los datos del movimiento de las comisarías, que no retransmitirá a la Sede Central, salvo hechos de suma gravedad o relevancia institucional, y además, digitará las operaciones de orden público que excedan el marco de una sección. Pero lo más importante de las supervisiones, será que alberguen las subdivisiones de Asuntos Internos y de Inteligencia que atenderán los temas específicos de esa región.

Asuntos internos reportará a su dirección, pero es coordinado por el supervisor. Ese cuerpo se compondrá con personal con estado policial que haya hecho su carrera en el escalafón de comisarías hasta los grados de principal, detective o inspector y solicite ese pase, que lo inhabilita para regresar. La idea es que se trate de personal que conozca bien el metier y sus secretos, que decida volitivamente su pase sabiendo que es definitivo, es decir, que desapareció todo vínculo con aquella rama de la institución, a la que ahora deberá investigar con empeño. Podrá sin embargo llegar a comisario general, pero a través de su dirección.

Este personal formará parejas que instruyan las investigaciones donde exista o se presuma personal policial involucrado, tanto judiciales como administrativas. Cuando por caso, haya un enfrentamiento armado, no intervendrá el comisario en ningún momento, sino que resguardará el escenario del hecho hasta la llegada de asuntos internos, de la que habrá guardias en las supervisiones. Ante intervenciones de carácter judicial, dará inmediata cuenta al fiscal y quedará a la espera de directivas de su parte.

Los integrantes de esas parejas podrían denominarse Auditor y Subauditor, que oficiarían de instructor y secretario respectivamente. En los juicios administrativos, que cursarán mediante audiencias públicas en las sedes regionales, podría presidir y resolver el supervisor y acusar el auditor a cargo del sumario.

El imputado podría defenderse por sí o designando a un policía o un abogado y la apelación podría ser ante el Director de Recursos Humanos si la sanción fuese menor, o ante el Directorio si resultase grave. Para una configuración de unas quince supervisiones con otras tantas comisarías dependientes cada una, tendría que bastar con 40 o 50 pares de instructores con sueldos equivalentes a detective y ayudante respectivamente.

La Subsección Inteligencia reportaría al supervisor alterno y tendría un titular designado Jefe de Inteligencia, con situación jerárquica y salarial equivalente a inspector. Estará representada dentro de la Dirección de Desarrollo, por el Jefe de la División Inteligencia, de quien recibirá pautas orgánicas y técnicas.

Se ocupará de labores de investigación secreta, agentes encubiertos y manejo de informantes, actuando de oficio o a requerimiento de los comisarios y sin facultades procesales, a excepción de casos de peligro para personas o grave daño inminente, acciones sujetas a inmediata revisión por asuntos internos para constatar su genuinidad.

Sus miembros, unos 20, serán funcionarios con estado policial especial, porque su labor los obliga a. pasar por alto la constatación de delitos. Egresarán de un curso específico y sus categorías podrían ser dos, nominadas y equiparadas salarialmente de la siguiente manera: DI 1 (División Inteligencia, nivel uno), equivalente a subinspector, y DI 2, a auxiliar. Es un escalafón especial y podrán pedir el pase a la planta complementaria, pero no a. comisarías, porque a los efectos del servicio en ellas, estará contaminado. Su pensamiento, su conducta y sus reflejos serán diferentes de lo que se requiere en la seccional, y por otro lado, no sabemos qué tipo de vinculaciones conserva con malvivientes

Un cálculo estimativo de la cantidad de efectivos para hacer andar las supervisiones y la Sede Central, ronda los 3.000, lo que arroja que con 37 mil agentes queda armado el panorama total

En lo que respecta al escalafonamiento, tendrá que haber dos columnas globales, una conteniendo los agentes policiales (funcionarios con estado policial) y la otra, el escalafón de agentes administrativos (empleados sin estado policial). Y dos más para albergar en forma separada a asuntos internos e inteligencia. Para una mejor intelección y para organizar los retiros, se aplica la agrupación clásica de las jerarquías en tres agrupamientos, distribuidos en las filas con la nomenclatura de cargos: oficiales subalternos, con cuatro niveles y diferenciación salarial; oficiales intermedios, con dos niveles y diferenciación salarial; y oficiales superiores, con cuatro niveles sin diferenciación salarial.

Sería como se aprecia en la página siguiente.

Dada la movilidad vertical y horizontal que proponemos, no es congruente que al retirarse el personal ostente un cargo definido; tampoco que se llame comisario general o detective, puesto que esos son los que están en actividad. No debe volver a ocurrir que cuando se presenta un comisario, uno deba indagar si está o no retirado o si trabaja en comisaría, departamental, oficina o dónde. Ante una credencial de principal, se sabrá que es el encargado de la oficina comunitaria de una comisaría; si el hombre dice "Principal de San Isi dro 1ra" ya tenemos toda la información de nuestro interlocutor.

Subescalafones:

Grupo	General	Complemen tario	Asuntos Internos	Inteligencia
Oficiales Superio- res	Comisario Gral Supervisor Superv. Alt. Comisario Subcomisario	Director Subdirector Jefe División Subjefe Div.	Director Subdirector Jefe División Subjefe Div.	Jefe División Subjefe Div.
Oficiales Interme- dios	Inspector Detective Principal Inspector Alt. Principal Alt. Subinspector Ayudante Psicólogo	Jefe de Subsección Médico Subjefe de Subseción	Auditor Subauditor	Jefe de Inteligencia DI 1
Oficiales Subal- ternos	Auxiliar-Perito Asist. Social Sargento Educador Cabo Vigilante	Encargado de Oficina Escribiente DA 1 DA 2	Escribiente	DI 2

Si dice subauditor de Tigre, sabremos que trabaja en asuntos internos, en la supervisión de Tigre y que es el secretario de la instrucción, porque un subauditor no puede ser otra cosa. Mañana nos encontramos con él y si nos dice "Jefe de la División Asignaciones", sabremos que quiso y obtuvo su pase al sector sueldos de la Dirección de Recursos Humanos y que trabaja en la Sede Central de La Plata.

Si una chica nos comunica ser vigilante, nos faltará solamente saber en qué comisaría y cuando lo informe, hasta conoceremos en qué partido vive o vivió mucho tiempo. Cuando alguien muestre una credencial que rece "Policía en retiro", y más abajo "Oficial Intermedio", sólo tendremos que preguntarle si fue inspector y dónde estuvo, si es que nos interesa, pero jamás pensaremos que puede estar en actividad.

Amén de clarificar sobremanera las relaciones internas y con el medio, todo esto constituye una manera de diluir la intimidación de ampulosas jerarquías asignadas a troche y moche, cosa cuyo efecto es que ante la falta de claridad y por las dudas, mejor pensar y actuar como si el que se tiene delante sea un poderoso.

Los emolumentos del retiro tendrán que calcularse en base a los aportes realizados y no a un cupo fijo por rango, simplemente porque los rangos serán fluctuantes. A diferencia de lo que hoy pasa, se evitará la desesperación por ascender que suele darse en los tramos finales de la carrera, dado que hoy el retiro es con la totalidad del sueldo del último grado alcanzado. A la situación de retiro corresponde otro estado policial especial, puesto que el agente debe perder su obligación de proceder en cualquier circunstancia y hasta debe ser limitado en algunas facultades; en primer término, para no correr el riesgo de que quiera utilizar sus potestades sin estar incluido en la organicidad institucional y segundo, porque estará en disminución de su capacidad, puesto que se ha desentrenado y desinformado o bien, estará entrado en edad.

El ordenamiento fue achicado en su cabeza, el organigrama ha sido jibarizado. Materialmente, lo veremos cuando la Sede Central quede reducida a un mínimo indispensable y las comisarías rebosen de personal y equipo, y cuando los comisarios hablen todo el tiempo, sin enviar a los periodistas a la oficina de prensa de La Plata. Será como si ocurriera una transferencia de masa desde la Jefatura hacia las comunidades locales.

Si el Directorio es lo intelectual, estará obligado a interactuar con los comisarios, que son lo ejecutivo. El comisario tiene que saber qué hacer ante cada contingencia y hacerse cargo de todo cuanto haya en su tierra. No hay que llamar jurisdicción al territorio de una comisaria, porque esa es una figura judicial y el comisario no dicta justicia, sino que sólo está para cumplir lo que estipulan las leyes. Bastará con decirle sección.

También habrá que regular escrupulosamente las facultades de avocación. Hacerse cargo quiere decir que si se produce un avatar no vendrá un superior a arrebatarle la conducción: sus superiores lo apuntalarán, pero el titular seguirá siendo él. El comisario no depende de sus superiores, sólo les pide ayuda y si tiene tiempo, les responde preguntas.

Si hay que montar un gran dispositivo de orden público, el supervisor le enviará personal y medios, pero a sus órdenes; y el Directorio lo asesorará de cuanto él pida o pudiere necesitar. Si ocurre un delito cuya complejidad o magnitud requiera de especialistas, se le enviarán pero subordinados a él. Si algún hecho catastrófico o una instrucción sumarial vasta, el supervisor pondrá a su disposición personal de apoyo. Y así sucesivamente, porque siendo el comisario el jefe de policía local, nunca puede ser despojado del mando, como tampoco de su responsabilidad, a menos que él mismo lo reclame. Ante la comunidad dará cuenta él únicamente.

Si de otra seccional tienen que hacer un procedimiento en ésta, este comisario será notificado y dirigirá la acción y si él mismo tiene algo que hacer en otro lado, se subordinará al comisario de allá. Ahora si un comisario está sospechado, entonces y hasta que no sea exculpado o relevado, el supervisor comandará lo pendiente. Si un disturbio o procedimiento se presenta con curso interseccional y veloz, también se hará cargo el supervisor, dando aviso a los comisarios interesados. Si los hechos adquieren cariz intersupervisional, intervendrá la brigada única de investigaciones (adscripta al Comisario General) de la que ya habláramos, que podrá llamarse División de Operaciones Especiales (DOE) y dará cuenta a los supervisores y comisarios que queden desactivados. En líneas generales, éstos serán los casos en que el comisario sea desplazado por superiores.

Muchos pueden ser los pensamientos para la duración y remoción de los oficiales superiores, pero lo que debe primarizarse es la permanencia de quien así lo desee y para lo cual esté capacitado. Suena exclusivista, como a que se adueñan de los espacios; pero hay que recordar que la permanencia fortalece el compromiso porque liquida el desinterés que surge siempre de las transitoriedades. Y es bueno tener presente que los directorios de empresas y las cortes de justicia funcionan así, con resultados nada cuestionables. Por el contrario, la permanencia crea dueños no de espacios sino de responsabilidades y conocimiento.

De todos modos, se puede fijar el tope de sesenta años para la edad, onomástico hasta donde es perfectamente aprovechable un policía jerárquico y cuya reducción significa un despilfarro de años/hombre que no se debe conceder. Los últimos son los años en que el hombre da lo mejor, por la madurez profesional y personal que alcanzó. Si le place que se vaya, pero no cometamos el error de obligarlo y tirar por la borda o regalar a la empresa privada capital humano de primera clase, al cual encima le estaremos pagando un retiro que podríamos ahorrar.

En cuanto a los otros rangos, no deben existir tiempos máximos, para que una persona que así lo decida pueda quedarse en un puesto hasta el final de su carrera o hasta que su idoneidad lo aconseje. Si alguien encontró su lugar como detective, pues que lo conserve tanto como sea allí de utilidad; y si otro optase por ser vigilante hasta su retiro, que siga vigilando la calle, que seguramente terminará haciéndolo con excelencia.

Para asegurar la madurez mínima, el nivel de estudios adecuado y esencialmente, un gradiente de integración social extrapolicial, sería apropiado estatuir como edad menor para el ingreso, la de al menos 22 ó 23 años cumplidos. Los 18 años de muchos oficiales ayudantes y algunos agentes rasos, han sido fuente de errores, algunos judiciables y todos injustificables por parte de la institución, dada la notoria disonancia entre la edad y lo delicado del quehacer.

Eliminada la bochornosa sanción de arresto, el personal podrá ser castigado por jefes directos con amonestación o suspensión de empleo, y en juicios administrativos, con suspensión, degradación o cesantía. La degradación es importante cuando no dé el mérito para expulsar a un agente que puede ser útil en una posición menos exigida.

Las ocho horas de turno tendrán que encabezarse con media hora más, repartida entre academia informativa de las novedades del día y el formal relevo y recepción de equipo por el tercio entrante. La academia será impartida por el inspector o su alterno y procurará poner al personal al tanto de lo que refiera al servicio: para estar prevenidos y fundamentalmente, para no tener que preguntárselo a nadie más. El personal no debe sobrellevar curiosidades insatisfechas; debe ser informado de todo lo que quiera y tenga que saber, con opinión doctrinal agregada, porque si de lo contrario se ve obligado a imaginar o presumir, caerá en la informalidad y la deformación. La doctrina que se elabore en el Directorio, llegará a los agentes en el manual y las academias diarias, más que en cursos especiales que distraen y abruman.

Para terminar de desmilitarizar, es menester quitar el uniforme al personal jerárquico, desde subcomisario. Oficiales intermedios y superiores no necesitan usarlo, como no lo usan un juez o un gerente, que no tienen que mostrar de tal modo su dependencia de nadie. El uniforme en los dignatarios indica más que autoridad, la sujeción y un alto grado de despersonalización; está bien para estamentos periféricos e intermedios, donde sirve para distinguirse e identificarse entre la población, aportando la oportuna imagen de cuerpo. Pero los superiores no tienen que distinguirse de esa forma y deben conservar intacta su personalidad. Alcanzará una buena credencial prendida del pecho, a los fines de la notabilidad y filiación.

Tampoco deben usarlo los detectives, por su cercana relación con la gente; el uniforme tiene un contenido de intimidación, impone al policía, y el detective no sale a imponerse sino a preguntar.

El ordenamiento concebido es, estructuralmente, más económico que el vigente; insume menos gastos porque es más simple y opera con 26% menos de personal y un tercio de los jefes, amén de ser montable con menos cantidad de equipamiento e infraestructura.

Donde sí habrá que poner más dinero, es en los estipendios, porque para tener profesionales, hay que pagarles. A juzgar por los 14 mil pesos que recibe un agente raso y los 23 mil de un comisario, pareciera que por aquí nadie quiere profesionales en la policía; pero el sistema que estamos proponiendo los necesita, no funcionará sin ellos.

Consideremos que los comisarios generales se reducen de aproximadamente 15 a 1; los comisarios mayores, de más de 50 a 10 directores y subdirectores; los comisarios inspectores de unos 350 a alrededor de 30 supervisores y alternos; los comisarios de 500 a unos 170 titulares de comisaria y de división, y los subcomisarios, de alrededor de 700, a 270 segundos de comisaría, titulares de subcomisaría y de subdivisión. Tomando el monto total de los salarios ahorrados de ese sector, podemos elevar en 7 mil pesos per cápita a los oficiales superiores e intermedios (estos últimos serán unos 3.500).

Por otro lado, la reducción de efectivos totales deja disponible para agregar 5 mil pesos a cada oficial subalterno y la optimización del sistema agregará unas monedas para redondear hacia arriba, procedentes de la economía en los gastos de funcionamiento.

De modo que con solo eso, podemos confeccionar la siguiente escala de salarios netos: oficiales superiores $ 32.000; principal, detective, inspector y equivalentes $ 25.000; subinspector y equivalentes $ 24.000; auxiliar y equivalentes $ 22.000; sargento y equivalentes, $ 21.000; cabo y DA 1, $ 20.000 y vigilante y DA 2 $ 19.000.

Unido esto a jornadas laborales de ocho horas, la eliminación de la bochornosa y abusiva ley de prescindibilidad, y la prevista dignificación, ya bastará para entusiasmar a la gran mayoría, comparado con lo que ahora tienen. Lo mismo va para los jefes, cuyo destino no tendrá por qué ser el retiro forzado, sino un decoroso descenso, si les placiere. A muchos les gustará: sin pestañear preferirá ser subcomisario en el sitio en que nació y por más dinero, alguien que hoy es comisario inspector en una opaca oficina de la Jefatura. Empero, la cosa no debe terminar ni termina ahí.

Hay que señalar que este diseño salarial está a todas lucen mal; no se corresponde con un criterio organizativo lógico, dado que no instala brecha suficiente entre niveles, cosa teratogénica que desalienta esfuerzos en el personal y mantiene en constante malestar a los grados medios Nunca antes se vio un achatamiento salarial así, y su causa es, simplemente, la corrupción. El gobierno que lo implementó estuvo muy preocupado en mostrar policías recorriendo las calles, y generó una legión de ellos, todos rasos y jóvenes, apenas formados pero con buena paga. Lo hizo incluso por fuera de la policía provincial, creando cuerpos locales que adscribió a los municipios, compartiendo los gastos. Y por el sueldo de los jefes no se preocupó, porque cuenta con que ellos utilicen la recaudación ilegal para completarlo; tampoco se vio antes un gobierno blanqueando la corrupción policial de esta manera tan abierta.

Con ese mamarracho, llegó a 100 mil policías, o sea, duplicó la dotación de la provincial y superpuso otra cosa más a las ya superpuestas. Porque en territorio del conurbano bonaerense circulan, como ya mencionamos, además los móviles municipales (en gran cantidad) y los que envía el gobierno nacional sin que se lo pidan y al sólo fin de competir por la misma vidriera (Gendarmería, Prefectura, Policía Federal, Policía Aeroportuaria). Estos son los recursos intelectuales de que disponen los políticos para abordar el tema de la inseguridad que mantienen instalado los medios para que la gente esté asustada. Una variante más de lo clásico: fabricar un problema para luego vender una solución.

Como sea, las estimaciones dicen que el delito le cuesta al estado bonaerense la friolera de 50.000 millones de pesos anuales; esto parte de cálculos de simple suma de pérdidas materiales y desembolsos de seguros. Si arrimamos una lupa, empezaremos a discernir que esa cifra es ampliamente rebasada por la realidad, una realidad aún ignota por carecerse de los instrumentos de contabilización, que pueden ser creados.

Existen precedentes de tentativas de estimar el costo económico de la lucha contra las drogas, en base al tiempo que las causas específicas demandan a los juzgados federales, donde representan el 70% del trabajo total; se traduce en dinero, tomando como parámetro los emolumentos que perciben los magistrados (Andrés D'Alessio, Decano de la Facultad de Derecho de la UBA, 1996).

Por su parte, el Ministerio de Justicia de Francia realizó un estudio tendiente a determinar el impacto económico de los diversos tipos de delitos. Pese a las dificultades metodológicas y la imprecisión de algunas fuentes, publicó los resultados para el período 1988/1991, o sea, 4 años. Atención a las cifras: los homicidios involuntarios, incluyendo los de tránsito (dos tercios del total), costaron a los galos entre 6.200 y 8.500 millones de dólares. Los homicidios dolosos (sólo el 10% del total de las muertes), entre 870 y 1.150 millones. La prostitución organizada, entre 2.000 y 2.700 millones de dólares para un año, 1995. Los delitos económicos y financieros, 1.214 millones, siendo todos estos valores piso.

¿Pensará el Gobierno de la Provincia en el dinero que se pierde por vía del delito, o dicho de otro modo, por vía de la ineficacia policial? ¿O en reducir este dispendioso daño para beneficio de la gente? ¿Y en hacer la inversión necesaria en estudios y cambios?

Esa inversión sería en principio política, porque estudios y consultorías están pagando siempre, y por asuntos menos importantes. Sería el tomar una decisión en cuanto a mensurar esos daños y encarar los cambios policiales conducentes a atenuarlos. Hasta podría pensarse sin mucho temor al yerro, que rápidamente se vería la ganancia, o al menos la economía en los recursos presupuestarios que hoy se destinan a compensar esas pérdidas. No obstante, sabemos que ningún político hará algo así: aunque fuese eficaz, nadie lo está pidiendo, y sería demasiado complicado para exhibir en la televisión. Y aparte ¿cómo harían para separar los delitos (organizados y de todos los niveles) que involucran a sus propios aparatos partidarios o los de una oposición que no quiere atacar en ese terreno? Por añadidura, ellos no están para solucionar los grandes problemas: están para maquillar los pequeños, los de siempre, gobierno tras gobierno, que son los que sirven a sus campañas electorales.

Ahora bien, pidámosle al Gobierno que tenga en cuenta que el delito, además del costo económico, conlleva un costo social y digámosle que puede hacer una pequeña inversión en términos de utilidad social, con sentido de aliviar en algo a su comunidad de ese flagelo.

Nuestro tiempo tiene dos grandes verdades: 1) Todo tiene, entre otros, un valor en dinero; 2) Todo lo que signifique dinero, puede calcularse. Al Gobierno le convendría sobremanera invertir en la confección de métodos de justipreciar los valores de impacto económico del crimen, porque de lograrlo, podrá achicar su incidencia sin poner un peso más; por el contrarío, acotando las enormes pérdidas que hoy padece, ganará mucho dinero.

Supongamos que logrado el método, se llega prima-facie a establecer que el delito debilita al erario público en 40.000 millones al año. Y supongamos que se consigue elaborar una estadística delictual veraz, confiable. Tendríamos entonces que un cierto panorama delictual ocasiona un cierto costo monetario, todo eso en cifras y tabulado.

Elucubremos que hemos reformulado la policía y ahora la tenemos apta para trabajar en serio y reducir de hecho la criminalidad: y que le decimos que de cada peso que haga ahorrar al erario con su eficacia profesional, le daremos el 50% en concepto de participación en las ganancias. Urdimos toda una normativa operacional para poner las restricciones que nos aseguren que no habrá abusos y dividimos esa participación o comisión en dos partes: una para agregar al presupuesto y aumentar equipamiento y sueldos generales; la otra, para distribuir entre el personal de acuerdo a lo que cada uno haya aportado, a guisa de comisión por producción, pero sin dejar afuera a nadie. No solamente para las "estrellas" que hayan realizado los puntajes, sino además para los "ignotos" que han trabajado con su rutina, porque no nos olvidemos, imperará a ultranza la idea de equipo.

Esto nos pone a la policía como una empresa, algo desacostumbrado, inaudito. Pero también, la acerca mucho a la Constitución, cuando habla del derecho de los trabajadores a participar en las ganancias del empleador; y aparte, da por tierra con la corrupción a nivel sistémico. Lo hace porque por un lado, la suplanta; y por el otro, una cláusula estatuirá la pérdida de las comisiones ante la constatación de cualquier irregularidad, es decir, queda instaurado el castigo pecuniario.

En números, con un trabajo módico el primer año, si la policía logra una perfectamente posible mejora del 20%, ahorrará 8.000 millones al estado, que le reembolsará 4.000. De los cuales la mitad irá a integrar el presupuesto salarial y la otra mitad al pago de comisiones y bonos al personal. Si atendemos a que el gasto actual en sueldos es de unos 12.000 millones, veremos que podría haber una mejora salarial con la parte que fue al presupuesto y que los policías más productivos podrían tener compensaciones nada despreciables.

A aquellos que están pensando en comisarios mandando detener al que fuere y plantar cualquier prueba para acumular trabajo comisionable, hay que informarles que las estadísticas válidas no serán las de detenidos y hechos esclarecidos, como hasta ahora, sino a la inversa: se contabilizará la disminución de hechos cometidos y nivel de tranquilidad ofrecido, y no extractada sólo de los registros policiales sino explorada en la comunidad. Quiere decir que no se pagarán esclarecimientos en sí mismos; lo que se pagará será el beneficio directo a la comunidad cuando ella misma lo haya certificado y siempre que todo se haya realizado de manera irreprochable y transparente. Si no, plata no hay.

Es en rigor de verdad, un sistema de recompensas, pero de alta seguridad y en términos de utilidad social. Y es lograr los tan ansiados policías profesionales, que se integren como tales a la colectividad y progresen económicamente luego de haberla beneficiado con su laboriosidad. Si no se beneficia la gente, ellos tampoco.

Y cuando duplique su eficiencia, ahorrará 16.000 millones, 6.000 para el estado y 6.000 para ella, suficiente para darnos el lujo de ser atendidos por vigilantes de $ 30.000 y comisarios de...

15.-EL CONTROL SOCIAL

Hemos llegado a un ordenamiento policial descentralizado y volcado hacia la gente; todo ello conforma una apertura y fomenta un interés de la población, pero aún dista mucho del objetivo enunciado al principio: participación.

Participación es cogestión; es la posibilidad de peticionar y controlar efectivamente, con resultados concretos; para eso, nos resta aún encordelar los lazos orgánicos que prevean la dinámica, confeccionar la organicidad del sistema comisaría-comunidad.

En materia de control ciudadano, ya tenemos 42 millones de inspectores de ómnibus urbanos, que según la Comisión Nacional del Transporte Automotor (CONTA), podrán producir sus informes por medio de una línea 0800. Sí, esto es control social; pero a fin de que opere con eficacia, requiere de una articulación de los 42 millones en un corpus que ofrezca a todos la suficiente credibilidad y genere respuesta a cada reclamo. No estando eso, no hay un cuerpo de 42 millones, sino una suma de esa cantidad de individuos aislados, que permanecen inconexos. No es un sistema porque no cuenta con un centro de poder y una cultura interna; en consecuencia, no servirá a su objetivo de control.

Pensando en control social en el ámbito policial, habría que considerar una corporeidad de moradores por sección, con la capacidad de control extendida a cada rincón del sector. Si se habla de cantidad limitada de personas, es porque se piensa en que todas y cada una tenga la posibilidad de ejercer esa evaluación.

Siempre habrá quien ladre que "cómo la policía va a ser controlada por la gente, si está para controlar ella a la gente". Y no será difícil explicarle que la policía no está para controlar a toda la gente, sino a la pequeña porción de ella que acierte a delinquir y sólo cuando lo haga; y que el beneficiario de esa tarea es el resto de la gente; por lo tanto, siendo prácticamente un cliente, está en pleno derecho de controlar a su proveedor.

Varios fueron los intentos de instrumentar controles a la policía, pero siempre con elementos políticos disfrazados de particulares o ciudadanos, y que terminaron siendo lo peor que pudiera erigirse en ese sentido: punteros de los partidos. Y de lo que acá estamos queriendo hablar es de control real por parte de la sociedad estrictamente por fuera de los partidos y de los gobiernos.

Bueno, intentemos unir las piezas. 42 millones de controladores es un exceso inviabilizable; pero una cantidad limitada, brinda la factibilidad. Un controlador erigido en autoridad civil, está bien, pero si como en el caso presente, queda circunscripto al rol de observador del gobierno, no aporta más que al control estatal, desvirtuando el control social. Ahora bien, ¿por qué no acoplarlo como cabeza al total de ciudadanos y que todo el conjunto haga el control y coadyuve a la dirección? Si aportamos la esqueletización adecuada, lograremos un cuerpo comunitario que controle y peticione, es decir, que mueva a la comisaría local; hecho esto abarcativo del todo provincial, obtendremos una policía movida por la gente. La policía que desde siempre nos vino dada, ahora podremos hacerla nosotros a nuestra medida.

Sin ir más lejos, este tipo de petición viene dándose desde los años '80 en la provincia: los vecinos se tomaron la costumbre de reunirse espontáneamente ante la emergencia de un problema de seguridad y llevarlo a la comisaría, donde en general han sido atendidos por el comisario. Esta es una práctica muy extendida que no requiere de condiciones previas ni promoción de índole ninguna, sino que la gente entiende como natural y desde que comenzó a hacerlo, ha obtenido buenas respuestas. Es decir, relativas respuestas, porque ante su precariedad funcional, la comisaría lo que hace es tomar el problema y destinarle recursos durante un lapso prudencial como para acallar las alarmas, recursos que luego desviará a otros puntos con similar necesidad. Han sido pocos los casos con una solución real; no obstante lo que intentamos plasmar es la voluntad y espontaneidad de reunión en asamblea y petición a la autoridad.

Por su parte, es lo que nos promete la Constitución de 1994; en su artículo 11 in fine consigna el deber de la provincia de promover el desarrollo integral de las personas garantizando la igualdad de oportunidades y la efectiva participación de todos en la organización política, económica y social. Más adelante, el artículo 14 asegura a todos los habitantes de la provincia el derecho de reunión pacífica para tratar asuntos públicos o privados, con tal que no turben el orden público, así como el de petición individual o colectiva ante todas y cada una de sus autoridades. Por descontado que en el tercer mundo tenemos infinidad de escritos legales y hasta constitucionales de fisonomía primermundista cuyo destino ya desde el momento de su factura era la completa desatención por parte de las dirigencias que los confeccionaban y las futuras; pero ya que los tenemos, saquémoslos un rato a relucir y permitámosles al menos su cometido ornamental.

De la calidad de protagonista que el ciudadano tiene en la seguridad pública, da cuenta desde siempre la ley penal, que no sólo faculta a cualquier particular a proceder a la detención de una persona sorprendida in-fraganti en la perpetración de un crimen, sino que lo inviste de autoridad en esa emergencia, categorizándolo como funcionario público: de ser agredido por ese detenido, estipula su imputación por atentado y/o resistencia da la autoridad. La Carta Magna provincial lo confirma en el artículo 16, decidiendo que en caso flagrante "todo delincuente puede ser detenido por cualquier persona y conducido inmediatamente a presencia de su juez".

Los particulares no son espectadores de la seguridad, sino protagonistas de ella. Como son destinatarios del servicio y víctimas de sus fallas, mal pueden ser objetos de ella: son sus sujetos.

Empecemos tomando trozos del territorio seccional que contengan dos a tres mil habitantes, es decir, unas 500 a 700 familias y con ellas montemos una Asamblea de Seguridad que se identifique con un número: la sigla será A.S. N° 1. Los 80 a 100 mil pobladores de cada sección, quedarán así distribuidos en 30 ó 40 asambleas, cada una presidida por un Coordinador que siglaremos C.A.S. N° 1 y todos los coordinadores formarán otra asamblea denominada Consejo de Seguridad, que podrá identificarse por la sección: C.S. San Isidro 5ta.

Ese consejo será presidido por un controlador, que por ahora llamaremos Ombudsman de Seguridad de la sección tal: O.S. San Isidro 5ta.

Todos los ombudsman de la provincia, unos 220, se agrupan a su vez en el consejo Provincial de Seguridad (C.P.S.), resultando así la configuración policial y otra paralela o simétrica que podemos nombrar Esquema Comunitario de Seguridad (E.C.S.). De esta forma, el sistema de seguridad bonaerense queda conformado por la Policía Bonaerense y el E.C.S., que está integrado orgánica y activamente por todos los ciudadanos que lo deseen.

La simetría del sistema va descendiendo desde el DPB (Directorio Policial Bonaerense) equivaliendo y yuxtapuesto al CPS (Consejo Provincial de Seguridad); pasa por el comisario espejado al ombudsman y la comisaria al CS (consejo de seguridad), y hace base en la estructura interna de la seccional, que se equipara y es recíproca con el conjunto de las AS (asambleas de seguridad). Nadie queda afuera.

No necesitaremos más esos costosos y dubitables organismos burocráticos de control de la seguridad ni tampoco intelectualosas y tantálicas comisiones especiales, porque habrá un genuino monitoreo social hecho por los propios usuarios, organizados y con canales efectivos de petición. Y podemos hacerlos por nosotros mismos, sin la valiosa ayuda de los estados municipal, provincial y nacional, ni la de los aparatos partidarios, que tendrán que mantenerse prolijamente afuera de todo esto, al menos hasta que les pidamos algo.

El sistema de seguridad será entonces de raíz seccional, con comisaría y consejo de seguridad interactuando localmente y directorio y consejo provincial organizándolos y a su vez interjugando. Todos los niveles estarán relacionados de todas las formas, para que la policía y el ECS no se enfrenten sino que cooperen en su objetivo común: la calidad de la seguridad pública.

Un vecino, que ahora bien podremos llamar ciudadano, puede ir con su tema a la comisaría, o a su asamblea, o a su coordinador, o a su ombudsman, o a asuntos internos, o a los medios de comunicación y por supuesto, a la fiscalía o juzgado.

Más de una vez el comisario dirá al ombudsman que le faltan medios materiales o legales para complacerlo y éste podrá gestionarlos políticamente, presionando a través del

CPS. Será su obligación el exigir de la policía el cumplimiento de todas las facetas de su misión en la forma reglamentada y ocuparse de su permanente actualización, a tono con los cambios sociales. Será el primer encargado de llamar al estado a la realidad de esa comunidad local. El mantenimiento de los consejos de seguridad (locales de reunión y gastos de las asambleas, sueldo del ombudsman y sus empleados y provisión de su oficina) podrá estar a cargo del gobierno provincial o de los municipios y sus fondos no serán dispendiosos, dada su sencillez orgánica. La ley podrá disponer convenios con medios de comunicación locales para que el CS difunda avisos y solicitadas a precio subsidiado, pues esa será su manera de rendir informe a la comunidad y convocarla, además de la comunicación que pueda darse en las asambleas.

No será necesaria demasiada frecuencia de reunión, salvo momentos críticos, de esos en que los vecinos suelen juntarse para salir a la calle a manifestar o llamar a los medios periodísticos para quejarse. De esta manera, no tendrán que recurrir a esos métodos solitarios y desesperados, sino que contarán con la estructuralidad el CS para verter sus dramas y conseguir respuestas.

Más allá de esas situaciones, con reuniones de rutina a las que de seguro concurrirán pocos vecinos, será suficiente para mantener la funcionalidad del esquema. Lo esencial es que esté implementado, que su existencia figure en la realidad cívica y que pueda echarse mano de él ante la emergencia. Tampoco será menester que los CAS (coordinadores) tengas puestos oficiosos y rentados: alcanzará con voluntarios, que nunca faltarán en un tópico como el de seguridad, el que desde siempre contó con un sinnúmero de aficionados añorando algún rol.

Una forma de implementar el ombudsman, sería como cargo electivo por lo interno del consejo y las asambleas, renovable anualmente y que recaiga en un vecino que no haya pertenecido al mismo durante los últimos seis meses, para que no se conviertan los coordinadores en codiciantes políticos. También será sano que tenga la formación académica pretendida para un comisario, además de no haber tenido nunca vinculación laboral o comercial con el estado, ni afiliado a un partido, ni antecedentes procesales o penales, para que esté asegurada su ecuanimidad. Tendrá que ser penalmente responsable como el funcionario público y tener regulada su remoción inmediata en caso de incapacidad notoria.

Las asambleas y consejos de seguridad representarán entidades sociales intermedias y aún sin una férrea formalidad orgánica, constituirán un sólido principio de organización de la sociedad civil. Dar acceso a las asambleas y consejos a periodistas y organizaciones no gubernamentales de tipo humanitario, será otra obligación del ombudsman; también tendrá que garantizar la igualdad de peso en el CS de los sectores de menores recursos con los más acomodados. Esto requerirá de su máxima atención, puesto que al ser las asambleas localizadas, habrá muchas que se circunscriban a asentamientos precarios; si bien hay villeros con buena capacidad intelectual y dirigencial para hacer de coordinadores, él tendrá que vigilar su representatividad en las sesiones del consejo y como miembro del consejo provincial, procurará la conquista de una de las requisitorias que la ley le hará a ese cuerpo: propender a que la conformación de las secciones policiales incluyan la mayor diversidad de sectores socioeconómicos que fuese factible. Es decir que el CPS observará que tanto la distribución inicial cuanto la evolución que vaya dando el tiempo, reparta balanceadamente ricos y pobres en las secciones, siempre por supuesto, acorde las posibilidades geográficas; a ese efecto, estará facultado a solicitar al DPB modifique las secciones según venga al caso, lo que equivaldrá a ir derribando tramos de la empalizada del fortín.

El ombudsman formará un par de opuestos con el comisario, en una dinámica de oposición parecida a la del par defensor-fiscal del ministerio público, la que así se prolongaría hasta lo cultural y cotidiano. Esto deroga la realidad actual en que existiendo en la calle sólo la policía, el ciudadano se siente unilateralmente acosado, se debe a una entidad acusadora sin contrabalance tangible, y tiene que llegar a un juicio para sentirse representado por un defensor. Serena y clarifica además a la propia policía, porque al ubicarla en un lugar definido, le permite reconocer con menor confusión sus límites y discernir mejor dónde direccionar sus avideces funcionales.

El Esquema Comunitario de Seguridad, lejos de maniatar a la policía, la apuntalará para que se mueva con más solvencia y tendrá la capacidad de dotarla de lo material y legal que necesite. El ECS es también defensor del comisario, que siempre estará a merced del peso de la epiestructura policial y política; ésta tenderá a sofocarlo y el ombudsman a rescatarlo, porque lo necesita fuerte y autónomo para mejor servicio de la localidad. El CS, vale decir el pueblo mismo, será custodio de la estatura de su comisario.

Como contrapartida, también podrá destituirlo si no sirve; el CPS podrá solicitar su remoción al Directorio. Además del relevo por enjuiciamiento administrativo o penal (disponibilidad preventiva a causa de falta reglamentaria grave o delito doloso), el comisario, igual que todo otro rango policial, podrá ser sustituido de urgencia por parte del DPB en caso de ineptitud manifiesta para ese puesto.

La medida tendrá que ser altamente restringida —porque el Directorio no debe quitar a una comunidad local su comisario—y en caso de adoptarse, deberá fundamentarse para su inmediata revisión en el Consejo Provincial, que en ese y otros casos puntuales que excedan el marco interno de la policía, tendrá que velar porque su cabeza no se extralimite en sus potestades.

Como sea, si un funcionario es removido sumariamente,

sea o no a solicitud de CPS, estará bien si coinciden en opinión el Directorio y el Consejo Provincial. Para ése y otros conflictos concernientes a lo interno de la policía, dirimirá como última instancia resolutiva, el Comisario General.

Vemos cómo pasamos de controles verticalistas a controles laterales, cómo discurrimos de controles ejercidos exclusivamente por los superiores internos y externos, a los laterales que en lo interno lo ejecuta un órgano especial (asuntos internos) y en lo exterior el receptor del servicio, el propio cliente, que además de vigilar apoya, porque defiende su interés de una buena calidad.

El defecto del control vertical, es que al superior siempre se le muestra lo mejor y por su intrínseca postura, está expuesto a ver apenas lo que los de abajo le quieran exhibir. En cambio el lateral permite una visión más amplia del destinatario y además, se puede hacer en pinza: un brazo de la pinza va hacia arriba, a recoger la visión del superior; el otro se dirige abajo, a tomar la del subalterno; el sujeto queda rodeado.

Podrá inferirse que el control de pinza lateral es demasiado control, que asfixia. Pero las miradas jamás asfixiaron a nadie; si uno no se equivoca, no será molestado, antes bien, será aplaudido. Esta transparencia, esta elaboración a la vista del quehacer policial, tiene la ventaja de que cuando uno lo hace bien, el lucimiento es total.

Esta secundarización de la burocracia, también desalentará la tecnocracia; la profesionalización de los agentes, proveerá humanización generalizada. El pensamiento tecno-crático suele tener apreciaciones holísticas, tiende a hacer de las cosas un todo sólido, con el fin de que sean más manipulables. En esa onda, puede verse a la policía como algo semejante a un tren, un sólido de gran porte que se desplaza con violencia y cada tanto mata a alguien, cosa que se da por irremediable y queda justificada por el esencial servicio presta. A quién se le ocurriría eliminar los trenes a causa de esos muertos esporádicos.

La organización que proponemos afecta la idea de sólido, porque es versátil y adaptable; al desaparecer el mando autocrático central, se instalan responsabilidades individuales y se obliga al protagonismo personal. El policía también controla a sus camaradas.

Los delitos y abusos policiales sólo pueden ser impedidos en el momento de su producción y desde adentro de la policía, por un integrante de ella; nadie más habrá allí con poder suficiente para hacerlo. Una vez acaecidos, ni sentencias judiciales ni cursos especiales cambiarán las cosas: el sistema está blindado contra castigos y prédicas. Decenas lloran el deceso de familiares inocentes a manos de policías extraviados por culpa de instituciones policiales obsoletas y herrumbradas, sin haber conseguido un asomo de respuesta.

Otros soportan el padecimiento de seres queridos detenidos en condiciones infamantes en sórdidos calabozos, con deficiente asistencia sanitaria y regímenes de vida demoledores; años hace que vienen denunciándolo y que se lucha por atenuarlo; pero por mayor ahínco que se ponga, es inútil porque es un costado más de una decrepitud organísmica que está más allá de cualquier empuje minoritario.

En otro orden, la pulcritud y legalidad de las detenciones, quedará asegurada cuando la merituación de los agentes se acredite por la falta de impugnaciones, y no por la simple aprehensión sino luego de la condena. Esto forzará a tener más paciencia, pero en fin, la carrera policial es de largo aliento y habrá tiempo suficiente para que los jueces resuelvan, tomando en cuenta que cuanto más cuidado es el procedimiento, más veloz y seguro se moverá el magistrado. Vale decir que el policía tendrá que incorporar para siempre la cultura de la prueba y esforzarse por hacer trabajos perfectos para agenciarse una condena que le rinda puntaje.

La plenitud en la vigencia de los derechos humanos, no podrá menos que mejorar la seguridad hasta un grado aún insospechado, porque catapulta la confianza en la policía y estamos buscando una íntima relación entre ella y la gente. También los DDHH restringen la copiosidad delictual, porque ponen distancia entre la policía y el hampa. La policía abusiva suscita terror en el bajo mundo y ese terror acaba siendo utilizado para controlar a sus integrantes, quienes en pos de conquistar alguna garantía, buscan asociársele. Cuando los hampones dejen de creer que la policía va a torturarlos, asesinarlos, incriminarlos o reducirlos a servidumbre como buchones, dejarán automáticamente de arrimársele por protección y quedarán más expuestos a su accionar de rutina. Simultáneamente, esto retrae innumerables ocasiones de corrupción para sus agentes.

No debemos seguir viendo los DDHH como un desiderátum metafísico que quizás cristalice en un porvenir ignoto. Son un factor crucial de nuestro presente y cuanto antes consigamos efectivizarlos, antes conseguiremos la seguridad que codiciamos. Tampoco son una misión altruista o filantrópica: son una conveniencia fáctica. Seamos lo bastante egoístas para quererlos ya.

La configuración esbozada no es fácilmente penetrable desde el poder político; lográndola, dificultaríamos sus intromisiones en nuestra vida comunitaria. La policía no puede ser independiente como la justicia, pero tampoco debemos tolerarla como tentáculo del ejecutivo o de la voracidad electoral de los políticos, que con ayuda de los grandes medios masivos que tienen asociados, siempre están levantando nuevos demonios para amedrentar a la población, su vía predilecta de lanzarse a pujas electorales. Hace ya muchos años que en este sentido esgrimen la inseguridad pública —una inseguridad que jamás estuvo mejor controlada que ahora— y el problema de las drogas —cuando hay dealers por todas partes y hasta con quioscos, vinculados a punteros de sus aparatos—.

El narcotráfico, narcoterrorismo, narcopolítica o como

quiera llamárselo, es el fantasma que blanden para conquistar nuestra voluntades apelando a una temática que desconocemos en detalle y que ellos no nos explican porque no está en sus planes el cultivarnos, sino como siempre, todo lo contrario.

El combate al lavado de narcodinero tiene más color como narcorrepresión que el encarcelamiento de narcotraficantes, que son en el acto sustituidos por otros que estaban impacientes haciendo narcobanco y festejado con champagne por los narcoproductores, porque cada golpe asestado al narcotráfico eleva el precio de las narcosustancias, es decir, favorece el narconegocio.

Es más, si uno fuese narco, su mejor inversión sería en campañas antinarcóticos, para reforzar la narcoprohibición y así estimular más a los narcoconsumidores, que pagarán cada vez mayores narcoprecios, y para mantener atemorizados a eventuales narcocompetidores que estarían esperando el narc... ¡Santa narcopalabrería...!

Como bien remarcó el estudioso español Antonio Escohotado, la auténtica batalla contra la droga la darán políticos y economistas y no policías y militares; la droga constituye un poder económico que obedece a las leyes del mercado y no a las penales. Ello no obsta, claro está, para que se sigan desplegando persecuciones penales en su contra, pero no como pieza fundamental del paquete antagónico; hay que tener presente que el discurso penalizador es el de los traficantes, que se benefician de la ilegalidad del negocio. Y que en un movimiento de 700 mil millones de dólares anuales, los 400 o 500 kilos que la teatralería policial decomisa aquí, significan a lo mucho 2 millonésimas del total; una irrisión que no da más que para engañar a la sociedad e incluso justificar alguna intromisión foránea camuflada como pedido de ayuda.

Nosotros ya tenemos un orden legal cuya base está escrita en la Constitución, el que delega organismos de seguridad interna las acciones respecto a estupefacientes, y estaría bueno que los gobernantes las aplicasen convenientemente, en lugar de limitarse a contarnos el problema. Tiene también tiene la Carta Magna previstas algunas posibilidades indeseables, como golpes de estado o invasión de potencia extranjera, cosas ambas que pueden ocurrir, como en cualquier nación del mundo; y que aunque no estén actualmente a la vista, deben ser contempladas al menos en la legislación basal.

Dice el artículo 36, que ella "mantendrá su imperio aún cuando se interrumpiere su observancia por actos de fuerza"; y a los fines de restaurar la observancia, otorga el mismo artículo a los ciudadanos "el derecho de resistencia contra quienes ejecutaren" esos actos de fuerza.

Lo que falta para que esos insertos constitucionales salgan del voto de intención y adquieran carnadura y factibilidad, es una instrumentación de las acciones que prescriben, a la manera de una organización de los ciudadanos que quieran resistir, tópico en el que la policía podría adquirir un buen protagonismo porque cuenta con una corporeidad y medios, además de conexión con los pobladores.

Si combinamos el artículo 36 con el 21, que obliga a todo ciudadano a "armarse en defensa de la Patria y esta Constitución, conforme a las leyes que al efecto dicte el Congreso y a los decretos del Ejecutivo Nacional, deduciremos que lo que hace falta es una ley del Congreso—pero antes de que sea demasiado tarde— que incluya a la policía y a todos los policías como un factor organizador de la resistencia de los ciudadanos que opten por ello. De paso, la resistencia popular constitucional no sería tan fácilmente descalificable por subversiva y al estar revestidos de legalidad, sus realizadores se cuidarían de caer en un vulgar terrorismo.

Una regeneración del tejido comunitario a través de la activación cívica de los individuos, sería la promisoria manera de aprehender el futuro, entrenándose para medrar de vasallo clientelar a ciudadano republicano, y concibiendo un nuevo disciplinamiento que haga de ésta una sociedad más autosuficiente y más industrializable. Sería discurrir del letargo delegacionista a despertares individuales que den lugar a liderazgos intermedios apartidarios que a su vez enriquezcan y dinamicen políticamente la colectividad.

El filósofo y escritor José Pablo Feinmann, en una tesis de 1997 en que analizaba la manipulación mediática de la política, hace una evocación nostálgica del suceso del 17 de

Octubre de 1945. Resaltaba el hecho sociológico de que la población saliese a ganar el espacio público en persona, hecho que él da por fenecido en contraposición a la realidad irreversible de hoy, en que "se gobierna con los medios".

No obstante, esa irreversibilidad será a nivel nacional y provincial, donde sí se gobierna con los medios, pero existe el otro estamento, el vecinal, el barrial, el local, donde prevalece la comunicación directa entre individuos y las cosas se ven y palpan en vivo, donde la realidad aún cursa en lo físico, por vía de lo sensorial, un nivel donde no debería prosperar la manipulación mediática si se enseña a la gente que continúe verificando todo por sí misma. Es en ese estadio que reside la posibilidad de que la gente "vuelva al ámbito público" a forjarse una vida cívica circunscripta a su sensorialidad.

La suma de las cinéticas locales agregará un contexto que falta en lo nacional: el humano (que también puede llamarse ciudadano o democrático) o una dimensión humanizada a lo político: la contracara balanceadora del insensibilizado "poder comunicacional". Incluso hará algo mejor que lo del '45: creará lazos entre iguales, horizontales, además de los que tradicional, congénitamente la gente mantiene con el poder verticalista que desde siempre asoló nuestras pampas.

Ese comportamiento horizontal —de entendimiento entre pares— que asomó el 17 de Octubre —y que así como apareció, remitió— conviene que sea estatuido perdurable-mente y la forma es activando lo cívico en lo que es accesible de manera directa, por contacto, esto es, el entorno local.

La policía, así como está, es el primer factor físico, efectivo, de mantenimiento de la gente en el "ámbito privado". Reinstala a diario en el imaginario colectivo el mensaje subliminal de estado de sitio, de que la asamblea no está permitida.

"¿Cómo elaborar una nueva concepción de lo público?" —se pregunta Feinmann—. Haciendo que los sujetos pasivos adquieran actividad en lo atinente, precisamente, al factor inhibidor: que el movimiento empiece donde debe. El primer paso en cualquier arranque es quitar el freno, levar el ancla, soltar amarras; en el caso que nos ocupa, haciendo que el pueblo —ahora objeto de la seguridad pública— pase a ser sujeto de ella, intervenga en su propia vida ciudadana abandonando la espuria "seguridad de la casa" para salir a recuperar la asamblea y labrarse una seguridad del ámbito público civilizada, es decir, que además de ser eficaz le deje libres los naturales y legítimos espacios individuales, tanto en lo jurídico, como en lo factual, cuanto en lo psicológico.

"¿Cómo recuperar el espíritu crítico de la asamblea?" —se sigue inquiriendo—. La institución de crítica ciudadana por antonomasia es el jurado, porque obliga a la mayor de las responsabilidades: juzgar a un igual, algo muy próximo a juzgarse uno mismo. Apenas nos darán el juicio por jurados que manda la Carta Magna, pero podemos intentar algo análogo con el juzgamiento administrativo de policías, hacer de esto una instancia pública que tienda a despertar el debate persona a persona, sin massmedias entremetidos.

También la urdimbre de entidades intermedias que significarían las asambleas de seguridad delineadas, crearía un ámbito público protegido que fomentaría la crítica, entendida como búsqueda de la verdad. Feinmann sugiere "recuperar la incredulidad... ya no creemos, ya no aceptamos pasivamente lo que se nos dice. El paso siguiente es desaforadamente arduo: no sólo saber que nos mienten, sino decidirnos a luchar por la verdad. Es posible que la verdad (y su correlato ético: la justicia) ya no surja en lo real por medio de las multitudes en las plazas y las patas en las fuentes, pero su espíritu (el espíritu que alimentó los viejos días de las asambleas y la voluntad de hacer la historia) debería estar presente en cada una de las encrucijadas que enfrenta nuestra praxis de hoy."

Siempre en el ítem seguridad, el ciudadano integrado a las asambleas, ya no tendría que aceptar pasivamente lo que se le dice, sino que conocería de primera mano lo que pasa. Sería un comienzo: aparecería una verdad ya no a la medida del Poder sino a la de todos y ese correlato ético: la justicia, no sería patrimonio exclusivo del Poder, sino gestión común. Se recuperaría aquél espíritu de la verdad que surge en lo real y entraría en juego una especial variante de esa justicia: la sanción social.

En lo individual, el ECS dará la posibilidad a quien lo desee, de acceder al estatus participativo, vale decir genuinamente ciudadano, y el que no, podrá permanecer donde quisiere: iremos logrando una sociedad autoorganizante y selectiva de sus dirigentes y una cultura de participación consciente que nos aproximará al modo de ser que exige la era; una sociedad capaz de recursos reactivos ante las continuas calamidades a que es descaradamente sometida. Y de planificarse una vida con más calidad que la presente.

La calidad de vida requiere, entre muchas cosas, una buena dosis de libertad. Para que haya libertad, tiene que haber controles. Si no entiendo a los controles, me sentiré sometido; si los comprendo, reconoceré mis zonas de libertad y podré disfrutarlas. Jacques Cousteau comentó que al detenerse ante la luz roja de un semáforo, nadie se siente avasallado en sus derechos; es porque se comprende ese control, la ventaja que proporciona y la zona de libertad que deja. La policía es uno de los controles más básicos y vastos; cuanto más personas la conozcan mejor, por esa participación consciente, más se la verá como productora de libertad.

EPÍLOGO

Cambios tan profundos conmocionan, no pueden ser tomados sin algún escepticismo: muchos se sentirán tentados a incluirlos en el universo de la fantaciencia.

Sin embargo, difícilmente deje esto el regusto de una lectura fantástica; más fácil es que provoque el escozor de una sospecha: la de que todo sea realizable.

Y de seguro, a varios de esos que se preguntan "qué puedo hacer yo", les haya dado la sensación de ser posible e inervado por el deseo de que se materialice.

Una cosa es sin duda utópica: el que estos cambios, en todo o en parte, puedan provenir del poder centralizante, el mismo poder que consiguió tamaña centralización convenciendo a las generaciones precedentes que contribuían a forjar el país con apenas ser decentes y ser trabajadores, y a labrar su destino personal leyendo los textos sagrados.

Ahora y resultados a la vista, sabemos —o deberíamos saber— que con solamente eso no alcanza. No alcanza con ser uno decente, hay que hacer que los demás también lo sean; no basta con que uno se dedique a su trabajo, tiene que mirar que los otros también trabajen. Y no es suficiente la religión o la ideología para labrar un destino, hay que atender también a la ley, hay que adosar la Constitución como un libro sagrado más

Si los cambios no nos serán dados, tendremos que

movernos para conseguirlos. Si esos cambios han de ser de tan profundos, revolucionarios, pues tendremos que hacer una revolución. Pero una definitiva, descomunal, la revolución de la revolución.

Revolución es poner patas arriba, invertir. Invertir la revolución es entonces, volver a poner las cosas como debieron estar siempre: de acuerdo a la ley. Habremos de hacer la revolución legalista.

Sepamos que esta aventura es absolutamente factible, no puede interponerse impedimento: todo lo que aquí se propuso está comprendido en el espíritu de nuestra Carta Magna y ella misma nos pone armas en la mano al habilitarnos con la petición. Salgamos a exigir que nos den las vías de participación para que podamos vigilar que se cumpla la ley, recabar mejores leyes donde hagan falta e involucrarnos en un debate para la gestión de una seguridad que nos satisfaga.

Decir "salgamos" suena extraño en estos tiempos de remisión. Aunque no se trata de salir a la calle, sino del letargo delegativo; quebrar esa inercia puede ser costoso, pero si queremos que las cosas cambien, el primer cambio tiene que darse en nosotros.

En los años setenta, aquí y más allá, muchos que quisieron un mundo mejor abandonaron el letargo para introducirse en un sueño, el de la revolución socialista: querían destronar al Poder. Con ellos debemos identificarnos quienes hoy anhelamos a nuestra vez, ese mundo mejor; y sus víctimas y mártires deben inspirarnos a corregir aquel error fundamental: el Poder no puede ser destronado, porque no puede faltar ni siquiera el rato que lleve cambiarlo por otro. Ninguna sociedad lo permitiría porque le supone demasiados y desconocidos azares. Al Poder no hay más que controlarlo, para que además de ser decente, trabaje de poder y de la manera que establece la Ley.

Al Poder no hay más que pensarlo, para que sea como lo queremos. Para nosotros, querer es poder... y el Poder será según nuestro querer.

Sólo habrá la fuerza requerida para que control y pensamiento surtan efecto, si los llevamos adelante entre todos los que no somos poder y si lo hacemos sin la intención de llegar a ser poder; así lograremos conformar un contrapoder del llano capaz de pugnar por el tan acariciado equilibrio y algún día por venir, ya sin la ansiedad de nuestro título, podremos complacernos al recordar con fruición, cómo lo arreglamos.

www.ingramcontent.com/pod-product-compliance
Lightning Source LLC
Chambersburg PA
CBHW070830310526
45788CB00017B/32